Kituba Basic Course - Student Text

Published in Hong Kong by Samurai Media Limited.

Email: info@samuraimedia.org

ISBN 978-988-8405-70-1

Copyright 2016 Samurai Media Limited.

1 Introduction - FSI Courses in 2016

The language courses developed by the Foreign Service Institute were mainly intended for employees of the U.S. foreign affairs community, preparing American diplomats as well as other professionals to advance U.S. foreign affairs interests overseas. Most of the courses were developed between 1960 and 1990 when the cold war was going on and US spies and intelligence personnel needed to acquire foreign language proficiency fast. This had a few implications on the courses. They were made for rapid language acquisition but definitely not with modern language learning methods like gamification in mind. You did not have to get the intelligence personnel motivated to learn the language, they were just ordered to do so. This makes these courses not the most entertaining language courses around. But on the other hand the FSI Courses are very well designed, with a big budget poured into them, to make you learn a language as efficient as possible. You will also find FSI courses for languages that you won't find elsewhere because they are too niche. Those languages might have other introductory courses but to go to a more advanced level, FSI courses are often the only option as a commercial course usually did not make sense.

So even today, many years after most of the FSI Courses were originally developed, they are one of the best language courses available on the market. Nowadays with more and more distractions coming into our lives, many learners prefer quick wins through courses that have gamification and other gimmicks built in. But if you are a serious learner committed to learn a language as fast and efficient as possible, FSI Courses are for you. You can always complement them with other material.

2 How to get the most out of this course

2.1 Get physical books

You can download this course including all audio material and PDF books for free from http://www.fsicourses.com. To get most out of the course however, you should consider to get the paper books for the course. This gives you a permanent physical reminder of what goal you are pursuing and motivates you to actually work with the course. If it is just a file somewhere on your computer, it is very likely that you forget about it rather quickly and get carried away by the multitude of distractions available. Furthermore a real book is perfect for note-taking which acts as a physical reminder and improves retention. It will also be a constant motivation for you, as you can literally see your progress.

2.2 Use a Spaced Repetition System

Although FSI Courses incorporate a lot of rote-learning, you should use a Spaced Repetition System (SRS) for long term retention. A SRS is a software in which you put phrases or vocabulary you want to remember in the form of Q&A pairs. The computer will ask you the question and you have to actively recall the answer. After that you will have to self-grade how good you could recall the answer. This grading will influence the scheduling of the next repetition, when the computer will ask you the same question. Those scheduling algorithms are quite sophisticated nowadays, so they won't bore you with asking a question again and again that you already know perfectly but ask it right before you would forget it.

Any SRS software will do, but one of the leading and free systems is Anki SRS. It is available for most platforms ans has a big community of users. Check out http://ankisrs.net/

3 Additional Learning Material

3.1 FSI Courses

Check out http://www.fsicourses.com to download them and find links to the paper books.

3.2 'Real World' Material

The FSI Courses give you a very good foundation for the language. You should however supplement it with everyday material. Start by doing a web-search on YouTube.com for Kituba and you will find more media than you could possibly consume.

BASIC COURSE

PREFACE

Kituba, also known as Kikongo ya Leta and Munukutuba, is a vehicular or trade language spoken along the lower reaches of the Congo and its tributaries. There are no full-scale grammars or dictionaries in this seldom-studied language, and only a very few scholarly sketches of it are available. The present brief introduction to the essentials of this language is designed for study with Kituba-speaking instructors under professional supervision. Gifted students may be able to make some progress using the text and accompanying tapes alone.

The text is one of a series of short Basic Courses in selected African Languages being prepared by the Foreign Service Institute under an agreement with the United States Office of Education, Department of Health, Education and Welfare, under the National Defense Education Act.

The linguist in charge of developing the Kituba text has been Lloyd B. Swift, Acting Head of the Department of Near East and African Languages, assisted by Mr. Emile W. A. Zola. The text was prepared and class tested as part of the Special African Language Program of which Earl W. Stevick is coordinator. The tapes were recorded in the laboratory of the Foreign Service Institute under the direction of Gabriel Cordova.

Howard E. Sollenberger, Dean
School of Language and Area Studies
Foreign Service Institute
Department of State

KITUBA

TABLE OF CONTENTS

PREFACE	iii
INTRODUCTION	x
PRIMER	1-225
Unit 1 Dialogue: Looking for Work	1
Drill 1.1 - Variation Drills	4
Drill 1.2 - Vocabulary Supplement	6
Grammar Notes and Drills	7-21
Note 1.1 - Singular and Plural Noun Classes (Reference Note)	7
Note 1.2 - Verbs (Reference Note)	12
Note 1.3 - Word Accent	13
Note 1.4 - The Intonation of 'Yes and No' Questions	15
Note 1.5 - Long and Short Forms of Certain Words	15
Note 1.6 - The Pronunciation of Nasal Compounds	16
Drill 1.3 - Pronunciation Drill on Nasal Compounds	17
Note 1.7 - Certain Subtle Distinctions Between Initial /n/'s (Reference Note)	21
Unit 2 Dialogue: Greetings and Salutations	22
Drill 2.1 - Variation Drills	24
Drill 2.2 - Vocabulary Supplement	29
Drill 2.3 - Substitution Drills Incorporating Supplemental Vocabulary	30
Grammar Notes and Drills	31-39
Note 2.1 /ke/ + /na/ + /ku-/ + Verb: Present Action	31
Note 2.2 - The Use of the /ku-/ Prefix on Verbal forms: The Infinitive (Reference Note)	32
Note 2.3 /ke/ + Verb: Potential or Future Action	32
Note 2.4 - The Simple Form of the Verb (without auxiliary)	33
Note 2.5 - Vowel Changes at Word Boundaries (Reference Note)	33
Note 2.6 - The Conjunction /ná/ 'and'	34
Drill 2.4 - Grammar Drills /ke/ + /na/ + Verb	35
Drill 2.5 - Grammar Drills /ke/ + Verb	36
Unit 3 Dialogue: Introducing Oneself	40
Drill 3.1 - Vocabulary Supplement	41
Drill 3.2 - Variation Drills	43

Grammar Notes and Drills	48-60
Note 3.1 - /na/ and /ya/ as Relative Particles	48
Drill 3.3 - Grammar Drills on /ya/ and /na/	51
Unit 4 Dialogue: Family	61
Drill 4.1 - Vocabulary Supplement	63
Grammar Notes and Drills	65-76
Note 4.1 - /me/ + Verb: Immediate Past	65
Drill 4.2 - Grammar Drills /me/ + Verb	66
Note 4.2 - The Concept of Possession: /ke/ + /na/ + Noun	68
Drill 4.3 - Grammar Drills /ke/ + /na/ + Noun	69
Note 4.3 - The Negative /ve/	71
Drill 4.4 - Grammar Drills - The Negative	72
Note 4.4 - The Ø-BA Noun Class	72
Drill 4.5 - Grammar Drills - The Ø-BA Noun Class	73
Note 4.5 - The Verb /kuvwanda/ 'to be'	75
Note 4.6 - Various Uses of /mosi/ (Reference Note)	75
Unit 5 Dialogue: Buying and Selling	77
Drill 5.1 - Vocabulary Supplement	80
Grammar Notes and Drills	81-96
Note 5.1 The Verb Extension /.il-/.in-/ 'to, for, on behalf of'	81
Note 5.2 - Shift of /l/ to /d/ before /i/	82
Drill 5.2 - Grammar Drill - Verb Extension /.il-/.in-/	83
Note 5.3 - The MU-BA and N-BA Noun Classes	84
Note 5.4 - The DI-MA Noun Class	85
Drill 5.3 - Grammar Drills Illustrating the MU-BA, N-BA and DI-MA Noun Classes	85
Note 5.5 - Other Noun Classes	93
Drill 5.4 - Drills with Mixed Noun Classes	94
Unit 6 Dialogue: A Call	97
Drill 6.1 - Vocabulary Supplement	99
Drill 6.2 - Variation Drills	100
Grammar Notes and Drills	109-126
Note 6.1 - The Polite Imperative with /nge/	109
Drill 6.3 - The Polite Imperative	110
Note 6.2 - The Impersonal Expression /ikele/	111
Drill 6.4 - /ikele/	111
Note 6.3 - The Verbal Extension /.ak-/ 'Past' and 'Habitual'	112
Note 6.4 - Summary of 'Past' Forms of Kituba Verbs (Reference Note)	113

Drill 6.5 - Grammar Drills on Verbal Extension /.ak-/ 'Past'	114
Drill 6.6 - Grammar Drills with Verbal Extension /.ak-/ after /ke/ - 'Habitual'	121
Drill 6.7 - Grammar Drills - /me/ + Verb + /.ak-/ 'Intermediate Past'	126
Unit 7 Dialogue: Asking Directions	127
Drill 7.1 - Supplementary Vocabulary	129
Drill 7.2 - Variation Drills	133
Grammar Notes and Drills	145-157
Note 7.1 - Some Uses of the Simple Form of the Verb	145
Drill 7.3 - Grammar Drill on Use of the Simple Form of the Verb in the Second Clause	148
Note 7.2 - Adjectival Phrase with /ya/ + Infinitive (I)	149
Drill 7.4 - Grammar Drill on Adjectival Phrase with /ya/ + Verb	150
Drill 7.5 - Review Drills	152
Unit 8 Dialogue: Help in the Home	158
Drill 8.1 - Supplementary Vocabulary	163
Drill 8.2 - Variation Drills on Pattern Sentences	164
Grammar Notes and Drills	174-185
Note 8.1 - Some Verb Extensions	174
1. 'Reflexive' Prefix /ki-/ with and without extension /.il-/.in-/	174
2. The 'Applicative' extension, /.il-/.in-/ used to express 'instrument' etc.	175
Note 8.2 /kuzola/ kuzona/ as an auxiliary verb	177
Drill 8.3 Grammar Drills on Verbal Extensions	178
Unit 9 Dialogue: A Week's Activity	186
Grammar Notes and Drills	193-214
Note 9.1 - /vwandaka/ + Verb	193
Drill 9.1 - Grammar Drills: /vwandaka/ + Verb	
Note 9.2 - /ya/ + Verb - Adjectival use of the verb (II)	197
Drill 9.2 - Grammar Drill /-ya/ + Verb	198
Note 9.3 - The Days of the Week - Ordinal Numerals	202
Drill 9.3 - Grammar Drill - Ordinal Numerals	203
Note 9.4 - Some Further Verbal Extensions	204
Drill 9.4 - Grammar Drills on Verbal Extensions	208
Drill 9.5 - Controlled Dialogue Drill	211

Unit 10 Dialogue: A Fable	215
Grammar Notes and Drills	220-225
Note 10.1 - The Extension /.am-/ 'Passive'	220
Drill 10.1 - Grammar Drill on the Extension /.am-/	221
Note 10.2 - The Extension /.an-/ 'Reciprocal', /.asan-/ 'continuous reciprocal'	222
Drill 10.2 - Grammar Drill on /.an-/ and /.asan-/	223
GROUP A: VISITING FRIENDS AND RELATIVES (Home, Family and Work)	226-287
Unit 11 Dialogue: A Family	226
Note 11.1 Kinship Terminology	229
Supplementary VOcabulary	229
Narrative	232
Unit 12 Dialogue: A Wedding Invitation	233
Note 12.1 - Indirect Discourse following /ke/ 'that'	239
Narrative	241
Unit 13 Dialogue: A Visit to a Congolese Home	242
Narrative	247
Unit 14 Dialogue: Talk About the House	248
Narrative	255
Unit 15 Dialogue: To Buy or to Rent	257
Narrative	262
Unit 16 Dialogue: In the Kitchen	264
Narrative	268
Unit 17 Dialogue: Dinner is Served	270
Narrative	274
Unit 18 Dialogue: Table Talk	276
Narrative	281
Unit 19 Dialogue: The End of the Evening	282
Narrative	286
GROUP B: MONEY, COUNTING AND BARGAINING	288-313
Unit 20 Dialogue: Buying Clothes	288
Narrative	293

Unit 21 Dialogue: Getting Some Curios	295
Narrative	303
Unit 22 Dialogue: Talking Shop	305
Narrative	312
GROUP C: GETTING ABOUT: DIRECTIONS, GEOGRAPHY AND CAR TROUBLES	314-347
Unit 23 Dialogue: Directions in Town	314
Narrative	319
Unit 24 Dialogue: On the Train	321
Narrative	329
Unit 25 Dialogue: Getting Set for a Car Trip	331
Narrative	338
Unit 26 Dialogue: Advice for the Road	340
Narrative	346
GROUP D: HOME MANAGEMENT AND CHILD CARE	348-391
Unit 27 Dialogue: Looking for Servants	348
Narrative	355
Unit 28 Dialogue: An Interview	357
Narrative	363
Unit 29 Dialogue: All in the Day's Work	365
Narrative	371
Unit 30 Dialogue: Child Care	373
Narrative	381
Unit 31 Dialogue: Cooking Instruction	383
Narrative	390
GROUP E: LEARNING MORE OF THE LANGUAGE	392-417
Unit 32 Dialogue: An Informal Language Lesson	392
Narrative	397
Unit 33 Dialogue: A Health Lesson from the Radio	399
Narrative	405

Unit 34	Dialogue: Some French Borrowings	407
	Narrative	412
Unit 35	Dialogue: Some Health Rules	413
	Narrative	417

KITUBA

INTRODUCTION

GENERAL INTRODUCTION

I. The Kituba Language[1]

The Kituba language appears to have arisen out of a need for intercommunication between up-river Congolese tribes speaking dialects of Lingala etc. and lower-river tribes speaking primarily dialects of Kikongo. This process began before the advent of Europeans in the inland areas but was apparently a response to trading needs stimulated by the arrival of European traders on the coast. Thus at the time of its original development Kituba was a pidgin language, an alteration of (primarily) Kikongo to meet the needs of inter-group communication. Later it began to become creolized as some people came to use it in the home as their primary language. The number of people to whom it is the 'native' language is probably still very small and the great majority of those who use this language (and there are perhaps 1,500,000 of these) also speak another, often several others.

The name of the language presents a problem. There are two main, mutually intelligible dialects. That of the eastern or Kwango-Kwilu region is called Kituba in some sections, Kikongo in others, the latter name reflecting the absence of speakers of real tribal Kikongo in that area. In the western areas of Congo (Leopoldville) the language is most often called Kikongo ya Leta, or Government Kikongo. In Congo (Brazzaville) it is called Munukutuba. In this course, although it represents essentially the western dialect, we have chosen to follow Fehderau in selecting the shorter, more convenient and generally acceptable name.

Kituba has been associated with the Belgian colonial administration, since it proved useful to Europeans who found it easier to use than Kikongo or other tribal languages. For this reason there is some residual feeling that the use of Kituba is an indication of opposition to the nationalist aspiration of, especially, the Bakongo people. However, it provides a means of communicating

---

[1] The writer is indebted to: Fehderau, Harold W. Descriptive Grammar of the Kituba Language, A Dialectal Survey, Leopoldville, 1962 (mimeo) for much of this information and for many helpful insights the application of which is evident throughout the course.

with a large number of people, speakers of various Kikongo dialects and a variety of other languages, and in certain areas where the tribal linguistic picture is very complicated, it shows signs of increasing use.

II. Patterns of Usage among Speakers of Kituba:[1]

   Schematic Diagram of the Major Kituba Language Usage Components

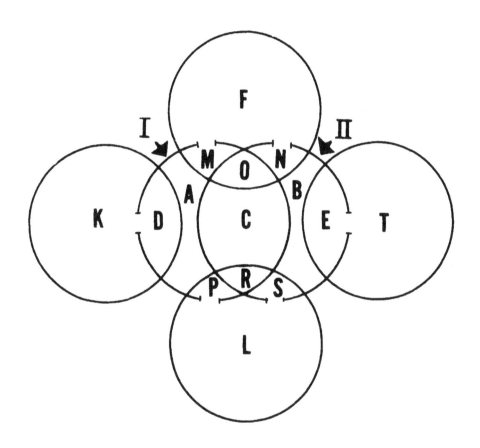

---

[1] This section is adapted with permission from Harold W. Fehderau's introduction to his critique of the preliminary edition of the Primer portion of this course. The writer is indebted to Fehderau for that critique and especially for permission to publish this valuable analysis of the usage situation in the Kituba speaking community. The fact that Fehderau has extensive field experience in the Kituba speaking area and sound linguistic training, makes it likely that his conclusions, whether based on statistically reliable samplings or on less extensive field records, are to be trusted.

A. Fehderau's investigation found two main dialect regions: western (Circle I) and eastern (Circle II). The speech of these two regions has a large common core of usage (C). However, each region has Kituba usages particular to speakers of that region: (A) which distinguishes the western dialect, and (B) which distinguishes the eastern dialect. (AC) could be called the common core Kituba of the western region; (BC) the common core Kituba of the eastern region.

B. However, many eastern-dialect speakers (II) use forms that do not fall into the (BC) area. (E) represents those forms (mainly vocabulary) which are drawn from local tribal languages (T). The circle is broken here between (E) and (T) to indicate the great freedom with which some speakers draw from tribal languages. Those who speak Kituba occasionally or have learned it as a second language late in life are more likely to draw freely on such tribal forms.

Historically, language items (especially vocabulary) can and do change status: an item from (T) can become a member of (B) and even of (C).

C. The same is true of Kituba in contact with Lingala (L) and French (F). There is a small common core of items in Kituba and Lingala (R), but individual speakers who know Lingala also draw on other forms in daily use: (P) and (S).

D. Contact with French (F) follows this pattern even to a greater degree. There is a common core (O) of items in Kituba that are borrowed from French and have become part of the language. Other items borrowed from French are western dialect common core items (M) or eastern dialect items (N). But there is a wide opening to French (F) from all areas since almost any form can be borrowed from French quite freely (within certain grammatical limits of Kituba).

E. Then, finally, paralleling the eastern tribal language usage, in the western region, many speakers make free use of Kikongo tribal language forms (K), from one dialect of Kikongo or another. Western speakers of Kituba (I) have a common core of Kikongo-like items (D) in their Kituba which do not occur in the eastern region (II). But other western speakers of Kituba draw more or less heavily on additional Kikongo forms, hence the free opening to Kikongo (K) from (D). Those who borrow freely from (K) are usually those who have only casual contacts with Kituba or have learned it late in life as a second language.

BASIC COURSE

III. The Language of this Course

In terms of Fehderau's analysis above, this course represents the Kituba of the circle (I) which includes areas ACD plus MO and PR. The Congolese author of the course speaks also a dialect of Kikongo in some home contexts, Lingala in many contacts outside the home and French in most formal or academic contexts as well as with other Africans with whom he shares no common african language. He thus borrows rather freely from (L) and (F) and rather less freely from (K). The writers have compared his speech with that of a few representative speakers on tapes from Radio Leopoldville and Radio Brazzaville and find that the language here represented does not differ in any major respect from the language of those tapes,[1] perhaps most closely paralleling the Brazzaville ones.[2]

IV. Outline of These Materials

This course consists of a 'primer' in the language and a five subject-oriented group of lessons. The primer is intended to introduce the major grammatical structures of the language, to develop in the student an adequate pronunciation, and to present a cartain amount of useful vocabulary for a variety of situations. The primer is prerequisite to the rest of the course, and the student is expected to go through it in order, as each unit presupposes the vocabulary and the grammar of the earlier ones.

The subject-oriented lesson groups all presuppose the vocabulary and grammar of the entire primer, and each group is intended to be studied from the beginning - the vocabulary within a given group begin cumulative. However, no subject-oriented lesson group depends in any way on any other group so that the student is free to pursue his study of these lesson groups in any order after he has finished the primer.

This arrangement is intended to provide maximum flexibility. The class with only a few hours of time to devote to classroom drill with an instructor may find it possible to cover the primer only. Students with more time will wish to select such of the

---

[1] But seems to include a somewhat heavier Lingala vocabulary element than is evident on either set of tapes.

[2] This may be due to the fact that the few tapes availabel to us included highly informal field interviews from Brazzaville but only more formal studio recordings from Leopoldville.

subjects fields covered in the later lessons as are of most interest to them. Students in intensive courses with at least 300 hours of class and laboratory will be able to cover the entire content of the course. An additional element of flexibility is provided in that the primer may be used as an introduction to be followed by more specialized subject-oriented lessons which are not included in this course but which may be constructed by an instructor or a linguist to meet the specialized needs of particular students.

INTRODUCTION FOR THE USER

I. The Alphabet Used and the Phonemic System of Kituba

The alphabet used in these lessons is that commonly used for writing Kituba and consists of the letters:

a b d e f g i k l m n o p s t u v w y z

Note that there are no signs which are not familiar in the English alphabet and that c h j q r x are omitted. All of these latter letters may occur in words from French or other foreign languages borrowed into Kituba.

The phonemes (significant sound units) of Kituba are adequately represented by the above alphabet. They are:

Consonants:		Labial	Dental-Alveolar-Palatal	Velar
Stops:	Voiceless	p	t	k
	Voiced	b	d	g
Fricatives:	Voiceless:	f	s	
	Voiced	v	z	
Nasals:		m	n	
Liquid:			l	
Glides:		w	y	

Vowels	Front	Central	Back
High:	i		u
Low:	e	a	o

In addition the following complex consonants occur and pattern in the language like single consonants:

>   mp   mb   nt   nd   nk   ng   mf   mv   ns   nz   nl

In such 'nasal compounds' the nasal element is 'homorganic' (formed at the same place in the mouth) with the following sound: [m] before labials, [n] before dentals or palatals, and [ŋ] (like the ng of English sing) before velar stops (written /n/).

Compounds of consonant plus glides (/y/ or /w/) are also common. All combinations of consonant plus glide are theoretically possible but some are more common than others due to the fact that such compounds commonly arise out of changes which occur during the combining of roots with various affixes.

In addition to the segmental phonemes listed above, Kituba employs stress and pitch differences. While not normally considered a tone language, Kituba does have a number of pairs of words the sole distinction between the members of which is a matter of stress and pitch.

For convenience, in these materials, we have chosen to accept one pattern as in some sense normal for Kituba and to mark variations from the pattern on each word where such variations occur the first time the word is cited. After citation of the word with these variations marked, the word occurs subsequently in standard orthography without such marks. An example of this:

> kusolula ' to find' which is phonetically approximately: [kusōlúla] where the macron [¯] represents accent - here principally an additional component of length of the vowel - and the accent [´] represents pitch rise.

and kusŏlula 'to converse' which is phonetically approximately [kusolula] with no appreciable variation in stress or pitch among syllables.

As illustrated in this example the symbol [ˇ] over the root syllable of a form indicates that the pattern of accent on the root syllable and pitch rise on the next to the last syllable - a pattern which we accept as normal for Kituba - does not occur or is replaced by a pattern of relative evenness of both accent (which is mainly length in Kituba) and pitch.

Words which have the stress-pitch pattern here associated with the symbol [ˇ] are words which have cognate forms in Lingala in which language such cognates occur with a consistently low tone pattern. Thus it would appear that in these forms Kituba has words in which a feature of tone (pitch) is phonemic. The grammatical function of such tonal differences is zero and the number of pairs of words on which this feature operates is relatively low, so that it would not appear desirable for pedagogic purposes to mark all occurrances of pitch phonemes as one does for a language in which tone carries a much greater functional load.

A number of words of foreign origin - chiefly French - occur in Kituba with stress and a rise in pitch on other than the next to the last syllable. Such pitch rises have been marked in these materials with an acute [´] as in the examples:

pósita	'post'	penzá	'very, extremely'
kamió	'truck'		

In addition to these matters, Kituba employs intonational (pitch) differences over longer stretches than the word to signal such matters as interrogation. These will be explained in notes in the body of the course where drill on these distinctions is considered appropriate.

II. Pronunciation Pointers

The stops are generally unaspirated (lacking a puff of air such as is characteristic of initial voiceless stops in English - like the /t/ of tip) but in nasal compounds under certain circumstances a certain amount of aspiration is heard (see Note 1.6). The /t/ and /d/ are dental in articulation rather than alveolar as in English. That is, they are made by placing the tongue on the gum ridge behind the upper teeth but with the tongue tip touching the back of the teeth.

The fricatives /f/ and /v/ are much as in English. /s/ and /z/, however, vary considerably in pronunciation with different speakers and in different environments. After /n/ both are very far forward (dental articulation). Between vowels some speakers have /s/, some /z/ and some have sounds approximating the sh of she or the z of azure. Sounds approximating English /s/ and /z/ are common. Before /i/, /s/ and /z/ occur with an affricated pronunciation appriximating [ts] and [dz] respectively as in the words /insi/ 'country, land; under' which is phonetically [intsi], and /nzinzi/ 'fly' which is phonetically [ndzindzi].

There is no significant distinction in Kituba between [l]-like sounds and [r]-like sounds - all are written with the letter l except that the letter r occurs in some borrowed words.

Since speakers of Kituba are likely to be speakers also of some other language(s), there is more variation in pronunciation caused by interference of other language habits than is usually the case with monolingual speakers of a language. The student should imitate the pronunciation of his instructor regardless of the transcription in these units. For this reason also this course has fewer phonological drills than most courses published by the Foreign Service Institute.

If all the French sounds or approximations of French sounds which occur in French loan-words in the pronunciation of Kituba speakers who also know some French were to be included, the above list would be much complicated. As the student starting Kituba is assumed to know French, a detailed treatment of these sounds is not needed. However, as French sounds often are modified in Kituba the following table (adopted from Fehderau, <u>Descriptive Grammar of the Kituba Language</u>) may be helpful:

French Sound:	Commonly Spelled in French	Becomes in Kituba:
š	ch	s
ž	j or g	z
r	r	l
ü	u	i
œ	eu	e
õ	on	o
ã	an	a

III. Structure and Use of the Materials

Each unit in the primer consists of a short dialogue, variation drills, a vocabulary supplement, grammar notes, and grammar drills. In units after the primer the dialogue is supplemented with a short narrative, notes are rare, and there are no drills. These materials are intended for use as follows:

Dialogues

The dialogues are short conversational pieces which the student should memorize until he can recite them to the complete satisfaction of the instructor - taking the roles and acting out the situations represented with near-native pronunciation, fluency and accuracy.

Vocabulary Supplements

Additional vocabulary is presented in drills, commonly simple substitution drills (see Types of Drill) below. The new words are given as items to be substituted in a certain slot in pattern sentences, generally selected from the dialogue of the unit being studied. Where appropriate the student should memorize these as alternate sentences for use in the dialogue and should be able to substitute the new vocabulary in his recitation of the dialogue upon the request of the instructor. The sentences incorporating new vocabulary will not always, of course, be appropriate to the situation of the dialogue. In such cases the instructor will furnish short 'minimal dialogues' within the vocabulary and grammatical competence of the students (such things as an appropriate question to which the sentence incorporating the new word might be a suitable response) to provide practice in the new items.

Grammar Notes

These are presented as explanations of points of grammar illustrated by one or more of the utterances already memorized as part of a dialogue, or as part of the Vocabulary Supplement. Occasionally sentences from the drills of earlier units may be used as illustrations of grammar points but drills generally do not contain grammatical points not already explained.

The notes are intended to be read by the student and to serve as a basis for whatever additional explanation of the grammar may prove necessary. If a trained linguist is available his assistance should be sought. Lengthy discussion of the content of the notes by untrained instructors is discouraged, but the instructor can often help the student to understand the notes by providing additional examples of the same grammatical structures.

Drills

As indicated above drills are generally in two groups in any unit: a) variation drills on pattern sentences, which provide opportunities for the student to develop flexibility in the use of patterns already memorized, and b) grammar drills, which are intended to provide practice for the student in the operation of the patterns explained in the immediately preceding grammar notes. Drills in either group may be of any of the various types explained below under IV Types of Drill.

At various places in the course translations are provided. These are regularly provided in dialogues and in the drills of vocabulary supplements, occasionally in other drills.

In translations of sentences the enclosure of a word or phrase in parentheses, ( ), indicates that the equivalent of this word or phrase occurs in Kituba but that this item is not helpful to a smooth English translation. Square brackets, [ ], indicate that the word or phrase so enclosed is needed for a smooth English translation but has not direct equivalent in the Kituba. A smoother translation can thus commonly be obtained by reading the items in brackets and omitting those in parentheses. Where it is felt desirable to provide a supplementary more literal translation in addition, the supplementary translation is enclosed in parentheses and single quotation marks, (' '). A sentence illustrating these conventions is:

> Inki ntangu kalaka ke kwenda na inzo n'andi?

> When ('what time') will [the] clerk go (to his) home ('house')?

Thus the smoothest English translation is 'When will the clerk go home?' while that closest to the Kituba original is 'What time will clerk go to his house?'

IV Types of Drill

Drills in this course are of a considerable variety. By far the largest number are substitution drills of one of the several sub-types outlined below. All drills are designed for oral presentation to students whose books are closed, but the format adopted is intended also to provide maximum convenience to the student practicing the drill outside of class or with the tape. Below is an outline of the types of drills and the way in which each is intended to be used:

A Substitution Drills

1.   Simple Substitution Drills: These are patterns provided with a list of words or phrases all of which fit into a single slot in the pattern to produce acceptable Kituba sentences. The instructor first presents each sentence in its entirety for student repetition and comprehension. He then presents the pattern followed by the individual substitution items for the student to make the substitution in the pattern.

2.   Multiple Substitution Drills: These are patterns provided with two or more lists of words or phrases for substitution freely in two or more slots. These drills are so constructed that any combination of the items in the several slots will produce an intelligible sentence. Of course, this type of drill is subject to the restriction that many of the sentences, while intelligible, may not prove to be maximally useful in actual situations. For this reason the instructor is advised not to go through all the drill patterns which are possible with the items presented, but rather to choose items for substitution which make the more likely sentences.

In effect, simple and multiple substitution drills as presented in these units are not really drills as they appear on the printed page, but rather provide a set of material with which the instructor can construct a drill resembling one or more of the further types of substitution drills outlined below.

How this may be done can be illustrated by the following drill from Unit 1:

Mu	ke na	kusosa	kisalu.
Nge		kuzola	magazini.
			ntangu.
			kalaka.

In practive this drill might be done as follows:

After each of the sixteen sentences possible with this number of items in three substitution slots has been repeated by the students for practice, the following random substitution drill is possible with this material:

Teacher: Mu ke na kusosa kisalu.
Student(s): Mu ke na kusosa kisalu.
Teacher: kuzola
Student(s): Mu ke na kuzola kisalu.
Teacher: magazini
Student(s): Mu ke na kuzola magazini.
Teacher: nge
Student(s): Nge ke na kuzola magazini?[1]
Teacher: ntangu
Student(s): Nge ke na kuzola ntangu?
Teacher: kusosa
Student(s): Nge ke na kusosa ntangu?
Teacher: kalaka
Student(s): Nge ke na kusosa kalaka?[2]
Teacher: mu
Student(s): Mu ke na kusosa kalaka.
       etc.

---

[1] In drills in this course it is adopted as a convention that substitution of a second person pronoun in subject position requires a question intonation. This convention is followed consistently throughout the drills. The reason for the convention is that statements with second person subjects, while possible, are less frequent or likely than questions. The reverse also applies - namely that questions lacking a question word which have first person subjects are unlikely and do not occur in drills.

[2] In this sentence the student is subjected to a decision concerning the slot into which /kalaka/ is to be substituted - it could be either /Kalaka ke na kusosa ntangu./ or the sentence given above. If such confusions are likely, the drill should be done as a progressive substitution drill rather than as a random one. (see the discussion below)

3. Progressive Substitution Drills: These consist of a pattern followed by a cue followed by the pattern as modified by the substitution of the cue followed by another cue, etc. If the drill is 'progressive' the items are intended to be substituted into the slots in order. Thus the first item may be stubstituted into the first slot, the second into the second slot and so forth, until all slots being used for substitution in the drill have undergone substitution, after which the pattern is again repeated. Progressive Substitution drill lends itself to the practice of patterns in which it is not clear from the grammar of the pattern sentence which slot a particular form is intended to be substituted into. Thus, in the English sentence John hit Bill., if the substitution word 'Mary' is supplied by the instructor for substitution, the student has no way to know whether this name is to be substituted for the subject or the object in the sentence, unless a pattern has been established of substituting first in the subject slot, then in the object slot, and so on.

4. Random Substitution Drills: These appear on the printed page and are operated like the progressive substitution drills described above except that the substitutions are not made in the several slots in any patterned order. This type of drill is possible when the grammar of the sentence makes clear which slot each substitution is intended to fill. Thus in the English sentence He hit Mary, if the substitution item is 'she' the substitution must clearly be made in one slot, while 'her' could only be substituted in another slot. If the substitution item 'you' were presented, however, this pattern could not be operated as a random substitution drill since 'you' may equally be put into two slots.

5. Substitution-Modification Drills: Either of the types of substitution drill outlined in (3) and (4) above may involve also a change of the form of the item presented for substitution. Thus the singular may be presented as the cue for substitution into a pattern where only the corresponding plural form is appropriate. This then involves a modification of the form of the word presented before the substitution can be made. In these materials drills requiring such changes in the forms of words are called substitution-modification drills in the early units. Later it is assumed that the student has become accustomed to having cues presented in 'citation form' (for example the infinitive form of verbs) and the word modification is dropped from the title of the drills.

6. Substitution-Correlation Drills: These are drills of either of the types outlined in (3) and (4) above in which the substitution of an item in one slot of the pattern requires a change at some point in the pattern. Thus, if the English sentence He gave her a book yesterday is the pattern and the word three is given as cue, the word book must be changed to books. In the same pattern, if the word tomorrow is presented as the cue, the form of gave must be changed to will give or is going to give.

B Transformation Drills

These are drills in which one form of a sentence is presented and the student is requested to produce a sentence which is related to the pattern sentence in an easily generalizable way. For example, a positive pattern may be presented and the student requested to respond with the negative; or a statement is given and the student asked to produce the corresponding question, or vice versa. Relatively few of these are printed in the course but large numbers of the drills which are, can be operated also with appropriate transformations. A few drills as printed combine substitution and transformation.

C Minimal Conversation Drills

These are drills in which a sentence is presented to which the student is expected to produce the appropriate response. The commonest type of minimal conversation drills are those involving the asking of a question to which the student is expected to provide the appropriate (or an appropriate) answer. In many units no drills of this type appear, it being supposed that the instructor can readily supply these as needed.

D Controlled Conversation Drills

These are drills in which the student is provided with a set of English directions outlining for him what his part of the conversation is supposed to contain and perhaps sketching also the nature of the responses which he can anticipate from the instructor or another student who is carrying the other part of the conversation. In a parallel column to these directions, the entire conversation is provided for the instructor (or the other student) to see. The student is expected to look only at the column of English directions and to produce the appropriate sentences to carry on his part of the conversation.

E. Free Conversation Drills

It is expected that the instructor will throughout the course engage the students in short periods of free conversation within the framework of the vocabulary and grammar which have been taught. At the beginning such free conversations will be restricted to greetings and minimal question-answer conversations in which the instructor will elicit as responses patterns which have already been memorized by the student. This part of the course depends very largely on the ingenuity of the instructor in eliciting from his students responses which are within their capability at any particular point and, of course, these drills cannot be printed as part of the material nor tape recorded for student practice. As the students progress, free conversational drill will become an ever increasing part of their experience with the language. The instructor needs, however, to curb his natural enthusiasm for this kind of exercise and to make sure that free conversation does not become for the student a laborious process of puzzling out sentences which do not resemble any which have been presented to him in other drills. In other words, the instructor needs to restrict free conversation rigorously to the patterns already thoroughly learned by the students and only as the student's inventory of patterns so thoroughly learned grows larger can the amount of time devoted to free conversation be increased.

A Note on the Format of Substitution Drills

Substitution Drills of the progressive or random type (and occasionally also Simple Substitution Drills which require correlation of other forms in the sentence) are printed in these materials with the cues in one column to the left and the pattern in a matching column to the right. The item in each column for which the cue is to be substituted is underlined. This format lends itself to the use of a 3 x 5 or 4 x 6 index card in which a notch of appropriate size has been cut from the upper left corner. When such a notched card is laid on the page and slid downward each pattern sentence appears above the card and the cue to be substituted in the sentence appears simultaneously in the space notched out of the card. This enables the instructor in class or the student in the laboratory or in his study to see at a glance each pattern in order, together with the cue to be substituted into the underlined slot in the pattern. After the substitution has been made and recited, merely sliding the card down another line exposes the correct response for comparison with the student's response.

This correct response in turn becomes the pattern for the next substitution.

It will be noted that the great majority of the substitution drills have identical first and last sentences. The purpose of this arrangement is that the drill may be continued circularly as long as necessary without interruption.

Substitution and Transformation drills which are printed in their entirety in these materials are recorded in full on the accompanying tapes. Substitution drills in the Supplementary Vocabulary sections are also recorded in full. Simple and Multiple Substitution Drills in other parts of the units are not recorded, the number of sentences and the order of substitution of the items in the various slots being subject to considerable variation. Minimal and controlled conversation drills are also not recorded, since a variety of responses is acceptable here.

PRIMER   BASIC COURSE   UNIT 1
_____   _____   _____

DIALOGUE: LOOKING FOR WORK

                              -A-

   m.bote[1]   good, well

        na[1]   with, at, in, for, to
                                            (general preposition)

   n.ge   you (singular)

Mbote na nge!   Good morning! / Greetings!

                                          ('Good to you!!')

                              -B-

   ke / kele (ku-kal-a)   am, is, are

Mbote. Nge ke mbote?   Fine! Are you well?

                              -A-

   mu / munu   I, me

   melesí   Fr: merci; thanks

Mu ke mbote, melesi.   I'm fine, thanks.

                              -B-

   inki?   what?, which?

   ku-zol-a/ku-zon-a   to want, to like, to love

Inki nge zola?   What do you want?

                              -A-

   ku-sos-a   to look for

   ku-sal-a   to work, to do

   ki-sal-u (bi-)   work, job

Mu ke na kusosa kisalu.   I'm in the process of looking for
                                          work.
                              1

UNIT 1　　　　　　　　　　　　　KITUBA　　　　　　　　　　　　　PRIMER

-B-

ku-zab-a　　　　　　　　　　　　to know

Inki kisalu nge zaba?　　　　　　What work do you know?

-A-

kalaka (ba-)[2]　　　　　　　　　Fr: clerc; clerk

ya　　　　　　　　　　　　　　of (relative particle)

magazini (ba-)　　　　　　　　　Fr: magasin; shop, store

Mu ke kalaka ya magazini.[3]　　I'm a store clerk.

-B-

ina / yina　　　　　　　　　　　that, which

mingi　　　　　　　　　　　　　much, very, quite, many

Ina ke mbote mingi.　　　　　　　That's very fine.

-A-

n.tangu　　　　　　　　　　　　sun, watch, clock, time

inki ntangu?　　　　　　　　　　when?

ku-band-a　　　　　　　　　　　to begin, start

Inki ntangu mu ke banda?　　　　When am I to start?

-B-

kw-iz-a　　　　　　　　　　　　to come

m.bazi / m.basi　　　　　　　　tomorrow

suka (ba-)　　　　　　　　　　 morning

Kwiza mbazi na suka.　　　　　　Come [back] tomorrow (in) morning.

2

PRIMER   BASIC COURSE   UNIT 1

-A-

ku-bik-a   to cease, quit, leave,
                                              abandon, let

ku-bik.al-a   to remain, stay, live,
                                              reside

Melesi mingi. Bikala mbote.   Thanks very much. Goodbye.
                                              (to person remaining)

-B-

kw-end-a   to go

Kwenda mbote.   Goodbye. (to person going)

1   Individual words and phrases presented in the dialogues of these units before the sentences where they are used are known as "build-ups". Items indented beyond other forms in build-ups are particles not commonly pronounced alone.

2   French words, including proper names, often appear in writing with their normal French spellings or a partial modification thereof. When the pronunciation approximates the standard French pronunciation such spellings are here retained. Often accent marks of the standard French spelling are omitted in written Kituba. In build-ups of the dialogues, the following conventions are employed in the right hand column:

   a) If the word in Kituba is borrowed from French but is severely

3

altered in its pronunciation the abbreviation, Fr:, appears in the right hand column followed by the French word and then the English translation:

    Madí   Fr: Marie; Mary

b) If the word is used in Kituba with little change from the French pronunciation, the abbreviation (Fr.) is used in the right hand column followed immediately by the English translation:

    juste   (Fr.); exact(ly)

Similarly Port. indicates Portuguese, etc.

3   Portions of sentences in the dialogues which are written below the line are normally present in the spelling but not pronounced.

Drill 1.1   VARIATION DRILLS ON PATTERN SENTENCES

a) Multiple Substitution Drill   *unrecorded*

Inki	nge	zola?
	kalaka	zaba?
		kele?

b) Multiple Substitution Drill   *unrecorded*

Mu	ke na	kusosa	kisalu.
Nge		kuzola	magazini.
			ntangu.
			kalaka.

PRIMER   BASIC COURSE   UNIT 1

c) Random Substitution Drill

Cue	Pattern	
	Mu zola <u>kisalu</u> yina.	
kalaka	Mu <u>zola</u> kalaka yina.	
kuzaba	<u>Mu</u> zaba kalaka yina.	
nge	Nge zaba <u>kalaka</u> yina?	
magazini	Nge zaba <u>magazini</u> yina?	
ntangu	<u>Nge</u> zaba ntangu yina?	Do you know that watch.
mu	Mu <u>zaba</u> ntangu yina.	
kuzola	Mu zola <u>ntangu</u> yina.	
kisalu	Mu zola kisalu yina.	

d) Random Substitution Drill

Cue	Pattern	
	Inki ntangu mu ke <u>banda</u>?	What time am I to start?
kwenda	Inki <u>ntangu</u> mu ke kwenda?	What time am I to go?
suka	Inki suka mu ke <u>kwenda</u>?	What morning am I to go?
kusala	Inki suka <u>mu</u> ke sala?	What morning am I to work?
nge	Inki <u>suka</u> nge ke sala?	
kisalu	Inki kisalu nge ke <u>sala</u>?	What work are you to do?
kuzola	Inki kisalu nge ke <u>zola</u>?	What work will you want?
kubanda	Inki <u>kisalu</u> nge ke banda?	What work will you start?
suka	Inki suka <u>nge</u> ke banda?	
mu	Inki suka mu ke <u>banda</u>?	

UNIT 1   KITUBA   PRIMER

	Inki suka mu ke <u>banda</u>?[1]
kwiza	Inki <u>suka</u> mu ke kwiza?
ntangu	Inki ntangu mu ke <u>kwiza</u>?
kubanda	Inki ntangu mu ke banda?

Drill 1.2 VOCABULARY SUPPLEMENT

a) Simple Substitution Drill

Mu ke na kusosa	<u>kisalu</u>.	I'm looking for [a] job.
	<u>mukanda</u>.	[a] book/letter.
	<u>dinkondo</u>.	[a] banana.
	<u>nzila</u>.	[a] path.
	<u>lukaya</u>.	[a] leaf.
	<u>mwelo</u>.	[a] door.
	<u>mbele</u>.	[a] knife.
	<u>muntu</u>.	[a] person (somebody)
	<u>mwana</u>.	[a] child.
	<u>nkento</u>.	[a] woman.
	<u>zandu</u>.	[a] market.

[1] In substitution drills which continue from one page to the next in these materials, the final pattern from the previous page is repeated on the following page. This repetition is not reflected in the recordings.

b) Simple Substitution Drill

Beto ke na kusosa	bisalu.
	mikanda.
	mankondo.
	banzila.
	makaya.
	mielo. /myelo/
	bambele.
	bantu.
	bana.
	bakento.
	bazandu.

We're looking for jobs.
    books.
    bananas.
    paths.
    leaves.
    doors.
    knives.
    people.
    children.
    women.
    markets.

GRAMMAR NOTES AND DRILLS

Note 1.1   Singular and Plural :   Noun Classes (Reference Note)[1]

Compare:

mu-n.tu	person	ba-n.tu	people
mw-ana	child	b(a)-ana	children
n-kento	woman	ba-kento	women
n.zila	way	ba-n.zila	ways

[1] A 'reference note' is one which explains a matter the understanding of which is necessary background for further progress, but which it is not desirable to drill in depth at once.

UNIT 1   KITUBA   PRIMER

mu-kanda	book	mi-kanda	books
mw-elo	door	mi-elo	doors
ki-salu	job	bi-salu	jobs
di-n.kondo	banana	ma-n.kondo	bananas
lu-kaya	leaf	ma-kaya	leaves
suku	room	ma-suku	rooms

From these examples it is clear that there are several classes of nouns in Kituba (as in all Bantu languages) distinguishable on the basis of the shapes of their singular and plural forms. A comparison of these examples shows singular forms with prefixes /mu-/, /mw-/, /n-/, /ki-/, /di-/, /lu-/, and /∅/ (no prefix). Plural forms occur with prefixes /ba-/, /mi-/, /bi-/, and /ma-/. But there is no regular correspondence between one singular and one plural form. Thus nouns with singular prefix /mu-/ may have plural prefix /ba-/ or plural prefix /mi-/. This means that to designate a class we must cite both the singular and the plural prefix. If we take into consideration the fact that /mw-/ occurs before vowels and /mu-/ before consonants and so consider both as forms of a prefix for which we may adopt the formula: MU-, we have the following noun classes illustrated by the examples above:

CLASS

MU-	BA-	muntu	bantu
N-	BA-	nkento	bakento

∅-	BA-	nzila	banzila
MU-	MI-	mukanda	mikanda
KI-	BI-	kisalu	bisalu
D-	MA-	dinkondo	mankondo
LU-	MA-	lukaya	makaya
∅-	MA-	suku	masuku

In build-ups of dialogues and elsewhere, whenever a new noun is introduced, the singular form will be cited with a hyphen between the singular prefix (if any) and the root and the plural prefix will be given in parentheses. If the word does not normally occur in the singular, only the plural form is given. If it does not normally occur in the plural, an empty parenthesis will indicate the fact. If the root commences with a nasal compound the nasal of which is not a singular prefix, a dot between the nasal and the following letter indicates that the item is alphabetized under the following consonant. e.g.: /n.zila/ (plural /ba-n.zila/) which appears in the glossary under z. In accordance with these conventions these forms appear in the build-ups in the dialogue of Unit 1:

kalaka (ba-)	singular:	kalaka	plural: bakalaka
magazini (ba-)		magazini	bamagazini
n.tangu (ba-)		ntangu	bantangu
ki-salu (bi-)		kisalu	bisalu

UNIT 1　　　　　　　　　　KITUBA　　　　　　　　　　PRIMER

All but the last belong to the ∅- BA- class. In the list at the head of this note words of other classes are introduced with appropriate hyphens and dots. In build-ups these words would appear:

    mu-n.tu　　(ba-)

    mu-kanda　　(mi-)

    etc.

All of the prefixes of these noun classes have more than one shape, determined by their phonemic environments. We have noted that MU- is /mu-/ before consonants and /mw-/ before vowels. In general, the rules for change of shape of noun prefixes are as follows:

1. Before consonants all prefixes have a 'basic' shape: /mu-/, /ba-/, /ki/, /bi-/ etc.

2. Before vowels the following changes occur:

    a. If the vowel of the prefix and the initial vowel of the root are the same, the two are shortened to one vowel:

        ba-　　-ana　　bana　　children

        di-　　-inu　　dinu　　tooth

    b. If the vowel of the prefix is /u/ or /i/ the prefix occurs before vowel-initial roots with the semi-vowel /w/ or /y/ respectively:

mu-	-ana	mwana	child[1]
mi-	-elo	myelo	doors (spelled mielo)

c. If the vowel of the prefix is /a/ the following statements apply:

1. /a/ + /i/ + nasal compound = /ai/

ba-	-inzo	bainzo	houses
ba-	-inti	bainti	trees

2. /a/ + /i/ + a single consonant = /e/:

ma-	-inu	menu/meno[2]	

Vowel initial roots are relatively few except for those having /i/ plus a nasal compound. French words starting with vowels do not regularly produce any change in the prefix:

ba-	-enemi	baenemi	enemies

The student is not expected to develop immediate automatic control of the singular and plural forms of all the nouns presented in this unit. The common classes will be taken up and drilled in subsequent units.

---

[1] This change is regularly reflected in standard spelling.

[2] This variation of final vowel is due to remnants of 'vowel harmony' which is not very common.

UNIT 1   KITUBA   PRIMER

Note 1.2 Verbs (Reference Note)

Verbs are introduced in these materials in their 'infinitive' form with the prefix /ku-/ unless they do not occur in such form. Thus in the dialogue of Unit 1 the verbs /kuzola/ 'want, like', /kusosa/ 'look for', /kusala/ 'work', /kuzaba/ 'know', /kubanda/ 'begin', /kwiza/ 'come' and /kwenda/ 'go' are introduced.

Since /ku-/ is a prefix and may be ommited in other forms of the verb and since the /-a/ at the end can be replaced by other vowels in derived noun forms (e.g. /ku-sal-a/ 'to work' but /ki-sal-u/ 'job'), these two affixes are separated from the verb stem by hyphens in build-ups.

Actually the root (e.g. the sal of /ku-sal-a/) is not a verb unless or until the /-a/ is added. Thus /Sala!/ 'Work!' is a verbal form, but the same root occurs in the noun /ki-sal-u/ 'job'. While there are a large number of nouns which clearly do not share roots with verbal forms, a large number of nouns do, as in this example. We call those roots, which are shared among 'families' of related verbs and nouns, verbs as a matter of convenience and to distinguish them from those words which do not have similar shared roots, which we call nouns.

In these materials the terms root, extension, and stem are used in the following senses:

root is that indivisible element remaining when all affixes are removed. Examples of roots:

ku-<u>sal</u>-a, ki-<u>sal</u>-u, mu-**n**.<u>tu</u>, n.<u>tang</u>-u etc.

extension is a non-final affix to a root or stem. Extensions normally add concepts such as <u>passive</u>, <u>reflexive</u>, <u>causative</u> etc. to the dictionary meaning of the root or stem to which they are attached. An example of an extension is:

ku-bik.<u>al</u>-a added to root <u>bik</u>.

stem is that form which consists of root plus extensions to which final suffixes (and initial prefixes) are attached.

Note 1.3 Word Accent

Kituba words consist basically of a <u>root</u>, with or without a variety of affixes. Roots may have various forms (in the formulae below C stands for consonant or consonant cluster, V for vowel). All roots end in consonants:

Form:	Examples:			
C	ku-w-a	'to hear',	ku-nw-a	'to drink'
	ku-dy-a	'to eat',	(spelled kudia)	
VC	kw-end-a	'to go',	kw-iz-a	'to come'
CVC	ku-sal-a	'to work',	ku-bănd-a	'to begin',
	ku-ndim-a	'to permit'		

The CVC root is by far the most common.

Roots which contain a vowel usually have that vowel longer than other vowels in the word. The next to the last syllable in the word (regardless of the length) is characterized by the 'word accent' - a noticeable rise in pitch. In most simple words in Kituba the root vowel is also the vowel of the next to the last syllable and thus length and pitch rise coincide. However, many Kituba words have derivational extensions added to the root to make extended <u>stems</u>. In such words the long syllable and the accented syllable do not coincide:

   ku-sṓs-a   'to look for'

   ku-sōs.íl 'to look for (someone)'

The interplay of the long vowels of roots with the pitch accent of the next to last syllable in the word accounts for the characteristic rhythm of Kituba.

Certain words, of which /ku-bănd-a/ is the only example in Unit 1, do not have the length and accent of the root syllable described above but are characterized by relatively even pitch and length throughout (which sounds, by contrast with other Kituba words, like an accent on the final syllable). Such words are borrowings from Lingala, where they occur with low tones throughout. They will be marked in build-ups in these materials by a breve /˘/ over the root syllable: /ku-bănd-a/.

Some words, commonly of French origin, have the pitch-accent on a syllable other than the next to last. Such accents will be marked by an acute over the accented syllable: /avió/ 'airplane', /penzá/ 'very'.

Note 1.4 The Intonation of 'yes or no' Questions

Questions which do not contain a question word (such as /inki/ 'what?') are characterized by a maintainence of higher pitch through the sentence until the final accented syllable is reached. Following or (when the accent is on the final syllable) coinciding with this final accented syllable in the sentence there is a sharp dropoff in pitch. This contrasts with a more gradual fall in pitch throughout the sentence in statements and in questions with question words. In these materials this distinctive question intonation will be indicated only by a question mark (?) at the end of a sentence lacking a question word.

Note 1.5 Long and Short Forms of Certain Words

In the build-ups of Unit 1 occur the forms: /mu/ and /munu/, /ke/ and /kele/ as alternative forms of the 'same' words. In general the practice of speakers of Kituba in the use of these forms is as follows:

The short form occurs when the word occurs early in the phrase or sentence, the longer form is more likely to occur in phrase-final or sentence final position:

Mu ke kalak_{a y}a magazini.   but   Inki nge kele?

Mu ke na kusosa kisalu.   but   Nge ke na kusosa munu?

('Are you looking for me?')

This would seem, therefore, to be a matter of phrase and sentence rhythm where the very short syllables /mu/ and /ke/ are less common at the end of a phrase or sentence. In phrases where it follows /ya/ or /na/, as will be demonstrated in subsequent units, the form /munu/ is almost universal.

Note 1.6 The Pronunciation of Nasal Compounds

The nasal compounds /mp/, /mb/, /nt/, /nd/, /nk/, and /ng/ vary in their pronunciation at different places in a word.

Compounds which occur initially in a word or phrase have the stop element prominent and the nasal element slighted, so much so that they are often pronounced (and spelled) with no nasal element at all:

    ntangu   is pronounced ⁿtangu or tangu

    nkento   is pronounced ⁿkento or kento

    mpe   is pronounced ᵐpe or pe

Compounds of which the stop element is voiceless, when they occur after a vowel have a fairly equal pronunciation of both elements with the stop somewhat aspirated:

    nkento   is pronounced ⁿkent'o ; bant'u

Those of which the stop element is voiced occur after a vowel with the stop element very much reduced:

> ntangu is pronounced ^{n}tan^{g}u [^{n}taŋ^{g}u]

Compounds with fricatives or the liquid (/mf/, /mv/, /ns/, /nz/, /nl/) occur with both elements fairly equal.

Drill 1.3 Pronunciation Drill on Nasal Compounds

The words in the following drills are presented at this time for pronunciation practice rather than as vocabulary to be learned. All are words which will occur again elsewhere in the course.

Initially						After a vowel

/mp/

mpatu	plantation	dimpa	bread
mpembe	white, fair	mampa	bread(s)
mpe	also	mpimpa	night, darkness
Mputu	Europe		
mpangi	sibling		
mpimpa	night, darkness		

UNIT 1 KITUBA PRIMER

/mb/

mbote	good, well	mpembe	white, fair
mbazi	tomorrow	nkumbu	name, noun
mbuta muntu	elder, sir	kitambala	kerchief, head scarf
mbisi	meat, animal	kuzimbala	to get lost
mbongo	money	mambu	matters
		kusumba	to buy
		kilambi	cook
		mukombi	sweeper
		sambanu	six

/nt/

ntangu	sun, time	nkento	woman
ntama	far, long ago	muntu	person
ntalu	price, value	intu	head
		kintuntu	flower

/nd/

ndambu	side	kubǎnda	to start
ndeke	bird	kwenda	to go
ndinga	language, tongue	mukanda	book, letter
ndombe	black, Negro	dinkondo	banana
ndumba	maiden	zandu	market
		yandi	he, she

| PRIMER | BASIC COURSE | | UNIT 1 |

		Uganda	Uganda
		kuvwanda	to sit down
		kulanda	to follow
		bandunda	vegetables
		inda	long, tall, size
		kulenda	to be able
		mundele	white person

(handwritten: nkufi, mpembe / NDOMBE)

/nk/

nkento	woman	inki	what?
nkumbu	name, noun	dinkondo	banana
nkuni	wood		
nkufi	short		

/ng/

nge	you (sing.)	ntangu	sun, time
ngolo	hard, strong	mingi	much, many
		Kongó	Congo
		mpangi	sibling
		nsinga	rope
		kutunga	to build, to make
		kutanga	to read
		mbongo	money

UNIT 1　　　　　　　　　　KITUBA　　　　　　　　　　PRIMER

		manga	mango
		kukangila	to wrap for
		nlongi	teacher
		Bakongo	members of Kongo tribe

/mf/

mfuka	debt	bamfuluta	guava (fruit)
mfumu	chief	bamfumu	chiefs
mfulu	bed		
mfinda	forest, wood		

/mv/

mvula	rain, year	kiamvu	bridge
mvutu	answer, response		
mvimba	entire, all		

/ns/

nsusu	chicken	kansi	but
nsinga	rope	insi	country; under
nsengo	hoe	Falansé	French

/nz/

nzila	way, means	inzo	house
nzinzi	fly	nzinzi	fly
		banzuzi	younger twin

| PRIMER | BASIC COURSE | UNIT 1 |

/nl/

nlongi   teacher

nlembo   finger, toe, thumb

nlemvo   grace, pardon

Note 1.7 Certain Subtle Distinctions between Initial /n/'s (Reference Note)

Certain words, of which /nkento/ 'female' is the only example in this unit, can occur in either the N-BA noun class, which usually signifies something human, or in another class (originally an I-ZI Class but which has completely lost any distinction in Kituba from the ∅-BA Class) where the words in question may refer to animals or to other non-human referents. When /nkento/ has human reference the pronunciation has the 'normal' unaspirated /k/ and the /n/ is often reduced almost to the point of not being heard. When /nkento/ has animal reference, however, the pronunciation is, in the speech of the Congolese collaborator on this course, [ŋk'ento] with the /k/ aspirated. It is probable that such a phonemic distinction is restricted to speakers of Kituba who have a strongly Kikongo linguistic background and, since the forms for which this distinction operates are very few in the corpus of this course, no attempt is made here to indicate it in the orthography employed.

UNIT 2　　　　　　　　　　　KITUBA　　　　　　　　　　　PRIMER

DIALOGUE: GREETINGS AND SALUTATIONS

-A-

Zozefu — Joseph (proper name)

Mbote Zozefu. — Greetings Joseph.

-B-

Madí — Fr: Marie; Mary (proper name)

Mbote Madi. Nge ke mbote? — Greetings, Mary. How are you?

-A-

e — yes, OK

kasi/kansi — but

maladi — Fr: malade; sick, ill

fioti/fyoti/[1] — small, little, a little

E! Kasi mwana na munu ke maladi fioti. — OK. But my child is a bit sick.

-B-

ku-nat-a — to carry; to take; to bring

yandi — he, she; him, her

dokotolo — Fr: docteur: physician

Nata yandi na dokotolo. — Take him/her to the doctor.

-A-

kuna — there, that place

Mu ke na kwenda kuna. — I'm going there [now].

	-B-
ku-pes-a	to give
bakala (ba-)	male, man, husband
-o	(suffix - exclamatory)
Pesa bakala na nge mbote-o!	Give your husband [my] regards.
	-A-
pes.ak-a[2]	give
m.pe /pe	also, too, and
E, melesi mingi. Pesaka pe nkento na nge mbote.	(Yes) thanks very much. And also greet your wife.
	-B-
E, melesi. Kwenda mbote-o!	(Yes) thanks. Goodbye!

---

[1] Items which occur in build-ups between slant lines: /fyoti/ represent a 'pronunciation spelling' of the item rather than a variety to normal Kituba spelling.

[2] The symbol . is used in build-ups and notes to separate roots from extensions.

Drill 2.1 VARIATION DRILLS ON PATTERN SENTENCES

a) Multiple Substitution Drill - Note: In substitution drills in which items are presented in lists for substitution (without writing out each sentence in the pattern) elisions and contractions which occur in speech cannot be represented consistently. We give here a 'full' form and the student will learn the contracted form during oral presentation of the drill (See Note 2.4)

Kasi	mwana	(na) munu ke	maladi
	bakala	n^a nge	mbote
	nkento	n$_a$ y^{andi}	
	kalaka		
	dokotolo		

unrecorded

b) Multiple Substitution Drill   *unrecorded*

Nata	mwana	na	Zozefu.
Pesa	nkento		dokotolo.
	yandi		kalaka.
	kisalu		
	melesi		

Take the child to Joseph.

PRIMER   BASIC COURSE   UNIT 2

c) Progressive Substitution Drill

Cue	Pattern	
	Mu ke na kwenda na dokotolo.	I'm going to the doctor.
magazini	Mu ke na kwenda na magazini.	
yandi	Yandi ke na kwenda na magazini.	
kwiza	Yandi ke na kwiza na magazini.	
kuna	Yandi ke na kwiza kuna.	
Madi	Madi ke na kwiza kuna.	
kwenda	Madi ke na kwenda kuna.	
na magazini	Madi ke na kwenda na magazini.	
mu	Mu ke na kwenda na magazini.	
dokotolo	Mu ke na kwenda na dokotolo.	

d) Multiple Substitution Drill   *unrecorded*

Nge	ke	na	kusosa	kalaka?
Bakala			kunata	yandi?
Dokotolo				Madi?
Zozefu				mwana?

e) Progressive Substitution Drill

Cue	Pattern	English
	Yandi ke na kubanda kisalu.	He's starting work.
Zozefu	Zozefu ke na kubanda kisalu.	
kuzola	Zozefu ke na kuzola kisalu.	Joseph is looking for work.

25

UNIT 2   KITUBA   PRIMER

	Zozefu ke na kuzola kisalu.	
dokotolo	Zozefu ke na kuzola dokotolo.	
mu	Mu ke na kuzola dokotolo.	
zaba	Mu zaba dokotolo.	I know [a] doctor.
nkento	Mu zaba nkento.	
dokotolo	Dokotolo zaba nkento.	
ke na kusosa	Dokotolo ke na kusosa nkento.	
kisalu	Dokotolo ke na kusosa kisalu.	
yandi	Yandi ke na kusosa kisalu.	
kubanda	Yandi ke na kubanda kisalu.	

f) Multiple Substitution Drill   *unrecorded*

Nata	yandi	na dokotolo.
	mwan$_a$ $_n$a munu	na zandu.
	nkento $_n$a nge	kuna.
	mukanda	na magazini.
	ntangu	

Take him to the doctor.

g) Minimal Conversation Drill (Respond to the cues with an affirmative reply if the cue is a question and with /Ina ke mbote mingi./ if it is a statement. The instructor will present the cues in the printed order first, then in random order):

Cue	Response
Yandi ke kalak$_a$ $_y$a magazini.	Ina ke mbote mingi.
Yandi ke kalak$_a$ $_y$a magazini?	E, yandi ke kalak$_a$ $_y$a magazini.

Zozefu ke mbote?	E, yandi ke mbote.
Zozefu ke mbote.	Ina ke mbote mingi.
Kalaka ke na kusosa kisalu.	Ina ke mbote mingi.
Kalaka ke na kusosa kisalu?	E, yandi ke na kusosa kisalu.
Mu ke banda kisalu mbazi?	E, nge ke banda kisalu mbazi.
Mu ke banda kisalu mbazi.	Ina ke mbote mingi.
Dokotolo zaba mwan$_a$ $_n$a munu?	E, yandi zaba yandi.
Dokotolo zaba mwan$_a$ $_n$a munu.	Ina ke mbote mingi.
Madi zola mwana.	Ina ke mbote mingi.
Madi zola mwana?	E, yandi zola mwana.
Yandi ke kwiza na magazini.	Ina ke mbote mingi.
Yandi ke kwiza na magazini?	E, yandi ke kwiza kuna.
Nkento $_n$a nge ke na kwenda kuna.	Ina ke mbote mingi.
Nkento $_n$a nge ke na kwenda kuna?	E, yandi ke na kwenda kuna.

h) Progressive Substitution Transformation Drill. (Substitute according to the cue given, then change the resultant statement to an affirmative yes-no question by varying the intonation (see Note 1.5):

Cue	Statement Pattern	Question Pattern
	Zozefu ke na kusosa <u>kalaka</u>.	Zozefu ke na kusosa <u>kalaka?</u>
dokotolo	Zozefu ke na <u>kusosa</u> dokotolo.	Zozefu ke na <u>kusosa</u> dokotolo?

	Zozefu ke na <u>kusosa</u> dokotolo.	Zozefu ke na <u>kusosa</u> dokotolo?
kwenda na	<u>Zozefu</u> ke na kwenda na dokotolo.	<u>Zozefu</u> ke na kwenda na dokotolo?
yandi	Yandi ke na kwenda na <u>dokotolo</u>.	Yandi ke na kwenda na <u>dokotolo</u>?
kisalu	Yandi ke na <u>kwenda</u> na kisalu.	Yandi ke na <u>kwenda</u> na kisalu?
kubikala	<u>Yandi</u> ke na kubikala na kisalu.	<u>Yandi</u> ke na kubikala na kisalu?
Madi	Madi ke na kubikala na <u>kisalu</u>.	Madi ke na kubikala na <u>kisalu</u>?
mwelo	Madi ke na <u>kubikala</u> na mwelo.	Madi ke na <u>kubikala</u> na mwelo?
kwiza	<u>Madi</u> ke na kwiza na mwelo.	<u>Madi</u> ke na kwiza na mwelo?
bakala	Bakala ke na kwiza na <u>mwelo</u>.	Bakala ke na kwiza na <u>mwelo</u>?
kalaka	Bakala ke na <u>kwiza na</u> kalaka.	Bakala ke na <u>kwiza na</u> kalaka?
kusosa	<u>Bakala</u> ke na kusosa kalaka.	<u>Bakala</u> ke na kusosa kalaka?
Zozefu	Zozefu ke na kusosa kalaka.	Zozefu ke na kusosa kalaka?

i) Minimal Conversation Drill

Reverse drill (h) above with the student(s) giving the cues in random order and the instructor responding according to what he hears.

PRIMER　　　　　　　BASIC COURSE　　　　　　　UNIT 2

Drill 2.2 VOCABULARY SUPPLEMENT

a) Simple Substitution Drill

Mwan$_a$ $_n$a munu ke	maladi.
	mayele.
	n.golo.
	zoba.

My child is sick.
　　　　　smart.
　　　　　strong.
　　　　　stupid.

b) Simple Substitution Drill

Inzo $_n$a munu ke	m.pembe.
	n.dombe.

My house is white/fair/light.
　　　　　black/dark.

c) Simple Substitution Drill

Mu ke na kwenda	kuna.
	na lupitalu.[1] (ba-)
	na inzo. (ba-)
	na maza. (ba-)
	na m.patu. (ba-)
	na biló.[2] (ba-)

I'm going there.
　　　　　to the hospital.
　　　　　home. ('to [the] house')
　　　　　to the water/stream.
　　　　　to the field / farm.
　　　　　to the office.

---

[1] French: l'hôpital

[2] French: bureau

UNIT 2   KITUBA   PRIMER

Drill 2.3   SUBSTITUTION DRILLS INCORPORATING SUPPLEMENTAL VOCABULARY

a)   Simple Substitution Drill   *unrecorded*

Pesa	nkento	na nge mbote-o!
	bakala	
	mwana	
	bana	
	bakento	
	inzo	
	babakala	

Give your wife my regards.
                husband
                child
                children
                ladies
                household
                gentlemen

b)   Multiple Substitution Drill   *unrecorded*

Pesa	mbote	na	nkento	na nge.
Nata	melesi		mwana	na yandi.
				(na) munu.
			bakala	
			bakento	
			bana	

Give my regards to your wife.

PRIMER BASIC COURSE UNIT 2

c) Multiple Substitution Drill *unrecorded*

Mu	ke	na	kwenda	kuna.
Madi			kwiza	na magazini.
Yandi			kubikala	na lupitalu.
				na dokotolo.
				na inzo na nge.
				na mpatu na munu.
				na bilo na yandi.

GRAMMAR NOTES AND DRILLS

Note 2.1 /ke/ + /na/ + /ku-/ + Verb = 'Present Action'

Note these sentences from dialogues:

Mu ke na kusosa kisalu.   'I'm looking for work./ I'm in the process of looking for work.'

Mu ke na kwenda kuna.   'I'm going there./ I'm in the process of going there.'

This verb phrase expresses the concept of immediate present action. It implies that the subject has already commenced the action. Of course, in practical situations, this form may be used to convey the impression that the action is already going on when actually it is still in the future:

Mu ke na kwiza.   I'm coming. (Either, 'I'm now en route.' or, 'Just a second, I'll be right along.')

31

Note 2.2 The Use of the /ku-/ Prefix on Verbal Forms: The 'Infinitive'.

The verbal form with the prefix /ku-/ is an 'infinitive' or 'verbal noun' form. It occurs regularly:

1. After /na/ or /ya/: /Mu ke na kusosa kisalu./

2. In the negative imperative: /Kusala ve!/ Don't work!

3. In all forms of verbs, the roots of which are /C/ (see Note 1.3) and which, therefore, are monosyllabic when the /-a/ suffix is added: /ku-w-a/, /ku-dy-a/ (spelled kudia), etc.

4. In all forms of verbs the roots of which are vowel initial (VC): /kw-end-a/, /kw-iz-a/ etc.

Elsewhere the use of the infinitive (with /ku-/ prefix) as main verb or in a verb phrase emphasizes the verb and is not very common.

Note 2.3 /ke/ + Verb: Potential or Future Action

Inki ntangu mu ke banda? When am I to start? When do I start?

This verb phrase expresses the general concept of future action. The translation 'will' is often appropriate in the sense of a willingness or intention to perform the action. The time of the action is not specified as to immediate or distant future. In some parts of the Kituba speaking area an auxiliary /ta/ is used instead of /ke/ in this potential verb phrase.

PRIMER   BASIC COURSE   UNIT 2

Note 2.4 The Simple Form of the Verb (without auxiliary)

In the sentence:

      Inki kisalu nge zaba?   What work do you know?

the simple form of the verb (root + /-a/) occurs alone as the predicate. It has a variety of usages but in the usage illustrated here (as verb of an independent clause in ordinary colloquial style) this form occurs much more frequently with certain very common verbs, of which /ku-zab-a/ is one. The meaning is of an indefinite non-past action. One is reminded of the several very common verbs in English which occur in the simple present rather than in the present progressive form: I see rather than I am seeing, I think or I suppose as contrasted to I am thinking, I know rather than I am knowing, etc.

Another use of the simple form of the verb is illustrated in the sentence /Nat$_a$ $_y$andi na dokotolo./ Take him to the doctor! Here this form is the _imperative_ giving an order.

Note 2.5 Vowel Changes at Word Boundaries (Reference Note)

In Note 1.1 it was noted that prefixes undergo changes in shape before vowel-initial roots. The same types of changes occur where two vowels come together at a word boundary. This is common where /na/ and /ya/ occur between two nouns or pronouns, or noun and pronoun. The /y/ of /ya/ and, less frequently, the /n/ of /na/ are not heard in rapid speech with the result that the final vowel of the preceding word now occurs adjacent to the remnant /a/ of the particle. The resultant shifts are just those outlined in Note 1.1:

    o/u + a --- wa

    e/i + a --- ya

    a   + a --- a

Note the example:

    bakala + na + nge --- bakalange

The /y/ of /yandi/ 'he, she; him, her' is also commonly lost:

    na + y̸andi --- nandi (spelled n'andi)

    bakala + n̸andi --- bakalandi (spelled bakala n'andi)

In Kituba spelling, loss of the /y/ consonant is regularly indicated by an apostrophe (n'andi) but the /n/ of /na/ is regularly spelled whether pronounced or not.

Note 2.6 The Conjunction /ná/ 'and'

The unstressed /na/ has been introduced as a general preposition translating 'with', 'at', 'in', etc. When /na/ occurs between two substantives (nouns or pronouns) with a greater degree of stress than elsewhere (characterized by a slight pause before it, an increase in loudness or both) it functions as a conjunction with the general meaning of 'and'. Thus:

    Nat$_a$ $_y$andi na dokotolo   is   Take him to the doctor.

while: Nat$_a$ $_y$andi ná dokotolo   is   Take him and the doctor.

However, frequently where context or grammar makes ambiguity impossible, there is no phonetic difference between preposition and conjunction.

Drill 2.4 Grammar Drills: /ke/ + /na/ + Verb:

a) Progressive Substitution Drill

Cue	Pattern	English
	Mu ke na kusosa mukanda.	I'm looking for a book.
yandi	Yandi ke na kusosa mukanda.	
kunata	Yandi ke na kunata mukanda.	He's carrying a book.
mankondo	Yandi ke na kunata mankondo.	He's carrying bananas.
nge	Nge ke na kunata mankondo?	
kubika	Nge ke na kubika mankondo?	Are you leaving bananas?
mbele	Nge ke na kubika mbele?	Are you leaving a knife?
yandi	Yandi ke na kubika mbele.	
kuzola	Yandi ke na kuzola mbele.	He is wishing for a knife.
kisalu	Yandi ke na kuzola kisalu.	He is wanting work.
mu	Mu ke na kuzola kisalu.	
kubanda	Mu ke na kubanda kisalu.	I'm starting work.
inzo	Mu ke na kubanda inzo.	I'm starting [on the] house.
Zozefu	Zozefu ke na kubanda inzo.	
kusosa	Zozefu ke na kusosa inzo.	Joseph is looking for a house.
mukanda	Zozefu ke na kusosa mukanda.	
mu	Mu ke na kusosa mukanda.	

UNIT 2　　　　　　　　　　KITUBA　　　　　　　　　　PRIMER

Drill 2.5　Grammar Drills: /ke/ + verb:

a) Progressive Substitution Drill

Cue	Pattern	
	Inki nge ke sosa?	What will you look for?
Madi	Inki Madi ke sosa?	
kubika	Inki Madi ke bika?	What will Mary leave?
yandi	Inki yandi ke bika?	
kunata	Inki yandi ke nata?	What will he carry?
Zozefu	Inki Zozefu ke nata?	
kuzaba	Inki Zozefu ke zaba?	What will Joseph know?
Madi	Inki Madi ke zaba?	
kusosa	Inki Madi ke sosa?	
nge	Inki nge ke sosa?	

b) Progressive Substitution Drill:

Cue	Pattern	English
	Inki nge ke pesa munu?	What will you give me?
yandi	Inki yandi ke pesa munu?	
nge	Inki yandi ke pesa nge?	
kusala	Inki yandi ke sala nge?	What will he do to you?
Zozefu	Inki Zozefu ke sala nge?	
mwana	Inki Zozefu ke sala mwana?	What [did] Joseph do to the child?
kupesa	Inki Zozefu ke pesa mwana?	

| | PRIMER | BASIC COURSE | UNIT 2 |

	Inki <u>Zozefu</u> ke pesa mwana?
Madi	Inki Madi ke pesa <u>mwana</u>?
munu	Inki Madi ke <u>pesa</u> munu?
kusala	Inki <u>Madi</u> ke sala munu?
nge	Inki nge ke <u>sala</u> munu?
kupesa	Inki nge ke pesa munu?

c) Progressive Substitution Drill

<u>Cue</u>	<u>Pattern</u>	
	Nge ke bika inki?	(= Inki nge ke bika?) What will you leave?
mukanda	<u>Nge</u> ke bika mukanda?	
mu	Mu ke <u>bika</u> mukanda.	
kunata	Mu ke nata <u>mukanda.</u>	
mwana	<u>Mu</u> ke nata mwana.	
Zozefu	Zozefu ke <u>nata</u> mwana.	
kusosa	Zozefu ke sosa <u>mwana</u>.	
magazini	<u>Zozefu</u> ke sosa magazini.	
Madi na yandi	Madi na yandi ke <u>sosa</u> magazini.	Mary and he....
kuzola	Madi na yandi ke zola <u>magazini</u>.	
dinkondo	<u>Madi na yandi</u> ke zola dinkondo.	
bakala	Bakala ke <u>zola</u> dinkondo.	
kupesa	Bakala ke pesa <u>dinkondo</u>.	
lukaya	<u>Bakala</u> ke pesa lukaya.	

UNIT 2   KITUBA   PRIMER

	Bakala ke pesa lukaya.	
nge	Nge ke **pesa** lukaya?	
kubika	Nge ke bika **lukaya**?	
mwana	**Nge** ke bika mwana?	
dokotolo	Dokotolo ke **bika** mwana.	
kusosa	Dokotolo ke sosa **mwana**.	
kisalu	**Dokotolo** ke sosa kisalu.	
Madi	Madi ke **sosa** kisalu.	
kubanda	Madi ke banda **kisalu**.	
mpatu	**Madi** ke banda mpatu. *begins*	Mary will start [work on] the fields.
yandi	Yandi ke **banda** mpatu.	
kubikala na	Yandi ke bikala na **mpatu**.	He will remain in the fields.
inzo	**Yandi** ke bikala na inzo.	
nkento	Nkento ke **bikala** na inzo.	
kwenda	Nkento ke kwenda na **inzo**.	
dokotolo	**Nkento** ke kwenda na dokotolo.	
Zozefu	Zozefu ke **kwenda** na dokotolo.	
kwiza	Zozefu ke kwiza **na dokotolo**.	
kuna	**Zozefu** ke kwiza kuna.	
mwana	Mwana ke **kwiza** kuna.	
kuzola	Mwana ke zola **kuna**.	The child will like [it] there.

	Mwana ke zola kuna.
mukanda	Mwana ke zola mukanda.
nge	Nge ke zola mukanda?
kubika	Nge ke bika mukanda?
inki	Nge ke bika inki?

d) Simple Substitution Drill

Inki ntangu	nge ke kwenda na magazini?	When will you go to the store?
	Zozefu ke banda kisalu?	When will Joseph start work?
	mu ke zaba Madi?	When will I get to know Mary?
	yandi ke sosa mukanda?	When will he look for [the] book?
	dokotolo ke kwiza kuna?	When's the doctor coming there?
	Madi ke bikala na mpatu?	When will Mary stay in the fields?
	bakala ke sosa maza?	When will the man look for water?
	mu ke zaba bilo ya kalaka?	When am I to get to know the office of the clerk.
	yandi ke nata dinkondo?	When will he bring the banana?
	Zozefu ke zaba nzila?	When will Joseph learn (know) the way?

UNIT 3 KITUBA PRIMER

DIALOGUE INTRODUCING ONESELF

-A-

tata   father, Mr., sir, paternal
                                        relative

Mbote tata!   Greetings sir!

-B-

n.kumbu (ba-)   name, noun

nani?   who? whom?

Mbote! Nkumbu na nge ke   Greetings! What's your name?
nani? /nkumbwange/

-A-

                                    Fr: Jean; John

Nkumbu na mu ke Za.   My name is John.
/nkumbwamu/

-B-

Zile   Fr: Jules; Julius

Nkumbu na mu ke Zile.   My name is Jules.

-A-

insi (ba-)   country, ground, under,
                                        down, below

Inki ke insi na nge?   What is your homeland?

-B-

Kongó   Congo

Insi na mu ke Kongo. /insyamu/   My country is the Congo.

40

PRIMER   BASIC COURSE   UNIT 3

ya munu   mine

Angeletele   Fr: Angleterre; England

Ya munu ke Angeletele.   Mine is England.

-B-

Inki ke kisalu _na nge?   What is your work?
/kisalwange/

-A-

kalasi (ba-)   Fr: classe; school, class

mwan_{a y}a kalasi   student
/mwanakalasi/

Mu ke mwan_{a y}a kalasi.   I'm a student.

-B-

Mu ke pe mwan_{a y}a kalasi. I too am a student.

Drill 3.1   VOCABULARY SUPPLEMENT

a) Simple Substitution Drill

Nkumbu _na mu ke	Za
	Polo
	Andelé
	Kalala
	Maligeliti
	Katelína
	Sofí

Fr: Paul (first name-male)

Fr: André (first name-male)

family name

Fr: Marguerite (first name-female)

Fr: Catherine (first name-female)

Fr: Sophie (first name-female)

41

b) Simple Substitution Drill

Insi_na mu ke	Kongó.	
	Gabón.	
	Kongó ya Falansé.	(Congo - Brazzaville)
	Uganda.	
	France[1] /frans/	
	Belizike.	(Belgium)
	Amelike / Amerike.	

c) Simple Substitution Drill

Kongo	ke na	Afelike.	(Africa)
Gabon			
Kongo ya Falanse			
Uganda			

d) Simple Substitution Drill

France	ke na	Mputu.	(Europe)
Belizike			

---

[1] The /r/ sound as well as spelling of some foreign words is retained in Kituba despite the fact that /r/ does not occur (as distinct from /l/) in native words.

PRIMER   BASIC COURSE   UNIT 3

Drill 3.2   VARIATION DRILL ON PATTERN SENTENCES

a) Simple Substitution Drill   *unrecorded*

Nani ke	Za?
	Zile?
	dokotolo?
	nkento n'andi?[1]
	bakala "
	mwana "

Who is John?

b) Simple Substitution Drill   *unrecorded*

Nani ke nkumbu	$_n$a nge?
	n'andi?
	$_y$a bakala n'andi?
	$_y$a dokotolo?

What's your name?

his

What's the name of her husband?

What's the name of the doctor?

---

[1] In normal Kituba spelling the omission of a consonant is symbolized by an apostrophe. The elision of two vowels is not so symbolized. This phrase is thus: /nkento na yandi/, reduced to /nkento $_a$ $_y$andi/. Henceforth in these units this spelling convention will be used.

UNIT 3   KITUBA   PRIMER

c) Multiple Substitution Drill *unrecorded*

Nkumbu	na nge	ke nani?
Bakala	n'andi	
Nkento	na munu	
Mwana		
Dokotolo		

d) Progressive Substitution Drill

Cue	Pattern	
	Nani ke na kwenda na Angeletele?	Who's going to England?
Madi	Madi ke na kwenda na Angeletele.	
Kongo	Madi ke na kwenda na Kongo.	
yandi	Yandi ke na kwenda na Kongo.	
kuna	Yandi ke na kwenda kuna.	
Za	Za ke na kwenda kuna.	
na magazini	Za ke na kwenda na magazini.	
nani	Nani ke na kwenda na magazini?	
Angeletele	Nani ke na kwenda na Angeletele?	

e) Progressive Substitution Drill

Cue	Pattern	
	Nani ke na kwenda na kalasi?	Who is going to school?
Zile	Zile ke na kwenda na kalasi.	
kwiza	Zile ke na kwiza na kalasi.	

44

	Zile ke na kwiza na <u>kalasi</u>.	
Kongo	<u>Zile</u> ke na kwiza na Kongo.	
dokotolo	Dokotolo ke na <u>kwiza</u> na Kongo.	
kubikala	Dokotolo ke na kubikala na <u>Kongo</u>.	The doctor is staying in the Congo.
bilo	<u>Dokotolo</u> ke na kubikala na bilo.	
Zozefu	Zozefu ke na <u>kubikala</u> na bilo.	
kwiza	Zozefu ke na kwiza na <u>bilo</u>.	
Madi	<u>Zozefu</u> ke na kwiza na Madi.	Joseph is coming to Mary's. (or 'with Mary')
nani	Nani ke na <u>kwiza</u> na Madi?	
kwenda	Nani ke na kwenda na <u>Madi</u>?	
kalasi	Nani ke na kwenda na kalasi?	

f) Multiple Substitution Drill   *unrecorded*

Mu	ke na	kusosa	dinkondo.	I'm looking for a banana.
Nge		kuzola	kisalu.	
Nani			kalaka.	
Dokotolo			magazini.	
Madi			ntangu.	
			mbele.	
			Za.	

45

UNIT 3 — KITUBA — PRIMER

g) Progressive Substitution Drill

Cue	Pattern	
	Nge ke na kubanda kisalu?	Are you starting the job?
dokotolo	Dokotolo ke na kubanda kisalu.	
kusosa	Dokotolo ke na kusosa kisalu.	
Zile	Dokotolo ke na kusosa Zile.	
mwana	Mwana ke na kusosa Zile.	
kunata	Mwana ke na kunata Zile.	The child is carrying Jules.
mukanda	Mwana ke na kunata mukanda.	
mu	Mu ke na kunata mukanda.	
kupesa	Mu ke na kupesa mukanda.	
mankondo	Mu ke na kupesa mankondo.	I'm giving bananas.
Zozefu	Zozefu ke na kupesa mankondo.	
kusosa	Zozefu ke na kusosa mankondo.	
kisalu	Zozefu ke na kusosa kisalu.	
nge	Nge ke na kusosa kisalu?	
kubanda	Nge ke na kubanda kisalu?	

h) Multiple Substitution Drill   *unrecorded*

Mu	ke	kwenda	na	magazini.
Andele		kwiza		kalasi.
Sofi		bikala		mpatu.
Nge				kisalu.
Katelina				nzila.

I'll go to the store.

i) Multiple Substitution Drill   *unrecorded*

Inki ntangu	mama	ke	sosa	kisalu?
	Polo		zaba	kalasi?
	Maligeliti			magazini?
	Kalala			nzila?
	Sofi			zandu?
				lupitalu?
				inzo?

When will mother look for work?

j) Multiple Substitution Drill   *unrecorded*

Nata	mbote	na	Madi.
Pesa	dinkondo		munu.
	lukaya		yandi.
	Kalala		tata.
	mukanda		Maligeliti.
	melesi		
	ntangu		

Give [my] best to Mary.

47

UNIT 3　　　　　　　　　KITUBA　　　　　　　　　PRIMER

GRAMMAR NOTES AND DRILLS

Note 3.1 /na/ and /ya/ as Relative Particles

1. Mwan$_a$ $_n$a[1] munu ke maladi.　　My child is sick.

2. Pesa nkento $_n$a nge mbote-o!　　Give [my] best to your wife!

3. Nkumbu $_n$a nge ke nani?　　What's your name?

4. Nkumbu $_n$a mu ke Za.　　My name is John.

5. Ya munu ke Angeletele.　　Mine is England.

6. Mu ke mwan$_a$ $_y$a kalasi.　　I'm a student.

In these sentences the particles /na/ (regularly written separate from the following word unless there is a contraction) and /ya/ (sometimes written together with the following word) occur as relative particles to show a relationship between the word preceding the particle and the one following. In general the rules for the choice of one or the other of these particles are as follows:

1. When the second of the two words being related is a pronoun and the relationship indicated is non-emphatic possession, an unstressed /na/ occurs:

　　Mwana na nge　　Your child　　/mwanange/
　　Bana na betu　　Our children　　/banabetu/

---

[1] na is commonly omitted in spelling after mwana on account of the elision /mwan$_a$ $_n$a/.

48

2. When the second of the words being related is a noun rather than a pronoun, /ya/ occurs (also unstressed):

> Mwana ya dokotolo   The doctor's child

3. When the second of the words being related is a pronoun but the possessive idea is emphasized (<u>my</u> child, in contrast to someone else's), /ya/ occurs unstressed:

> Mwana ya munu   <u>My</u> child

4. A stressed /ná/ between two words is a conjunction and not a relative particle (see Note 2.5) and is normally translated 'and':

> Mwana ná munu   The child and I
>
> Yandi ná Madi   He and Mary

5. When the first of the items being related is not expressed (being clear from the context) /ya/ occurs with either pronoun or noun and the resultant phrase functions much as does a possessive pronoun in English:

> Ya munu ke Angeletele.   Mine is England.

6. In rapid speech both the /n/ of /na/ and the /y/ of /ya/ may be omitted with the result that only /a/ remains and the

distinction between /na/ and /ya/ is entirely lost.[1]

Where in English we have a variety of modification constructions: noun-noun (banana market) adjective-noun (good market), possessive adjective-noun (my market), in Kituba all the concepts implicit in these English constructions are expressed by the use of /na/ and /ya/ in accordance with the rules above:

   Inzo ya mankondo Banana house.

   Inzo ya mbote   Good house.

   Inzo na munu   My house. (Inzo ya munu
              My house.)

There are a very few words in Kituba which can be classed as purely adjectives and even these occur with the relative particle /ya/ in this relational or 'adjectival' construction. The difference between noun and adjective in English will be reflected in translations of constructions which are identical in Kituba:

   Nkento ya Polo   Paul's wife (woman of Paul)

   Nkento ya maladi [a] sick woman (woman of sickness)

---

[1] Comparison with other Bantu languages makes clear that, historically, /a/ is a possessive particle root and the /n/ and /y/ are prefixes correlating with the pronoun or the class of the noun preceding. Basically /n/ represents a prefix correlating with pronouns and /y/ one correlating with certain classes of nouns. Other noun class correlating prefixes have fallen together with /y/.

PRIMER   BASIC COURSE   UNIT 3

With a few words, notably /fioti/ and numbers, there exist structures with and without /ya/ with different meanings:

    bakento ya fioti   little ladies

    bakento fioti   few ladies

Note that /fioti/ (and /mingi/) also occur following adjectival constructions as degree words:

    ṅkento ya maladi fioti   [a] slightly sick woman

    nkento ya maladi mingi   [a] very sick woman

Drill 3.3   Grammar Drills on /ya/ and /na/ in Possessive and Modification (Adjective) Construction

a) Progressive Substitution Drill

Cue	Pattern	
	Nani ke mwan$_a$ $_n$a nge?	Who is your child?
Polo	Polo <u>ke</u> mwan$_a$ $_n$a nge.	
kuzola	Polo zola <u>mwan$_a$</u> $_n$a nge.	Paul likes your child.
nkumbu	Polo zola <u>nkumbu</u> $_n$a <u>nge</u>.	
yandi	<u>Polo</u> zola nkumbu n'andi.	his
mu	Mu <u>zola</u> nkumbu n'andi.	
ke na kusosa	Mu ke na kusosa <u>nkumbu</u> n'andi.	his / I'm searching for his name.
dinkondo	Mu ke na kusosa dinkondo n'<u>andi</u>.	
munu	<u>Mu</u> ke na kusosa dinkondo $_n$a munu.	
tata	Tata ke na <u>kusosa</u> dinkondo $_n$a munu.	

51

UNIT 3   KITUBA   PRIMER

	Tata ke na <u>kusosa</u> dinkondo _na munu.	
ke nata	Tata ke nata <u>dinkondo</u> _na munu.	Dad will take (carry) my banana.
mwana	Tata ke nata mwan_{a n}a <u>munu</u>.	Dad will carry my child.
yandi	<u>Tata</u> ke nata mwana n'andi.	
Zozefu	Zozefu ke <u>nata</u> mwana n'andi.	
zola	Zozefu ke zola <u>mwana</u> n'andi.	
bana	Zozefu ke zola bana n'andi.	
nge	<u>Zozefu</u> ke zola ban_{a n}a nge.	
banani	Banani ke <u>zola</u> ban_{a n}a nge?	
ke	Banani ke ban_{a n}a nge?	
mwana	Nani ke mwan_{a n}a nge?	

b) Multiple Substitution Drill   *unrecorded*

Insi na nge ke	Amelike	kasi	ya munu	ke	Kongo	Your country is America but mine is the Congo.
	Uganda		ya yandi		France	
	Belezike				Gabon	
	kuna				(kuna)	

c) Multiple Substitution Drill *unrecorded*

Ya nge	ke	na	kusosa	munu.
Ya yandi			kuzola	mbele.
			kunata	tata.
				mankondo.
				za.

Yours is looking for me.
(i.e. Your child, your husband, etc.)

d)

Inki	ya munu	ke	na	kupesa?
	ya yandi	ke		kunata?
	ya nge			kubanda?
				kuzola?

What is mine giving?

e) Progressive Substitution Drill

Cue	Pattern	
	<u>Nata</u> mukanda ya Sofi.	Bring Sophie's book!
kupesa	Pesa <u>mukanda</u> ya Sofi.	
mbele	Pesa mbele ya <u>Sofi</u>.	
tata	<u>Pesa</u> mbele ya tata.	
kusosa	Sosa <u>mbele</u> ya tata.	
mwana	Sosa mwana ya <u>tata</u>.	
dokotolo	<u>Sosa</u> mwana ya dokotolo.	
kuzola	Zola <u>mwana</u> ya dokotolo.	
kalaka	Zola kalaka ya <u>dokotolo</u>.	

UNIT 3   KITUBA   PRIMER

                Zola kalaka ya <u>dokotolo</u>.

Sofi   Zola <u>kalaka</u> ya Sofi.

kunata   Nata <u>kalaka</u> ya Sofi.

mukanda   Nata mukanda ya Sofi.

f) Multiple Substitution Drill   *unrecorded*

Mbazi	mu	ke	sosa	mwana	ya ngolo.
	yandi		nata		ya mpembe.
	Polo		pesa		ya mbote.
	banani		bika		ya mayele.
			zola		ya zoba.
					ya ndombe.

Tomorrow I'll look for a strong child.

g) Progressive Substitution Drill

<u>Cue</u>   <u>Pattern</u>

            <u>Yandi</u> ke na kusosa lukaya ya ngolo.   He's looking for a strong leaf.

Sofi   Sofi ke na <u>kusosa</u> lukaya ya ngolo.

kunata   Sofi ke na kunata <u>lukaya</u> ya ngolo.

mukanda   Sofi ke na kunata mukanda <u>ya ngolo</u>.   Sofi is bringing a difficult book.

mbote   <u>Sofi</u> ke na kunata mukanda ya mbote.

tata   Tata ke na <u>kunata</u> mukanda ya mbote.

kuzola   Tata ke na kuzola <u>mukanda</u> ya mbote.

	Tata ke na kuzola <u>mukanda</u> ya mbote.	
mwana	Tata ke na kuzola mwana ya <u>mbote</u>.	Father likes a good child.
mayele	<u>Tata</u> ke na kuzola mwana ya mayele.	
mu	Mu ke na <u>kuzola</u> mwana ya mayele.	
kupesa	Mu ke na kupesa <u>mwana</u> ya mayele.	I'm turning over a smart child.
kisalu	Mu ke na kupesa kisalu ya <u>mayele</u>.	I'm giving [someone] an intellectual job.
ngolo	<u>Mu</u> ke na kupesa kisalu ya ngolo.	
yandi	Yandi ke na <u>kupesa</u> kisalu ya ngolo.	
kusosa	Yandi ke na kusosa <u>kisalu</u> ya ngolo.	
lukaya	Yandi ke na kusosa lukaya ya ngolo.	

h) Multiple Substitution Drill *unrecorded*

Bana	ya fioti	ke na	kwiza.
Babakala			kwenda.
Bakento			kubikala.
BaZozefu			kunata mankondo.
			kupesa mbote na nge.

Little children are coming.

UNIT 3　　　　　　　　　KITUBA　　　　　　　　　PRIMER

i) Progressive Substitution Drill

Cue　　　　　　　　Pattern

　　　　　　　Madi ke na kusosa mankondo ya fioti.　　Mary is looking for little bananas.

Polo　　　　Polo ke na kusosa mankondo ya fioti.

kunata　　　Polo ke na kunata mankondo ya fioti.

makaya　　　Polo ke na kunata makaya ya fioti.

nge　　　　　Nge ke na kunata makaya ya fioti?

kubika　　　Nge ke na kubika makaya ya fioti?　　Are you leaving small leaves?

mukanda　　 Nge ke na kubika mukanda ya fioti?

Madi　　　　Madi ke na kubika mukanda ya fioti.

kusosa　　　Madi ke na kusosa mukanda ya fioti.

mankondo　　Madi ke na kusosa mankondo ya fioti.

j) Multiple Substitution Drill　　*unrecorded*

Pesa	makaya	fioti.
Bika	bana	
Nata	mikanda	
Sosa	mankondo	

Give a few leaves.

k) Progressive Substitution Drill

Cue	Pattern	
	Za ke sosa mikanda fioti.	John will look for a few books.
nge	Nge ke sosa mikanda fioti?	Are you to look for...?
kunata	Nge ke nata mikanda fioti?	
mankondo	Nge ke nata mankondo fioti?	
banani	Banani ke nata mankondo fioti.	Who (all) is to bring a few bananas?
kupesa	Banani ke pesa mankondo fioti?	
bana	Banani ke pesa bana fioti?	
tata	Tata ke pesa bana fioti.	
kuzola	Tata ke zola bana fioti.	
mielo	Tata ke zola mielo fioti.	
Za	Za ke zola mielo fioti.	
kusosa	Za ke sosa mielo fioti.	
mikanda	Za ke sosa mikanda fioti.	

l) Multiple Substitution Drill *unrecorded*

Nkento	ya	zoba	ke	bikala	na	Kongo.
Mwana		ngolo		kwiza		Mputu.
Bakala		mbote		kwenda		France.
						Uganda.
						Gabon.

The stupid woman will stay in the Congo.

UNIT 3 KITUBA PRIMER

m) **Multiple Substitution Drill** *unrecorded*

Nani	ke	nata	bana	ya	ngolo	mingi.
Polo		bika	babakala		maladi	fioti.
Tata		pesa	bakento		zoba	
Sofi					mayele	
Kalala						
Mu						
Nge						
Yandi						

n) **Multiple Substitution Drill** *unrecorded*

Nani	ke	ngolo	fioti.
Za		maladi	mingi.
Yandi		mayele	
Mu		zoba	
Nge			

Who is a bit strong?

o) **Multiple Substitution Drill** *unrecorded*

Sosa	bakento	ya	maladi	fioti.
Pesa	bana		ngolo	mingi.
Nata	bakalaka		mayele	
Bika			zoba	

Look for a somewhat sick woman.

p) Progressive Substitution Drill

Cue	Pattern
	Mbazi <u>mama</u> ke sosa kisalu _ya ngolo fioti.
	Mother is (going) to look for a fairly hard job tomorrow.
Za	Mbazi Za ke <u>sosa</u> kisalu _ya ngolo fioti.
kubanda	Mbazi Za ke banda <u>kisalu</u> _ya ngolo fioti.
mwelo	Mbazi Za ke banda mwelo _ya ngolo fioti.
	John is (going) to start on a fairly strong door tomorrow.
mpembe	Mbazi Za ke banda mwelo _ya mpembe <u>fioti</u>.
mingi	Mbazi <u>Za</u> ke banda mwelo _ya mpembe mingi.
nge	Mbazi nge ke <u>banda</u> mwelo _ya mpembe mingi?
	Are you to start tomorrow on a very light (colored) door?
kunata	Mbazi nge ke nata <u>mwelo</u> _ya mpembe mingi?
mukanda	Mbazi nge ke nata mukanda _ya <u>mpembe</u> mingi?
mayele	Mbazi nge ke nata mukanda _ya mayele mingi?

q) Progressive Substitution Drill

Cue | Pattern |
--- | --- | ---
 | <u>Mu</u> ke nata mankondo _ya mbote fioti. | I'll bring quite good bananas.
nge | Nge ke nata mankondo _ya mbote fioti? | Are you to...?
kusosa | Nge ke sosa <u>mankondo</u> _ya mbote fioti? |

	Nge ke sosa <u>mankondo</u> ya mbote fioti?	
bana	Nge ke sosa bana ya <u>mbote</u> fioti?	Are you to look for rather good children?
ngolo	<u>Nge</u> ke sosa bana ya ngolo fioti?	
Polo	Polo ke <u>sosa</u> bana ya ngolo fioti.	
kubika	Polo ko bika <u>bana</u> ya ngolo fioti.	Paul is to leave [some] rather strong children.
babakala	Polo ke bika babakala ya <u>ngolo</u> fioti.	
mayele	<u>Polo</u> ke bika babakala ya mayele fioti.	
mu	Mu ke bika babakala ya mayele fioti.	
kunata	Mu ke nata <u>babakala</u> ya mayele fioti.	
mankondo	Mu ke nata mankondo ya <u>mayele</u> fioti.	
mpembe	Mu ke nata mankondo ya mbote fioti.	

PRIMER　　　　　　　　　　BASIC COURSE　　　　　　　　　　UNIT 4

DIALOGUE: FAMILY

-A-

m.buta (ba-)　　　　　　　　　　elder, older brother

mbuta muntu (ba-)　　　　　　　sir, Mr.

Mbote mbuta muntu!　　　　　　Good morning, sir!

-B-

di-ambu (m-) /dyambu/　　　　matter, affair

Mbote mwana! Diambu ikele?　Good morning, child! Is something the matter? (Is there something?)

-A-

me / mene　　　　　　　　　　　(auxiliary for 'perfect')

ku-zimb.al-a　　　　　　　　　to be lost, to forget, to fail to recognize one another

E, mu me zimbala.　　　　　　I'm lost. (I've become lost.)

-B-

Inki ke nkumbu na tata na nge?　What's your father's name?

-A-

Meto

Nkumbu na yandi Meto.　　　　His name [is] Meto.

-B-

m.pangi (ba-)　　　　　　　　sibling (brother or sister)

ikwa?　　　　　　　　　　　　　how many?

UNIT 4 KITUBA PRIMER

    ke na / kele na (plus noun)   to have (be with)

Nge ke na bampangi ikwa?   How many brothers [and sisters] have you?

-A-

    zole   two

Mu ke na bampangi zole ya babakala.   I have two brothers. (I have two male siblings.)

-B-

    wapi (?)   where?; no, not at all!

    bau   they, them

Wapi bau?   Where are they?

-A-

Bau me kwenda na kalasi.   They've gone to school.

-B-

    ku-vwand-a   to stay, to sit, to live, to be

    benu   you (plural)

Banani ke vwandaka na benu?   Who lives with you?

-A-

    yankaka   other

    bantu yankaka /bantwankaka/   other person
    ve   no (negative particle)

Bantu yankaka ikele ve.   Nobody else does. (There are no other persons.)

PRIMER — BASIC COURSE — UNIT 4

-B-

mama	mother, lady, aunt, Mrs., Miss
Nge ke na mama?	Have you a mother?
betu	we, us
ku-fw-a	to die
n.tama	far, a long time ago, already
Mama na betu kufwaka ntama.	Our mother died a long time ago.

-A-

ku-land-a	to follow
famili (ba-)	Fr: famille; family

Landa munu. Mu zaba famili na nge. /familyange/

Drill 4.1 VOCABULARY SUPPLEMENT

a) Simple Substitution Drill

Mu	me	zimbala.
		kudia.
		kunwa.
		sonika mukanda.
		tanga mukanda.

I have gotten lost.
    eaten.
    drunk.
    written [a] book.
    read [a] book.

b) Simple Substitution Drill

Mu me sosa	dimpa.
	sizó.
	n.singa.
	kitambala.

I've looked for bread. [di-m.pa (ma-)] (Fr: du pain)

    scissors. (ba-)(Fr: ciseaux)

    rope/cord. (ba-)

    [a] kerchief/head scarf. [ki-tambala (bi-)]

c) Simple Substitution Drill

Yandi ke na	bampangi	zole.
		tatu.
		iya.
		tanu.
		sambanu.
		n.sambodia.
		nana.
		ivwa.
		kumi.
Yandi ke na	mpangi	mosi.

He has two siblings.
    three
    four
    five
    six
    seven (also nsambwadi)
    eight
    nine
    ten (ma-)
    one sibling.

d) Simple Substitution Drill

Mpangi na munu ke	bakala.
	nene.
	n.kufi.
	inda.
	leke.

My sibling is male.
            large/big.
            short.
            long/tall.
            young.

e) Simple Substitution Drill

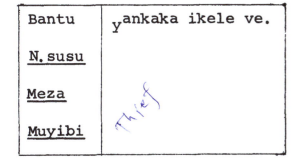

Bantu	yankaka ikele ve.
N.susu	
Meza	
Muyibi	

There is nobody else.
        no other chicken. (ba-)
        table. (ba-)
        thief. [mu-yib-i ba-)]

GRAMMAR NOTES AND DRILLS

Note 4.1 /me/ + verb: Immediate Past

Note the sentence from the dialogue:

Mu me zimbala.   I have become lost.

The auxiliary /me/, followed by the verb forms a verb phrase the meaning of which is <u>immediate past</u>. The sentence above could be translated 'I've just gotten lost.' As with the English present perfect verb phrase with <u>have</u>, the action has taken place before the present and is of concern or has a result in the present. The usage differs from the English present perfect, however, in that the English phrase may be used for actions in the distant past which have bearing on the present situation as 'I've read that book (so I don't need to borrow it)' where the reading may have taken place a long time ago. In Kituba this form is used only when the action or state took place in the recent past. Of course, the concept of 'recent' is a relative one and the word /ntama/ 'a long time ago' or 'already' may be used with this construction:

      Mu me zimbala ntama.   I've been lost a long time.

      Mu me kudia ntama.   I've already eaten.

However, it would be distinctly unusual to hear /ntama mingi/ 'for a very long time' after this construction. The drills below contain examples of this construction.

Drill 4.2 Grammar Drills /me/ + verb:

a) Multiple Substitution Drill   *unrecorded*

Mu	me	zimbala	ntama.
Za		kufwa	
Meto		bikala	
Mbuta muntu		kwenda	
Bau			
Benu			

PRIMER BASIC COURSE UNIT 4

b) Progressive Substitution Drill

Cue	Pattern	
	Nani me sosa nsusu?	Who has looked for [the] chicken?
bau	Bau me sosa nsusu.	
kudia	Bau me kudia nsusu.	
dimpa	Bau me kudia dimpa.	
zile	Zile me kudia dimpa.	
kunata	Zile me nata dimpa.	
sizo	Zile me nata sizo.	
benu	Benu me nata sizo?	
kubika	Benu me bika sizo?	
mukanda	Benu me bika mukanda?	
nani	Nani me bika mukanda?	
kusosa	Nani me sosa mukanda?	
nsusu	Nani me sosa nsusu?	

c) Simple Substitution Drill   *unrecorded*

Nani me	tuba?
	zimbala?
	kufwa?
	banda?
	kudia?
	kunwa?
	bikala?

67

UNIT 4   KITUBA   PRIMER

d) Multiple Substitution Drill   *unrecorded*

Madi	me	kudia	dinkondo	mosi.
Mu		pesa	lukaya	
Za		nata	dimpa	
Benu		bika	nsusu	
Yandi		sosa		
Zile		zola		

Mary has eaten one banana.

e) Multiple Substitution Drill   *unrecorded*

Ya nge	me	sosa	munu.
Ya yandi		zola	nsusu.
Ya benu		nata	tata.
			dinkondo.
			Za.

Yours has looked for me.

f) Multiple Substitution Drill   *unrecorded*

Inki	ya	munu	me	(ku)zaba?
		yandi	ke na	(ku)nata?
		nge		(ku)banda?
				(ku)zola?
				(ku)pesa?

What has mine known?

Note 4.2   The Concept of Possession: /ke/ + /na/ + Noun

      Mu ke na bampangi zole.   I have two siblings.

      Nge ke na mama?   Have you a mother?

In Note 2.1 we noted that /ke/ + /na/ + Verb was a verb phrase for present state or action. In the sentences above we note that when /ke + na/ is followed by a noun it carries the sense of having, literally 'being with'. Kituba has no verb equivalent to English have, the concept of possession being expressed by this construction.

Drill 4.3 Grammar Drill /ke/ + /na/ + Noun

a) Multiple Substitution Drill   *unrecorded*

Yandi	ke na	babakala	ikwa?
Tata		(ba)nsusu	
Zile		mikanda	
Andele		mankondo	
Mu		mampa	
Benu		badokotolo	
Betu		mielo	

How many men does he have?

b) Multiple Substitution Drill   *unrecorded*

Betu	ke na	nsusu	yankaka.
Yandi		meza	
Bau		mwana	
Mu		mpangi	
Za		nkumbu	
		bilo	
		mbele	

We have another chicken.

UNIT 4 KITUBA PRIMER

c) Multiple Substitution Drill *unrecorded*

Nani (?)	ke na	dinkondo	ya	munu.
Sofi		mikanda		Polo.
Yandi		bana		nge.
Bau		mbele		

Who has <u>my</u> banana?

d) Random Substitution Drill

Cue	Pattern	
	Mama ke na <u>mankondo</u> mingi.	Mother has lots of bananas.
mikanda	<u>Mama</u> ke na mikanda mingi.	
nge	Nge ke na mikanda <u>mingi</u>?	
fioti	<u>Nge</u> ke na mikanda fioti?	
Za	Za ke na mikanda <u>fioti</u>.	
ya mpembe	Za ke na mikanda <u>ya mpembe</u>.	
nge	Za ke na <u>mikanda</u> ya nge.	
bana	<u>Za</u> ke na bana ya nge.	
nani	Nani ke na <u>bana</u> ya nge?	Who is with your children?
dokotolo	<u>Nani</u> ke na dokotolo ya nge?	
mu	Mu ke na <u>dokotolo</u> ya nge.	
mbele	Mu ke na mbele ya <u>nge</u>.	
ngolo	<u>Mu</u> ke na mbele ya ngolo.	
Polo	Polo ke na mbele ya <u>ngolo</u>.	
mingi	<u>Polo</u> ke na bambele mingi.	

70

PRIMER   BASIC COURSE   UNIT 4

    Polo ke na bambele mingi.

mama   Mama ke na bambele mingi.

mankondo Mama ke na mankondo mingi.

e) Multiple Substitution Drill   *unrecorded*

Mu	ke na	bampangi	tatu.
Tata		bakento	iya.
Za		bana	sambanu.
Yandi		(ba)nsusu	nana.
Betu		mampa	kumi.
Zile		mielo	zole.
Maligeliti		bantangu	mingi.
Polo		bakalasi	tanu.
Bau		bisalu	fioti.
		mikanda	

Note 4.3 The negative - /ve/

Note this sentence from the dialogue:

  Bantu y̧ankaka ikele ve. There aren't any other persons.

The negative of a predication is signalled in Kituba by the particle /ve/ following the entire predication. This particle may also precede almost any word within a predication in which case it serves to negate only the word or phrase it follows. Compare:

  Muntu ke kuna ve. Nobody is there (Person is not there).
  Muntu ve ke kuna. Nobody is there (No person is there).

The particle may also occur as a negative short answer 'No'.:

        Ve, muntu ke kuna ve.   No, nobody is there.

In negative imperatives verbs occur with the /ku-/ prefix:

        Kusumba mampa ina ve!   Don't buy that bread!

Drill 4.4 Grammar Drills - The Negative

Repeat Drills 4.3 (b), (d) and (e) making all the sentences negative.

Note 4.4 The ∅ - BA Noun Class:

The noun class which has no prefix for the singular and a BA-prefix in the plural is the simplest of Kituba noun classes and contains a very large number of nouns, including all borrowed French nouns. Some nouns of this class are:

Singular	Translation	Plural
kalaka	clerk	bakalaka
magazini	store	bamagazini
nzila	way, means	banzila
mbele	knife	bambele
bakala	male	babakala
lupitalu	hospital	balupitalu
inzo	house	bainzo
mpatu	field, farm	bampatu
bilo	office	babilo
nkumbu	name	bankumbu

nani	who?	banani
kalasi	school	bakalasi
mbuta	elder	bambuta
mpangi	sibling	bampangi
yankaka	another	bayankaka
sizo	scissors	basizo
nsinga	rope	bansinga
ngolo	strength	bangolo
meza	table	bameza

Drill 4.5 Grammar Drills - The Ø - BA Noun Class

a) Simple Substitution-Modification Drill (Substitute the Cue in its plural form):

Cue   Pattern

                Betu ke na kwenda na bamagazini.   We are going to [the] stores.

lupitalu   Betu ke na kwenda na balupitalu.

mpatu   Betu ke na kwenda na bampatu.

bilo   Betu ke na kwenda na babilo.

kalasi   Betu ke na kwenda na bakalasi.

inzo   Betu ke na kwenda na bainzo.

b) Progressive Substitution-Modification Drill (Substitute all nouns in plural form):

Cue	Pattern
	Babakala na benu ke na kwiza <u>kuna</u>.
na bilo	Babakala na benu ke na <u>kwiza</u> na babilo.
kwenda	Babakala ne <u>benu</u> ke na kwenda na babilo.
betu	<u>Babakala</u> na betu ke na kwenda na babilo.
kalaka	Bakalaka na betu ke na kwenda na <u>babilo</u>.
mpatu	Bakalaka na betu ke na <u>kwenda</u> na bampatu.
kubikala	Bakalaka na <u>betu</u> ke na kubikala na bampatu.
bau	<u>Bakalaka</u> na bau ke na kubikala na bampatu.
mbuta	Bambuta na bau ke na kubikala na <u>bampatu</u>.
inzo	Bambuta na bau ke na <u>kubikala</u> na bainzo.
kusala	<u>Bambuta na bau</u> ke na kusala na bainzo.
nani	Banani ke na kusala na <u>bainzo</u>?
kalasi	Banani ke na <u>kusala</u> na bakalasi?
kwenda	<u>Banani</u> ke na kwenda na bakalasi?
kalaka	Bakalaka ke na kwenda <u>na bakalasi</u>.
kuna	Bakalaka ke na <u>kwenda</u> kuna.
kwiza	<u>Bakalaka</u> ke na kwiza kuna.
bakala na benu	Babakala na benu ke na kwiza kuna.

Note 4.5 The Verb /kuvwanda/ 'to be'

In Unit 1 the verbal form /ke/ ~ /kele/ 'am, is, are' occurred and was introduced as coming from a verb /ku-kal-a/. This verb is widely used in tribal KiKongo but has a very restricted use in Kituba - the forms /ke/ and /kele/ being the only forms from this verb commonly encountered. The verb /ku-vwand-a/ replaces forms of /ku-kal-a/ in all verb phrases requiring a verb with the sense of 'to be'. Thus 'I will be...' translates as /Mu ke vwanda.../ in Kituba. Similarly in expressions of possession (see Note 4.2) /kuvwanda/ is used in verb phrases:

Mu ke na mukanda.	I have a book.
Mu ke vwanda na mukanda.	I will have a book.

In some areas this verb is heard as /ku-vand-a/.

Note 4.6 Various Uses of /mosi/ (Reference Note)

The 'basic' sense of /mosi/ is 'one'. This basic meaning is, however, extended to mean a variety of related concepts:

a) 'a', 'a certain':

Muntu mosi ke kwenda.	A man is coming.
Mu ke landa muntu mosi.	I'm going to follow a certain man.

b) 'self' - singular or plural; 'alone':

Munu mosi ke kwenda.	I'm going to go myself.
Bau mosi ke na kudia.	They themselves are eating.

c) 'same', 'one and the same':

    Benu ke kwenda na ntangu mosi.   We're going to go at the same time.

PRIMER BASIC COURSE UNIT 5

DIALOGUE: BUYING AND SELLING

-A-

n.talu (ba-)	value, price, figure, number
di-lala (ma-)	citrus fruit, orange
yai / yayi	this, these
Ntalu ikwa na malala yai? /ntalwikwa/	What is the price of these oranges?

-B-

pata	five franc piece
Pata mosi na malala tatu.	Five francs for three oranges.

-A-

Malala na nge ke ntalu mingi.	Your oranges are very expensive! ('are much price')

-B-

kiadi /kyadi/	Sorry!
ku-lend-a	to be able
ku-kakul-a	to reduce, to subtract
Kiadi. Mu lenda kakula ve.	Sorry, I can't reduce [it].

-A-

m.bisi (ba-)	meat, animal, fish
maza (ba-)	water, stream
mbisi ya maza /mbisyamaza/	fish
Nge lenda kakula na mbisi ya maza?	Can you come down on fish?

77

UNIT 5   KITUBA   PRIMER

                               -B-

     kana   if

     ku-sumb-a   to buy

Mu lenda kakula kana nge sumba   I can come down if you buy a

    mingi.   lot.

                               -A-

Mbis$_i$ ikwa na pata kumi?   How many fish for fifty francs?

                               -B-

    sambu / samu   because, on account

    sambu na / samu na   because of, on account of

Samu $_n$a nge mbis$_i$ iya.   For you ('on account of you')

                           four fish.

                               -A-

    ki-ma (bi-)   thing

    ku-lut-a   to surpass, to be more

                            than, to exceed

Bim$_a$ $_n$a nge me luta ntalu   Your goods are too expensive

    mingi, tata.   ('have exceeded much price'),

                           sir.

                               -B-

    mambu ve   no matter, all right

Mambu ve, sumba sambanu na   All right, buy six for fifty

    patu kumi.   francs.

78

| PRIMER | BASIC COURSE | UNIT 5 |

-A-

ku-kang-a	to tie up, bind, close, catch
ku-kang.il-a	to tie up for (someone)
yau	it, they, them (impersonal third person pronoun)

Melesi, kangila munu yau. Thanks, wrap them up for me.

UNIT 5 KITUBA PRIMER

Drill 5.1 SUPPLEMENTARY VOCABULARY

a) Simple Substitution Drill

Ntalu ikwa na	malala	yai?	What's the price of these oranges?
	pidipidi[1]		this pepper?
	matiti		these herbs?[2] [di-titi (ma-)]
	bandunda		these vegetables [n.dunda (ba-)]
	bumbulutele[1]		these potatoes Fr: pommes de terre [bumbulutele (ba-)]
	bambala		these sweet potatoes [m.bala (ba-)]
	bapapayi		these papaya [papayi (ba-)]
	bamanga		these mangoes [manga (ba-)]
	nkuni[1]		this firewood [n.kuni (ba-)]

[1] Note: Some items such as firewood or pepper seldom bought in a single piece occur in such a pattern as this without the plural prefix even though a quantity is clearly thought of rather than a single item. /Bumbulutele/ possibly because of its length and because of the /bu-/ first syllable, seldom is used in the plural although the item is large enough that one might buy only one.

[2] Also: grass, vegetables

b) Simple Substitution Drill

Pata mosi na malala tatu.	Five francs for three oranges.
<u>Falanka</u> iya na malala tatu.	Four Francs for three oranges.
Pata mosi na falanka mosi na malala tatu. (Falanka sambanu)	Six francs for three oranges.

GRAMMAR NOTES AND DRILLS

Note 5.1 The Verb Extension /.il-/ .in-/ 'to, for, on behalf of' etc.

Melesi, kangila munu yau.   Thanks, wrap it up for me.

When a verb occurs with this extension of the root or stem it may be followed immediately by a noun or pronoun which is construed as the recipient or the beneficiary of the action rather than the undergoer. Note the contrast between:

Mu me futa pata mosi.	I've paid five francs.
Mu me futa nge pata mosi.	I've paid you five francs.
Mu me futila nge pata mosi.	I've paid five francs for you.

If the verb root or stem has a nasal consonant which is not combined with a stop in a nasal compound the form of this extension is /.in-/:

Mwana ke nata mukanda.	The child will carry the book.
Mwana ke natina munu mukanda.	The child will carry the book for me.

but compare an example with a nasal in compound:

Mu me banda kisalu.	I've started work.
Mu me bandila yandi kisalu.	I've started a job for him.

This extension is widely productive - it may occur on almost any verb. Other uses of this extension will be described later.

Note 5.2 Shift of /l/ to /d/ before /i/

Roots and stems ending in /l/ change the /l/ to /d/ before extensions and suffixes beginning with /i/. Note these examples:

Mu me banda kusala.	I've begun to work.
Mu me banda kusadila yandi.	I've begun to work for him.
Mu lenda kakula ve.	I can't come down ('subtract')
Mu lenda kakudila nge ve.	I can't come down for you.
Mu zola Madi.	I want Mary.
Mu zodila yandi Madi.	I want Mary for him.

Drill 5.2 Grammar Drill - Verb Extension /.il-/ .in-/

a) Progressive Substitution-Modification Drill (Substitute all verbs with the /.il-/ .in-/ extension):

Cue	Pattern	
	Polo me <u>sosila</u> munu mbisi.	Paul has looked for meat for me.
kupesa	Polo me pesila <u>munu</u> mbisi.	
nge	Polo me pesila nge <u>mbisi</u>.	
ntangu	<u>Polo</u> me pesila nge ntangu.	
Meto	Meto <u>me</u> pesila nge ntangu.	

82

	Meto _me_ pesila nge ntangu.	
ke	Meto ke _pesila_ nge ntangu.	Meto will give a watch for you.
kunata	Meto ke natina _nge_ ntangu.	
yandi	Meto ke natina yandi _ntangu_.	
mbele	_Meto_ ke natina yandi mbele.	
bau	Bau _ke_ natina yandi mbele.	
zola	Bau zola _natina_ yandi mbele.	They want to bring a knife for him.
kusumba	Bau zola sumbila y_andi_ mbele.	
Madi	Bau zola sumbila Madi _mbele_.	
dimpa	_Bau_ zola simbila Madi dimpa.	
Zile	Zile _zola_ sumbila Madi dimpa.	
lenda	Zile lenda _sumbila_ Madi dimpa.	Julius can buy bread for Mary.
kukanga	Zile lenda kangila _Madi_ dimpa.	
benu	Zile lenda kangila benu _dimpa_.	
mbongo	_Zile_ lenda kangila benu mbongo.	
mu	Mu _lenda_ kangila benu mbongo.	
zola...ve	Mu zola _kangila_ benu mbongo ve.	I don't want to tie up the money for you.
kufuta	Mu zola futila _benu_ mbongo ve.	
Sofi	Mu zola futila Sofi _mbongo_ ve.	
mankondo	_Mu_ zola futila Sofi mankondo ve.	

	Mu zola futila Sofi mankondo ve.	
Polo	Polo <u>zola</u> futila Sofi mankondo <u>ve</u>.	
me	Polo me <u>futila</u> Sofi mankondo.	Paul has paid [over] bananas for Sophie.
kusosa	Polo me sosila <u>Sofi</u> mankondo.	
munu	Polo me sosila munu <u>mankondo</u>.	
mbisi	Polo me sosila munu mbisi.	

Note 5.3 The MU-BA and N-BA Noun Classes

Among the classes of nouns in Kituba which have prefixes for both singular and plural, the MU-BA and N-BA classes contain mostly nouns referring to persons. Some of the examples which have occurred to date are:

Singular	Translation	Plural
muntu	person	bantu
mwana	child	bana
nkento	woman	bakento

Prefixed to tribal names the MU and BA prefixes refer to members of the group

| Mukongo | person of the lower Congo | Bakongo |

A few more words of these classes will occur in these units but the classes are not large in Kituba.

PRIMER	BASIC COURSE	UNIT 5

Note 5.4 The DI - MA Noun Class

Nouns of this class which have occurred to date are:

dinkondo	banana	mankondo
dilala	orange	malala
diambu	matter	mambu
dititi	herb	matiti
dimpa	bread	mampa

As can be seen from these examples the names of several foods are included in this class. Parts of the body and various miscellaneous nouns also occur in this fairly large class.

Drill 5.3 Grammar Drills Illustrating the MU-BA, N-BA, and DI-MA Noun Classes

a) Multiple Substitution Drill   *unrecorded*

Muntu	mosi	ke	na	kwiza	kuna.
Mwana				kwenda	na dokotolo.
Nkento				kubikala	na mpatu.
Mukongo				kusala	na inzo.
					na bilo.

b) Multiple Substitution Drill   *unrecorded*

Bakongo	ikwa	ke	kwenda	na Uganda?
Bana			sala	kuna?
Bakento			bikala	na Amelike?
Bantu			vwanda	na nge?
			kwiza	na Za?

How many Bakongo will go to Uganda?

85

UNIT 5　　　　　　　　　　KITUBA　　　　　　　　　　PRIMER

c) Progressive Substitution-Modification Drill (Substitute Subject Nouns in Plural Form)

Cue	Pattern	
	Banani ke kuzola Polo ve?	Who (all) won't like Paul?
nkento	Bakento ke zola Polo ve.	
kunata	Bakento ke nata Polo ve.	
nge	Bakento ke nata nge ve.	
muntu	Bantu ke nata nge ve.	
kusosa	Bantu ke sosa nge ve.	
munu	Bantu ke sosa munu ve.	
mwana	Bana ke sosa munu ve.	
kufuta	Bana ke futa munu ve.	
dokotolo	Bana ke futa dokotolo ve.	
Mukongo	Bakongo ke futa dokotolo ve.	
kulanda	Bakongo ke landa dokotolo ve.	
tat$_a$ $_n$a munu	Bakongo ke landa tat$_a$ $_n$a munu ve.	The Bakongo won't follow my father.
muntu	Bantu ke landa tat$_a$ $_n$a munu ve.	
kufwa	Bantu ke kufwa tat$_a$ $_n$a munu ve.	Nobody will kill my father.
nge	Bantu ke kufwa nge ve.	
nkento	Bakento ke kufwa nge ve.	
kuzola	Bakento ke zola nge ve.	

PRIMER   BASIC COURSE   UNIT 5

               Bakento ke **zola** <u>nge</u> ve.

Polo   <u>Bakento</u> ke zola Polo ve.

nani   <u>Banani</u> ke **kuzola Polo ve?**

d) Random Substitution-Modification Drill (Substitute Subject Nouns in singular form)

<u>Cue</u>	<u>Pattern</u>	
	<u>Nkento</u> mosi me kwenda na Uganda.	One woman has gone to Uganda.
bantu	Muntu mosi me kwenda na <u>Uganda</u>.	
Mputu	Muntu mosi me <u>kwenda</u> na Mputu.	
kufwa	<u>Muntu</u> mosi me kufwa na Mputu.	Someone has died in Europe.
bana	Mwana mosi me <u>kufwa</u> na Mputu.	
kubikala	<u>Mwana</u> mosi me bikala na Mputu.	
Bakongo	Mukongo mosi me <u>bikala</u> na Mputu.	
kwiza	<u>Mukongo</u> mosi me kwiza na Mputu.	
bantu	Muntu mosi me kwiza na <u>Mputu</u>.	
France	Muntu mosi me <u>kwiza</u> na France.	
kuzimbala	<u>Muntu</u> mosi me zimbala na <u>France</u>.	
Uganda	Muntu mosi me zimbala na Uganda.	
bakento	Nkento mosi me <u>zimbala</u> na Uganda.	
kwenda	Nkento mosi me kwenda na Uganda.	

e) Progressive Substitution-Correlation Drill (Supply all nouns in form appropriate to the number supplied)

Cue	Pattern	
	Bantu zole ke na kusosa bansinga tanu.	Two men are looking for five ropes.
kalaka	Bakalaka zole ke na kusosa bansinga tanu.	
sambanu	Bakalaka sambanu ke na kusosa bansinga tanu.	
kunata	Bakalaka sambanu ke na kunata bansinga tanu.	
mwana	Bakalaka sambanu ke na kunata bana tanu.	
tatu	Bakalaka sambanu ke na kunata bana tatu.	
nkento	Bakento sambanu ke na kunata bana tatu.	
mosi	Nkento mosi ke na kunata bana tatu.	
kuzola	Nkento mosi ke na kuzola bana tatu.	
dimpa	Nkento mosi ke na kuzola mampa tatu.	
mingi	Nkento mosi ke na kuzola mampa mingi.	
Mukongo	Mukongo mosi ke na kuzola mampa mingi.	
kumi	Bakongo kumi ke na kuzola mampa mingi.	
kusumba	Bakongo kumi ke na kusumba mampa mingi.	
dititi	Bakongo kumi ke na kusumba matiti mingi.	
mosi	Bakongo kumi ke na kusumba dititi mosi.	
muntu	Bantu kumi ke na kusumba dititi mosi.	
zole	Bantu zole ke na kusumba dititi mosi.	
kusosa	Bantu zole ke na kusosa dititi mosi.	

PRIMER   BASIC COURSE   UNIT 5

         Bantu zole ka na kusosa <u>dititi</u> mosi.

nsinga   Bantu zole ke na kusosa nsinga <u>mosi</u>.

tanu   Bantu zole ke na kusosa bansinga tanu.

f) Multiple Substitution Drill (The DI-MA Class) *unrecorded*

Tata	ke na	dinkondo	mosi.
Za		dilala	
Nge (?)		dititi	
Nani (?)		diambu	
Betu			
Bau			

g) Simple Substitution Drill *unrecorded*

Nani ke sosa	matiti	tatu?
	mankondo	
	malala	

h) Progressive Substitution-Modification Drill (Substitute nouns in plural form)

Cue   Pattern

                <u>Sumbila</u> munu malala tanu.   Buy five oranges for me.

kukangila   Kangila <u>munu</u> malala tanu.

betu   Kangila betu <u>malala</u> tanu.

dinkondo   Kangila betu mankondo <u>tanu</u>.

mingi   <u>Kangila</u> betu mankondo mingi.

kubikila   Bikila <u>betu</u> mankondo mingi.   Leave a lot of bananas for us.

| UNIT 5 | KITUBA | PRIMER |

	Bikila <u>betu</u> mankondo mingi.
Za	Bikila Za <u>mankondo</u> mingi.
mukanda	Bikila Za mikanda <u>mingi</u>.
fioti	<u>Bikila</u> Za mikanda fioti.
kunatina	Natina <u>Za</u> mikanda fioti.
tata	Natina tata <u>mikanda</u> fioti.
dititi	Natina tata matiti <u>fioti</u>.
zole	<u>Natina</u> tata matiti zole.
kusumbila	Sumbila <u>tata</u> matiti zole.
munu	Sumbila munu <u>matiti</u> zole.
dilala	Sumbila munu malala <u>zole</u>.
tanu	Sumbila munu malala tanu.

i) Random Substitution-Correlation Drill (Substitute nouns in appropriate form)

Cue	Pattern	
	Mu me nata <u>malala</u> zole na zandu.	I have taken two oranges to market.
dinkondo	<u>Mu</u> me nata mankondo zole na zandu.	
Za	Za me <u>nata</u> mankondo zole na zandu.	
kubika	Za me bika mankondo <u>zole</u> na zandu.	
mosi	Za me bika <u>dinkondo</u> mosi na zandu.	
dimpa	Za me bika dimpa mosi na <u>zandu</u>.	
inzo	Za me bika dimpa <u>mosi</u> na inzo.	

	Za me bika dimpa <u>mosi</u> na inzo.
mingi	Za me <u>bika</u> mampa mingi na inzo.
kusumba	Za me sumba <u>mampa</u> mingi na inzo.
dititi	<u>Za</u> me sumba matiti mingi na inzo.
Polo	Polo me <u>sumba</u> matiti mingi na inzo.
kupesa	Polo me pesa <u>matiti</u> mingi na inzo.
sizo	Polo me <u>pesa</u> basizo mingi na inzo.
kusosa	<u>Polo</u> me sosa basizo mingi na inzo.
mu	Mu me sosa basizo mingi na <u>inzo</u>.
zandu	Mu me sosa <u>basizo</u> mingi na zandu.
dilala	Mu me <u>sosa</u> malala mingi na zandu.
kunata	Mu me nata malala <u>mingi</u> na zandu.
zole	Mu me nata malala zole na zandu.

UNIT 5   KITUBA   PRIMER

j) Progressive Substitution-Modification Drill (Substitute Nouns in Plural Form)

Cue	Pattern	
	Nge ke pesa inki na bamama?[1] (= Inki nge ke pesa na bamama?[2] = Nge ke pesa na bamama inki?[3])	What will you give to the mothers?
mu	Mu ke pesa inki na bamama?	
kubika	Mu ke bika inki na bamama?	
dilala	Mu ke bika malala na bamama.	I'll leave the oranges with the ladies.
nkento	Mu ke bika malala na bakento.	
mwana	Bana ke bika malala na bakento.	
kusumba	Bana ke sumba malala na bakento.	The children will buy oranges from the women.
dinkondo	Bana ke sumba mankondo na bakento.	
Mukongo	Bana ke sumba mankondo na Bakongo.	
muntu	Bantu ke sumba mankondo na Bakongo.	
kunata	Bantu ke nata mankondo na Bakongo.	People will bring bananas to the Bakongo.
dimpa	Bantu ke nata mampa na Bakongo.	

---

[1] Second in order of frequency of occurrence.

[2] First in order of frequency of occurrence.

[3] Third in order of frequency of occurrence.

	Bantu ke nata mampa na <u>Bakongo</u>.
mwana	<u>Bantu</u> ke nata mampa na bana.
nge	Nge ke <u>nata</u> mampa na bana?
kupesa	Nge ke pesa <u>mampa</u> na bana?
inki	Nge ke pesa inki na <u>bana</u>?
mama	Nge ke pesa inki na bamama?

Note 5.5 Other Noun Classes

Other noun classes exist (see Note 1.1) but nouns of these classes have not occurred in units to date in sufficient number to provide drills of each class separately. The most numerous of the other classes is the KI-BI class, the members of which frequently denote abstractions derived from verb roots (such as /ki-sal-u/ 'work, job'). This large class does not occur often in early units. We have also seen examples of the MU-MI class (/mu-kanda (mi-)/) and a few examples will occur from time to of other classes. In the drills which follow nouns introduced to date in these units are presented randomly for drill regardless of their class.

UNIT 5　　　　　　　　　　　　　KITUBA　　　　　　　　　　　　　PRIMER

Drill 5.4　Drills with Mixed Noun Classes

a)　Progressive Substitution-Correlation Drill

Cue	Pattern	
	Bana zole ke pesa mikanda iya.	Two children will give four books.
kalaka	Bakalaka zole ke pesa mikanda iya.	
mosi	Kalaka mosi ke pesa mikanda iya.	
kusumba	Kalaka mosi ke sumba mikanda iya.	
papayi	Kalaka mosi ke sumba bapapayi iya.	
sambanu	Kalaka mosi ke sumba bapapayi sambanu.	
muntu	Muntu mosi ke sumba bapapayi sambanu.	
tatu	Bantu tatu ke sumba bapapayi sambanu.	
kunata	Bantu tatu ke nata bapapayi sambanu.	
nsusu	Bantu tatu ke nata bansusu sambanu.	
mosi	Bantu tatu ke nata nsusu mosi.	
bakala	Babakala tatu ke nata nsusu mosi.	
iya	Babakala iya ke nata nsusu mosi.	
kusosa	Babakala iya ke sosa nsusu mosi.	
lukaya	Babakala iya ke sosa lukaya mosi.	
tanu	Babakala iya ke sosa makaya tanu.	
mwana	Bana iya ke sosa makaya tanu.	
zole	Bana zole ke sosa makaya tanu.	
kupesa	Bana zole ke pesa makaya tanu.	

PRIMER BASIC COURSE UNIT 5

          Bana zole ke pesa makaya tanu.

mukanda   Bana zole ke pesa mikanda tanu.

iya   Bana zole ke pesa mikanda iya.

b) Progressive Substitution-Correlation Drill

Cue	Pattern
	Sumbila munu mampa zole na mbisi ya maza mosi.
kunata	Natina munu mampa zole na mbisi ya maza mosi.
za	Natina Za mampa zole na mbisi ya maza mosi.
dinkondo	Natina Za mankondo zole na mbisi ya maza mosi.
tatu	Natina Za mankondo tatu na mbisi ya maza mosi.
papayi	Natina Za mankondo tatu na papayi mosi.
zole	Natina Za mankondo tatu na bapapayi zole.
kubika	Bikila Za mankondo tatu na bapapayi zole.
tata	Bikila tata mankondo tatu na bapapayi zole.
mbele	Bikila tata bambele tatu na bapapayi zole.
mosi	Bikila tata mbele mosi na bapapayi zole.
dilala	Bikila tata mbele mosi na malala zole.
mosi	Bikila tata mbele mosi na dilala mosi.
kusumba	Sumbila tata mbele mosi na dilala mosi.
munu	Sumbila munu mbele mosi na dilala mosi.
dimpa	Sumbila munu dimpa mosi na dilala mosi.
zole	Sumbila munu mampa zole na dilala mosi.
mbisi ya maza	Sumbila munu mampa zole na mbisi ya maza mosi.

UNIT 5   KITUBA   PRIMER

c) Progressive Substitution-Correlation Drill

	Nani ke na <u>kusosa</u> bisalu zole?	Who's looking for two jobs?
kwenda na	Nani ke na kwenda na <u>bisalu</u> zole?	
dokotolo	Nani ke na kwenda na badokotolo <u>zole</u>?	
mosi	Nani <u>ke na kwenda na</u> dokotolo mosi?	
kuzola	Nani zola <u>dokotolo</u> mosi?	
bilo	Nani zola bilo <u>mosi</u>?	
tanu	Nani <u>zola</u> babilo tanu?	
kuzaba	Nani zaba <u>babilo</u> tanu?	
mwana	Nani zaba bana <u>tanu</u>?	
kumi	Nani <u>zaba</u> bana kumi?	
ke na kwiza na	Nani ke na kwiza na <u>bana</u> kumi?	
Zozefu	Nani ke na kwiza na BaZozefu <u>kumi</u>?	
mosi	Nani ke na <u>kwiza na</u> Zozefu mosi?	
kusosa	Mani ke na kusosa <u>Zozefu</u> mosi?	
kisalu	Nani ke na kusosa kisalu <u>mosi</u>?	
zole	Nani ke na kusosa bisalu zole?	

PRIMER　　　　　　　　　　BASIC COURSE　　　　　　　　　　UNIT 6

DIALOGUE: A CALL

-A-

    ko ko ko ko kooooo!　　　　　　(Onomatapoetic form used in place of knocking on a door.)

Ko ko ko ko kooooo!　　　　　　Knock, knock------!

-B-

Nani ke kuna?　　　　　　Who is there?

-A-

    ku-long-a　　　　　　to teach

    n-long-i (ba-)　　　　　　teacher

Munu, nlongi ya mpangi na nge.　　　　　　I, your brother's/sister's

    /nlongyampangyange/　　　　　　teacher.

-B-

    ku-kot-a　　　　　　to enter, to be involved in

    kota nge　　　　　　come in (polite imperative)

Kota nge, tata. Mbote.　　　　　　Come in, sir. Greetings.

-A-

    Piele　　　　　　Fr: Pierre; Peter

    wapi (?)　　　　　　where?

Mbote mama. Wapi Piele?　　　　　　Greetings ma'am. Where's Peter?

-B-

    ku-sak.an-a　　　　　　to play

Piele me kwenda sakana.　　　　　　Peter has gone playing.

UNIT 6 — KITUBA — PRIMER

-A-

ku-mon-a — to see

Mu zonaka mona yandi. — I wanted to see him.

(Mu zolaka...)

-B-

Diambu ikele? — Is there something?

-A-

ku-vut.uk-a — to return

midi (ba-) — (Fr.) noon

Ve, diambu ikele ve. Mu lenda vutuka mbasi na midi? — No, may I return tomorrow at noon?

-B-

E, mambu ve. Kwiza mbasi na midi. — All right. Come tomorrow at noon.

PRIMER	BASIC COURSE	UNIT 6

Drill 6.1   SUPPLEMENTARY VOCABULARY

a)   Simple Substitution Drill

Piele me kwenda	sakana.		Pierre has gone to play.
	yobila.	(ku-yob.il-a)	bathe/swim.
	nwana.	(ku-nwan-a)	fight.
	tunga inzo.	(ku-tung-a)	build [a] house.
	zibula mwelo.	(ku-zib.ul-a)	open [the] door.
	bula ngunga.	(ku-bul-a) [n.gunga (ba-)]	ring 'strike' [the] bell.
	vutula sizo.	(ku-vut.ul-a)[1] [sizo (ba-)]	return the scissors.
	kotisa mwana na kalasi.	(ku-kot.is-a)	enter (cause to enter) [the] child in school.
	lamba matiti.	(ku-lamb-a)	cook vegetables.
	tala mwana.	(ku-tal-a)	look after/look at [the] child.
	komba inzo.	(ku-komb-a)	sweep [the] house.

---

[1]   ku-vut.ul-a 'return' also translates 'answer'.

UNIT 6   KITUBA   PRIMER

b) Simple Substitution Drill

Mu ke	nlongi	y^a mpangi $_n$a nge.	I am your brother's/sister's teacher.
	kolodoní (ba-/ma-)		shoemaker. (fr. cordonnier)
	tayele (ba-)		tailor. (Fr: tailleur)
	kilambi [ki-lamb-i(bi)]		cook.
	mukombi [mu-komb-i(ba-)]		sweeper.
	mutubi [mu-tub-i(ba-)]		spokesman/announcer.
	kisadi [ki-sad-i(bi)]		worker/workman.

Drill 6.2   Variation Drills on Pattern Sentences

a) Simple Substitution Drill   *unrecorded*

Wapi	Piele?
	tat$_a$ $_n$a nge?
	Zozefu?
	mbuta muntu?
	mukombi?
	kolodoni?
	tayele?
	mukombi?
	kisadi?

Where's Peter?

PRIMER   BASIC COURSE   UNIT 6

b) Multiple Substitution Drill   *unrecorded*

Polo	me	kwenda	sakana.
Piele		kwiza	kudia.
Za			kunwa.
Mu			zimbala.
Yandi			yobila.
Banani			longa.
Betu			
Bakento			

Paul has gone to play.

c) Progressive Substitution Drill

Cue   Pattern

          <u>Piele</u> me kwenda kudia mbisi.   Peter has gone to eat meat.

nge   Nge me <u>kwenda</u> kudia mbisi?

kwiza   Nge me kwiza <u>kudia</u> mbisi?

kusumba   Nge me kwiza sumba <u>mbisi</u>?

mankondo   <u>Nge</u> me kwiza sumba mankondo?

nani   Nani me <u>kwiza</u> sumba mankondo?

kuzola   Nani me zola <u>sumba</u> mankondo?

kuvutula   Nani me zola vutula <u>mankondo</u>?

mukanda   <u>Nani</u> me zola vutula mukanda?

balongi   Balongi me <u>zola</u> vutula mukanda.

kubanda   Balongi me banda <u>vutula</u> mukanda.

101

UNIT 6   KITUBA   PRIMER

	Balongi me banda <u>vutula</u> mukanda.
kuzibula	Balongi me banda zibula <u>mukanda</u>.
inzo	<u>Balongi</u> me banda zibula inzo.
tayele	Tayele me <u>banda</u> zibula inzo.
kubikala	Tayele me bikala <u>zibula</u> inzo.
kutala	Tayele me bikala tala <u>inzo</u>.
malala	<u>Tayele</u> me bikala tala malala.
Piele	Piele me <u>bikala</u> tala malala.
kwenda	Piele me kwenda <u>tala</u> malala.
kudia	Piele me kwenda kudia <u>malala</u>.
mbisi	Piele me kwenda kudia mbisi.

d) Progressive Substitution Drill

<u>Cue</u>	<u>Pattern</u>	
	<u>Za</u> ke nlongi ya Madi ve.	John is not Mary's teacher.
mu	Mu ke <u>nlongi</u> ya Madi ve.	
kalaka	Mu ke kalaka ya <u>Madi</u> ve.	
nge	<u>Mu</u> ke kalaka ya nge ve.	
yandi	Yandi ke <u>kalaka</u> ya nge ve.	
tayele	Yandi ke tayele ya <u>nge</u> ve.	
mukombi	<u>Yandi</u> ke tayele ya mukombi ve.	
bakala	Bakala ke <u>tayele</u> ya mukombi ve.	
mpangi	Bakala ke mpangi ya <u>mukombi</u> ve.	

	Bakala ke mpangi ya <u>mukombi</u> ve.
Madi	<u>Bakala</u> ke mpangi ya Madi ve.
Za	Za ke <u>mpangi</u> ya Madi ve.
nlongi	Za ke nlongi ya Madi ve.

e) Progressive Substitution Drill

Cue	Pattern	
	<u>Zozefu</u> ke zona kudia mbisi ya maza.	Joseph will want to eat fish.
nge	Nge ke <u>zona</u> kudia mbisi ya maza?	
kwiza	Nge ke kwiza <u>kudia</u> mbisi ya maza?	
kusumba	Nge ke kwiza sumba <u>mbisi ya maza</u>?	
nkuni	<u>Nge</u> ke kwiza sumba nkuni?	
nani	Nani ke <u>kwiza</u> sumba nkuni?	
kwenda	Nani ke kwenda <u>sumba</u> nkuni?	
kusosa	Nani ke kwenda sosa <u>nkuni?</u>	
sizo	<u>Nani</u> ke kwenda sosa sizo?	
kolodoni	Kolodoni ke <u>kwenda</u> sosa sizo.	
kubikala	Kolodoni ke bikala <u>sosa</u> sizo.	
kutala	Kolodoni ke bikala tala <u>sizo</u>.	
mapapayi	<u>Kolodoni</u> ke bikala tala mapapayi.	
betu	Betu ke <u>bikala</u> tala mapapayi.	
kuvwanda	Betu ke vwanda <u>tala</u> mapapayi.	
kudia	Betu ke vwanda kudia <u>mapapayi</u>.	

UNIT 6   KITUBA   PRIMER

	Betu ke vwanda kudia <u>mapapayi</u>.	
manga	<u>Betu</u> ke vwanda kudia manga.	
mutubi	Mutubi ke <u>vwanda</u> kudia manga.	
kubanda	Mutubi ke banda <u>kudia</u> mangi.	
kubika	Mutubi ke banda bika <u>manga</u>.	The spokesman will start to give up mangoes.
bumbulutele	<u>Mutubi</u> ke banda bika bumbulutele.	
Piele	Piele ke <u>banda</u> bika bumbulutele.	
kwenda	Piele ke kwenda <u>bika</u> bumbulutele.	
kukanga	Piele ke kwenda kanga <u>bumbulutele</u>.	Peter will go to wrap up potatoes.
nkuni	<u>Piele</u> ke kwenda kanga nkuni.	Peter will go to tie up firewood.
mama	Mama ke <u>kwenda</u> kanga nkuni.	
kuzona	Mama ke zona <u>kanga</u> nkuni.	
kukakula	Mama ke zona kakula <u>nkuni</u>.	Mother will wish to reduce [the price of] firewood.
ntalu ina	<u>Mama</u> ke zona kakula ntalu ina.	
Polo	Polo ke <u>zona</u> kakula ntalu ina.	
kwiza	Polo ke kwiza <u>kakula</u> ntalu ina.	
kufata	Polo ke kwiza futa <u>ntalu ina</u>.	
balongi	<u>Polo</u> ke kwiza futa balongi.	Paul will come to pay the teachers.
Zozefu	Zozefu ke <u>kwiza</u> futa balongi.	

	Zozefu ke <u>kwiza</u> futa balongi.	
kuzona	Zozefu ke zona <u>futa</u> balongi.	
kudia	Zozefu ke zona kudia <u>balongi</u>.	Joseph will want to borrow [from the] teachers. (e.g. in a card game).

mbisi ya maza   Zozefu ke zona kudia mbisi ya maza.

f) Random Substitution Drill

<u>Cue</u>	<u>Pattern</u>	
	Mama ke vutuka na midi.	Mother/[the] lady will return at noon.
mbasi	<u>Mama</u> ke vutuka mbasi.	
mwana	Mwana ke <u>vutuka</u> mbasi.	
kwiza	Mwana ke <u>kwiza</u> mbasi.	
kutuba	<u>Mwana</u> ke tuba mbasi.	
za	Za ke <u>tuba</u> mbasi.	
kwenda	Za ke kwenda <u>mbasi</u>.	
na midi	Za ke <u>kwenda</u> na midi.	
kusala	Za ke sala <u>na midi</u>.	
kuna	<u>Za</u> ke sala kuna.	
nge	Nge ke <u>sala</u> kuna?	
kubikala	Nge <u>ke</u> bikala kuna?	
me	Nge me bikala <u>kuna</u>?	
na inzo	<u>Nge</u> me bikala na inzo?	
nsusu	Nsusu me <u>bikala</u> na inzo.	

UNIT 6   KITUBA   PRIMER

	Nsusu me bikala na inzo.
kufwa	Nsusu me kufwa na inzo.
na kalasi	Nsusu me kufwa na kalasi.
kuvwanda	Nsusu me vwanda na kalasi.
bakento	Bakento me vwanda na kalasi.
kulonga	Bakento me longa na kalasi.
ke	Bakento ke longa na kalasi.
mama	Mama ke longa na kalasi.
kuvutuka	Mama ke vutuka na kalasi.
midi	Mama ke vutuka na midi.

g) Random Substitution Drill

Cue	Pattern	
	Mbasi nge ke kwenda na zandu?	Are you going to go to market tomorrow?
Zile	Mbasi Zile ke kwenda na zandu.	
inzo	Mbasi Zile ke kwenda na inzo.	
na midi	Na midi Zile ke kwenda na inzo.	
kusakana	Na midi Zile ke sakana na inzo.	
nzila	Na midi Zile ke sakana na nzila.	
kusala	Na midi Zile ke sala na nzila.	
benu	Na midi benu ke sala na nzila?	
mbasi	Mbasi benu ke sala na nzila?	
kudia	Mbasi benu ke kudia na nzila?	

	Mbasi <u>benu</u> ke kudia na nzila?
bana	Mbasi bana ke kudia na <u>nzila</u>.
lupitalu	Mbasi bana ke <u>kudia</u> na lupitalu.
kuyobila	Mbasi bana ke <u>yobila</u> na lupitalu.
kwenda	Mbasi <u>bana</u> ke kwenda na lupitalu.
nge	Mbasi nge ke kwenda na <u>lupitalu</u>?
zandu	Mbasi nge ke kwenda na zandu?

h) Controlled Conversation Drill (The student takes part A in each conversation and looks only at the English in the left-hand column, covering the Kituba. The instructor (or other student) makes the responses of part B).   *unrecorded*

1. You meet a gentleman while you are looking for work downtown. Greet him. Reply to his question.

    A. Mbote.

    B. Mbote. Nge ke na kusosa kisalu?

    A. E, mu ke na kusosa kisalu.

    B. Munu mpe ke na kusosa kisalu.

2. Ask your new-found acquaintance what work he does. Tell him you are a salesperson in a store.

    A. Inki ke kisalu na nge?

    B. Mu ke tayele.

    A. Mu ke kalak$_a$ $_y$a magazini.

    B. Mpangi ya munu mpe ke kalak$_a$ $_y$a magazini.

107

UNIT 6 KITUBA PRIMER

3. Inquire what country he is from. Inform him you are from Uganda.

A. Inki ke insi na nge?

B. Insi na munu ke Gabon.

A. Ya munu ke Uganda.

B. Ina ke mbote mingi.

4. Tell him your name (Meto) and ask him his. Since you both have to go, exchange goodbyes using the names you have learned.

A. Nkumbu $_n$a mu(nu) ke Meto.

    Nkumbu $_n$a nge ke nani?

B. Ya munu ke Kalala.

A. Kwenda mbote, Kalala.

B. Kwenda mbote, Meto.

i) Controlled Conversation Drill   *unrecorded*

1. During a gathering of women you see a man looking for someone. Greet him. Ask him what he wants.

A. Mbote tata.

B. Mbote tata.

A. Inki nge zola?

B. Mu ke na kusosa famili $_y$a munu.

2. Ask him his wife's name. After he replies ask him how many children he has.

A. Nkumbu $_y$a nkento $_n$a nge ke nani?

B. Nkumbu n$_a$ $_y$andi ke Madi.

A. Nge ke na bana ikwa?

B. Mu ke na bana zole ya fioti. Bau ke babakala.

PRIMER　　　　　　　　　BASIC COURSE　　　　　　　　　UNIT 6

3. Tell him to follow you, that you know his family. Reply to his thanks and say goodbye to him.

A. Landa munu. Mu zaba famili na nge.

B. Melesi mingi.

A. Mambu ve. Kwenda mbote.

B. Bikala mbote.

GRAMMAR NOTES AND DRILLS

Note 6.1 The Polite Imperative

　　Kota nge, tata.　　　　　　　　Come in, sir.

The simple form of the verb - root or stem plus /-a/ - is the abrupt imperative. The addition of /nge/ (or /benu/ for a plurality of persons addressed) adds an element of politeness to the imperative - an element which might commonly require 'please' in the translation. Still more polite is a structure which has not yet occurred in dialogues:

　　Benu vwanda ya benu.　　(You) [please] be seated.

A 'literal' translation of the phrase /ya benu/ is impossible. This is simply an idiomatic expression which softens the imperative making it polite and might better be translated 'Won't you please be seated.'

109

Drill 6.3 The Polite Imperative with /nge/

Random Substitution Drill

Cue	Pattern	
	Kota nge, mama.	Come in, madame!
Za	Kota nge, Za.	
kwiza	Kwiza nge, Za.	Come, please, John.
kutuba	Tuba nge, Za.	
Polo	Tuba nge, Polo.	
kwenda	Kwenda nge, Polo.	
kusala	Sala nge, Polo.	
kuyobila	Yobila nge, Polo.	
Meto	Yobila nge, Meto.	
kudia	Kudia nge, Meto.	
mwana	Kudia nge, mwana.	
kuvwanda	Vwanda nge, mwana.	Be seated, child.[1]
kuluta	Luta nge, mwana.	
mama	Luta nge, mama.	
kukota	Kota nge, mama.	

---

[1] /Vwanda nge/ may also mean 'Pay no attention.', 'Contain yourself'. (in the sense of 'Ignore the annoyance').

PRIMER   BASIC COURSE   UNIT 6

Note 6.2 The Impersonal Expression /ikele/ 'there is', 'there are', 'exists', 'is present'

   Diambu ikele?   Is something the matter? ('Is there something?')

The form /ikele/ consists of the verbal form /kele/, the longer form of /ke/ 'am, is, are', with a prefix /i-/. This prefix is an impersonal subject prefix translatable 'it' in some contexts. Thus /ikele na inzo/ means 'It is in the house.' Commonly the form /ikele/ has the sense of 'there is', 'there are' as in /Mikanda ikele?/ 'Are there [any] books?'. With a personal subject the sense is 'is here', 'is present' as in /Tata ikele?/ 'Is Father here?', or perhaps better 'Is Father available?'

Drill 6.4 /ikele/

Simple Substitution Drill   *unrecorded*

Nge	ikele?
Diambu	
Tata	
Tayele	
Mutubi	
Madi	
Za	
Nani	

Are you [there]?

Note 6.3 The Verbal Extension /.ak-/ 'Past' and 'Habitual'

a) Mama ₙa betu kufwaka ntama.   Our mother died a long time ago.

   Mu zonaka monₐ ᵧandi.   I wanted to see him.

The verbal extension /.ak-/, when the root or stem to which it is attached is the first or only verb in the verb phrase, carries a simple past denotation.

In contrast with other extensions such as /.il-/.in-/, the extension /.ak-/ is a 'tense' signal and may occur on all verbs including auxiliaries. It follows any and all stem-formative extensions. On borrowed French verbs, which have infinitive forms ending in /e/, this extension has the form /.ek-/.

b) Banani ke vwandaka na benu?   Who (pl) lives with you?

This sentence illustrates the extension /.ak-/ not on the first verb of the verb phrase but on a verb following an auxiliary. In this position /.ak-/ carries a denotation of habitual state or action. After the auxiliary /me/, however, a verb form with /.ak-/ signals a 'intermediate past'.

c) Banani me vwandaka na benu?   Who lived (was) with you (awhile ago)?

   Pesaka mpe nkento ₙa nge mbote.   Also take greetings to your wife.

When attached to a verb used without subject as an 'imperative', this extension softens the abruptness of the imperative and often carries also a faint denotation of 'habitual'. In effect it reduces the immediacy of the imperative. Thus:

    Kwiza! 'Come!' but Kwizaka. 'Come along [whenever you can]' the latter carrying a sense of 'Make it your habit to come.' Similarly:

    Kwenda na zandu!   Go to market!

    Kwendaka na zandu.   Go along to the market [from time to time].

The latter might be said by a parent starting on a trip to the oldest child to remind him to keep food supplies up during the parental absence.

Note 6.4 Summary of 'Past' Forms of Kituba Verbs (Reference Note)

    Three verb forms or verb phrases have occurred to date which have past reference: /me/ + verb + /-a/; /me/ + verb + /.ak/ + /-a/; verb + /.ak-/ + /-a/. These three are respectively 'immediate past', 'intermediate past' and 'indefinite past (generally more distant)'. Thus in sentences these forms translate approximately as follows (the exact translation will, of course, depend on context since time is a relative matter):

    1. Mu me kudia.   I've (just) eaten.

    2. Mu me kudiaka.   I ate (a while ago.)

    3. Mu kudiaka.   I ate (in the past.)

It is immediately clear that (1) and (2) share an 'aspect' -of the action's having been completed in the relatively recent past so that it may bear on the present situation-which is lacking from (3). For this reason (2) and especially (1) will often be translated with a 'perfect' form in English while (3) will much less frequently receive such a translation. There is, however, clearly no one-to-one correspondence between English 'perfect' verb phrases and these Kituba forms.

Drill 6.5 Grammar Drills on Verbal Extension /.ak-/ 'Past'

a) Progressive Substitution-Modification Drill (Substitute verbs with /.ak-/)

Cue	Pattern	
	Polo kwendaka ntama.	Paul went a long time ago.
yandi	Yandi kwendaka ntama.	
kudia	Yandi kudiaka ntama.	
dimpa mosi	Yandi kudiaka dimpa mosi.	
bau	Bau kudiaka dimpa mosi.	
kusumba	Bau sumbaka dimpa mosi.	
matiti mingi	Bau sumbaka matiti mingi.	
nani	Nani sumbaka matiti mingi?	
kunata	Nani nataka matiti mingi?	
mwana	Nani nataka mwana?	
Zozefu	Zozefu nataka mwana.	
kubula	Zozefu bulaka mwana.	Joseph struck [the] child.
Madi	Zozefu bulaka Madi.	

	Zozefu bulaka Madi.	
betu	Betu bulaka Madi.	
kufuta	Metu futaka Madi.	
tayele	Betu futaka tayele.	
betu na benu	Betu na benu futaka tayele.[1]	
kumona	Betu na benu monaka tayele.	
nzila	Betu na benu monaka nzila.	
Za	Za monaka nzila.	
kusosa	Za sosaka nzila.	
sizo	Za sosaka sizo.	
mama	Mama sosaka sizo.	
kuvutula	Mama vutulaka sizo.	Mother returned the scissors.
mbongo na nge	Mama vutulaka mbongo na nge.	
Meto	Meto vutulaka mbongo na nge.	
kutanga	Meto tangaka mbongo na nge.	Meto counted your money.
mukanda yai	Meto tangaka mukanda yai.	Meto read that book.
mu	Mu tangaka mukanda yai.	
kuzaba	Mu zabaka mukanda yai.	I knew that book.
mpatu	Mu zabaka mpatu.	
Polo	Polo zabaka mpatu.	

---

[1] Note order: 'We and you' rather than normal English or French 'You and we'. There is no convention about this matter.

UNIT 6   KITUBA   PRIMER

                Polo zabaka mpatu.

kwenda na   Polo kwendaka na mpatu.

ntama   Polo kwendaka ntama.

b) Random Substitution-Modification Drill (Substitute Verbs with /.ak-/):

Cue	Pattern	
	Bana tatu kwendaka na Kongo.	Three children went to the Congo.
kuzimbala	Bana tatu zimbalaka na Kongo.	
bakento	Bakento tatu zimbalaka na Kongo.	
Mputu	Bakento tatu zimbalaka na Mputu.	
sambanu	Bakento sambanu zimbalaka na Mputu.	
Uganda	Bakento sambanu zimbalaka na Uganda.	
bafamili	Bafamili sambanu zimbalaka na Uganda.	
kufwa	Bafamili sambanu kufwaka na Uganda.	
bampangi	Bampangi sambanu kufwaka na Uganda.	
kwiza	Bampangi sambanu kwizaka na Uganda.	
tanu	Bampangi tanu kwizaka na Uganda.	
Amelike	Bampangi tanu kwizaka na Amelike.	
tatu	Bampangi tatu kwizaka na Amelike.	
kwenda	Bampangi tatu kwendaka na Amelike.	
Kongo	Bampangi tatu kwendaka na Kongo.	
bana	Bana tatu kwendaka na Kongo.	

PRIMER   BASIC COURSE   UNIT 6

c) Progressive Substitution-Modification Drill (Substitute Verbs
   in Past Form with /.ak-/):

Cue   Pattern

            Tata zolaka mukanda ya ngolo ve.   Father didn't like
                                                    [the] hard book.

nge   Nge zolaka mukanda ya ngolo ve?

kubika   Nge bikaka mukanda ya ngolo ve?

mwana   Nge bikaka mwana ya ngolo ve?

maladi   Nge bikaka mwana ya maladi ve?

nani   Nani bikaka mwana ya maladi ve?

kumona   Nani monaka mwana ya maladi ve?

nkento   Nani monaka nkento ya maladi ve?

ngolo   Nani monaka nkento ya ngolo ve?

tata   Tata monaka nkento ya ngolo ve.

kuzola   Tata zolaka nkento ya ngolo ve.

mukanda   Tata zolaka mukanda ya ngolo ve.

d) Random Substitution Drill

Cue   Pattern

            Mu kudiaka kima ve.   I didn't eat anything.

kunwa   Mu kunwaka kima ve.

maza   Mu kunwaka maza ve.

kwenda na   Mu kwendaka na maza ve.   I didn't go to the river,

Mputu   Mu kwendaka na Mputu ve.

Madi   Madi kwendaka na Mputu ve.

117

UNIT 6　　　　　　　　　　KITUBA　　　　　　　　　　PRIMER

	Madi kwendaka na <u>Mputu</u> ve.
Kongo	<u>Madi</u> kwendaka na Kongo ve.
nani	Nani <u>kwendaka</u> na Kongo ve?
kuvutuka	<u>Nani</u> vutukaka na Kongo ve?
nge	Nge vutukaka na <u>Kongo</u> ve?
Gabon	<u>Nge</u> vutukaka na Gabon ve?
Polo	Polo <u>vutukaka</u> na Gabon ve.
kufwa	Polo kufwaka <u>na Gabon</u> ve.
kuna	Polo kufwaka kuna ve.

e) Progressive Substitution Drill

Cue	Pattern	
	Nge zonaka bika <u>nani</u>? (= Nani nge zonaka bika?)[1]	Whom did you want to leave?
Maligeliti	<u>Nge</u> zonaka bika Maligeliti?	
Za	Za zonaka <u>bika</u> Maligeliti.	
kusosa	Za zonaka sosa <u>Maligeliti</u>.	
nsusu	<u>Za</u> zonaka sosa nsusu.	
benu	Benu zonaka <u>sosa</u> nsusu?	
kuluta	Benu zonaka luta <u>nsusu</u>?	Did you want to pass the chicken?
bau	<u>Benu</u> zonaka luta bau?	
bakento	Bakento zonaka <u>luta</u> bau	

---

[1] The second form is the more common of this particular question.

| PRIMER | BASIC COURSE | UNIT 6 |

	Bakento zonaka <u>luta</u> bau.	
kunata	Bakento zonaka nata <u>bau</u>.	
maza	<u>Bakento</u> zonaka nata maza.	
Kalala	Kalala zonaka <u>nata</u> maza.	
kunwa	Kalala zonaka kunwa <u>maza</u>.	
inki	<u>Kalala</u> zonaka kunwa inki?	
nge	Nge zonaka <u>kunwa</u> inki?	
kubika	Nge zonaka bika <u>inki</u>?	
nani	Nge zonaka bika nani?	

f) Progressive Substitution Drill

Cue	Pattern	
	Tata kwendaka sosa mielo ya <u>mpembe</u>.	Father went to look for some white doors (painted white).
ngolo	<u>Tata</u> kwendaka sosa mielo ya ngolo.	
nani	Nani kwendaka <u>sosa</u> mielo ya ngolo?	
kunata	Nani kwendaka nata <u>mielo</u> ya ngolo?	
ngunga	Nani kwendaka nata ngunga ya <u>ngolo</u>?	
Za	<u>Nani</u> kwendaka nata ngunga ya Za?	
muyibi	Muyibi <u>kwendaka</u> nata ngunga ya Za.	A thief went and carried off John's bell.
kubikala	Muyibi bikalaka <u>nata</u> ngunga ya Za.	
kubula	Muyibi bikalaka bula <u>ngunga</u> ya Za.	
mwana	Muyibi bikalaka bula mwana ya <u>Za</u>.	

UNIT 6   KITUBA   PRIMER

	Muyibi bikalaka bula mwana ya Za.	
mayele	Muyibi bikalaka bula mwana ya mayele.	
Sofi	Sofi bikalaka bula mwana ya mayele.	
kuzona	Sofi zonaka bula mwana ya mayele.	
kutala	Sofi zonaka tala mwana ya mayele.	
kalasi	Sofi zonaka tala kalasi ya mayele.	
zoba	Sofi zonaka tala kalasi ya zoba.	
bau	Bau zonaka tala kalasi ya zoba.	
kubanda	Bau bandaka tala kalasi ya zoba.	
kukota	Bau bandaka kota kalasi ya zoba.	
mambu	Bau bandaka kota mambu ya zoba.	They started to be involved in stupid matters.
yandi	Bau bandaka kota mambu n'andi.	
Bakongo	Bakongo bandaka kota mambu n'andi.	
kwenda	Bakongo kwendaka kota mambu n'andi.	
kufwa	Bakongo kwendaka kufwa mambu n'andi.	The Bakongo went to finish off his affairs.
nkento	Bakongo kwendaka kufwa nkento n'andi.	
dokotolo	Bakongo kwendaka kufwa nkento ya dokotolo.	
muntu	Muntu kwendaka kufwa nkento ya dokotolo.	
kusosa	Muntu sosaka kufwa nkento ya dokotolo.	
kukanga	Muntu sosaka kanga nkento ya dokotolo.	
inzo	Muntu sosaka kanga inzo ya dokotolo.	Somebody wanted to close up the doctor's house.

| | PRIMER | BASIC COURSE | UNIT 6 |

	Muntu sosaka kanga inzo ya <u>dokotolo</u>.
mpembe	<u>Muntu</u> sosaka kanga inzo ya mpembe.
tata	Tata <u>sosaka</u> kanga inzo ya mpembe.
kwenda	Tata kwendaka <u>kanga</u> inzo ya mpembe.
kusosa	Tata kwendaka sosa <u>inzo</u> ya mpembe.
mielo	Tata kwendaka sosa mielo ya mpembe.

Drill 6.6 Grammar Drill with Verbal Extension /-ak-/ after /ke/ - 'Habitual'

a) Progressive Substitution Drill

<u>Cue</u>	<u>Pattern</u>	
	<u>Bau</u> ke sosaka bana ya betu.	They come after our children.
za	Za ke <u>sosaka</u> bana ya betu.	
kunata	Za ke nataka <u>bana</u> ya betu.	John brings our children.
bansusu	Za ke nataka bansusu ya <u>betu</u>.	
Polo	<u>Za</u> ke nataka bansusu ya Polo.	
nani	Nani ke <u>nataka</u> bansusu ya Polo?	
kudia	Nani ke kudiaka <u>bansusu</u> ya Polo?	Who eats Paul's chickens?
mampa	Nani ke kudiaka mampa ya Polo?	
tata	<u>Nani</u> ke kudiaka mampa ya tata?	
Madi	Madi ke <u>kudiaka</u> mampa ya tata.	
kuzola	Madi ke zolaka <u>mampa</u> ya tata.	
maza	Madi ke zolaka maza ya <u>tata</u>.	

UNIT 6   KITUBA   PRIMER

	Madi ke zolaka maza ya <u>tata</u>.
dokotolo	<u>Madi</u> ke zolaka maza ya dokotolo.
bau	Bau ke <u>zolaka</u> maza ya dokotolo.
kusosa	Bau ke sosaka <u>maza</u> ya dokotolo.
bana	Bau ke sosaka bana ya <u>dokotolo</u>.
betu	Bau ke sosaka bana ya betu.

b) Multiple Substitution Drill   *unrecorded*

Banani (?)	ke	vwandaka	na	benu.
Bana ikwa (?)		kudiaka		nge.
Bakento		kwendaka		betu.
Bafamili		salaka		za.
Miyibi		kwizaka		munu.
Nani (?)				bambuta muntu.
Bakolodoni				

c) Random Substitution Drill

<u>Cue</u>   <u>Pattern</u>

	Betu ke kwendaka na <u>kisalu</u>.	We go to work.
France	<u>Betu</u> ke kwendaka na France.	
banani	Banani ke <u>kwendaka</u> na France?	
kuvwanda	<u>Banani</u> ke vwandaka na France?	
tata na mama	Tata na mama ke vwandaka <u>na France</u>.	
kuna	<u>Tata na mama</u> ke vwandaka kuna.	
yandi	Yandi ke <u>vwandaka</u> kuna.	

	Yandi ke vwandaka kuna.	
kwiza	Yandi ke kwizaka kuna.	
na Uganda	Yandi ke kwizaka na Uganda.	
Meto	Meto ke kwizaka na Uganda.	
inzo	Meto ke kwizaka na inzo.	
kusakana	Meto ke sakanaka na inzo.	Meto plays in [the] house.[1]
maza	Meto ke sakanaka na maza.	
nge	Nge ke sakanaka na maza?	
kwenda	Nge ke kwendaka na maza?	
zandu	Nge ke kwendaka na zandu?	
nani	Nani ke kwendaka na zandu?	
kisalu	Nani ke kwendaka na kisalu?	
betu	Betu ke kwendaka na kisalu.	

---

[1] In appropriate context this could also mean 'Meto plays with [the] [toy] house.'

d) Random Substitution Drill

Cue	Pattern	
	Nge ke salaka <u>inki</u>?	What do you do?
mampa	<u>Nge</u> ke salaka mampa?	Do you make bread?
bau	Bau ke <u>salaka</u> mampa.	
kudia	<u>Bau</u> ke kudiaka mampa.	
za	Za ke kudiaka <u>mampa</u>.	
mbisi	<u>Za</u> ke kudiaka mbisi.	
tata	Tata ke <u>kudiaka</u> mbisi.	
kusumba	Tata ke sumbaka <u>mbisi</u>.	
mankondo	Tata ke <u>sumbaka</u> mankondo.	
kunata	Tata ke nataka <u>mankondo</u>.	
bana	<u>Tata</u> ke nataka bana.	
nani	Nani ke <u>nataka</u> bana?	
kubula	Nani ke bulaka bana?	

e) Progressive Substitution Drill

Cue	Pattern	
	Mu ke kudiaka <u>mampa</u> mingi.	I eat a lot of bread.
dinkondo	Mu ke kudiaka mankondo <u>mingi</u>.	
fioti	<u>Mu</u> ke kudiaka mankondo fioti.	
mama	Mama ke <u>kudiaka</u> mankondo fioti.	
kusumba	Mama ke sumbaka <u>mankondo</u> fioti.	

	Mama ke sumbaka mankondo fioti.	
dilala	Mama ke sumbaka malala fioti.	
ya mbote	Mama ke sumbaka malala ya mbote.	
nani	Nani ke sumbaka malala ya mbote?	
kusosa	Nani ke sosaka malala ya mbote?	
bantu	Nani ke sosaka bantu ya mbote?	
zoba	Nani ke sosaka bantu ya zoba?	
bau	Bau ke sosaka bantu ya zoba.	
kufuta	Bau ke futaka bantu ya zoba.	
bisadi	Bau ke futaka bisadi ya zoba.	
tata	Bau ke futaka bisadi ya tata.	
balongi	Balongi ke futaka bisadi ya tata.	
kutala	Balongi ke talaka bisadi ya tata.	
bana	Balongi ke talaka bana ya tata.	The teachers look after Father's children.
Za	Balongi ke talaka bana ya Za.	
Madi	Madi ke talaka bana ya Za.	
kubula	Madi ke bulaka bana ya Za.	
mpangi	Madi ke bulaka mpangi ya Za.	
munu	Madi ke bulaka mpangi ya munu.	
benu	Benu ke bulaka mpangi ya munu?	
kunwana na	Benu ke nwanaka na mpangi ya munu?	Do you fight with my brother?
bakolodoni	Benu ke nwanaka na bakolodoni ya munu?	

	Benu ke nwanaka na bakolodoni ya munu?
ya ngolo	Benu ke nwanaka na bakolodoni ya ngolo?
banani	Banani ke nwanaka na bakolodoni ya ngolo?
kusakana	Banani ke sakanaka na bakolodoni ya ngolo?
bikombi	Banani ke sakanaka na bikombi ya ngolo?
inda	Banani ke sakanaka na bikombi ya inda?
nge na yandi	Nge na yandi ke sakanaka na bikombi ya inda?
kudia	Nge na yandi ke kudiaka na bikombi ya inda?
bakento	Nge na yandi ke kudiaka na bakento ya inda?
mingi	Nge na yandi ke kudiaka na bakento mingi?
mu	Mu ke kudiaka na bakento mingi.
mampa	Mu ke kudiaka mampa mingi.

Drill 6.7 Grammar Drill - /me/ + Verb + /.ak-/, 'Intermediate Past'

a) Multiple Substitution Drill   *unrecorded*

Nani (?)	me	kufwaka	ntama	mingi.
Polo		kudiaka		fioti.
Maligeliti		tubaka		
Mama		zimbalaka		
		bikalaka		
		kwendaka		
		kunwaka		
		tangaka		
		sonikaka		

Who died quite a while ago?

PRIMER   BASIC COURSE   UNIT 7

DIALOGUE: ASKING DIRECTIONS

-A-

    mwan_a y_a bakala　　　　　　　　　young man, gentleman

    ku-sad.is-a　　　　　　　　　　　　to help to do, cause to do

Nge, mwan_a y_a bakala yai, nge　　　You - this young man - could you

  lenda sadisa munu?　　　　　　　　help me?

-B-

E mama, inki nge zola?　　　　　　　　Yes ma'am, what can I do for you?

-A-

    n.dambu (ba-)　　　　　　　　　　part, half, section

    balabala (ba-)　　　　　　　　　 street

    Balumbú　　　　　　　　　　　　　 (name of street in Leo-
　　　　　　　　　　　　　　　　　　　　　　poldville)

Na inki ndambu ike balabala　　　　　Where ('in what part') is Balambu

  Balumbu?　　　　　　　　　　　　　　street?

-B-

    ku-tal-a　　　　　　　　　　　　 to look at, look after

    ya iya　　　　　　　　　　　　　　fourth

Yau ke ntama ve. Tala kuna　　　　　 It's not far. Look there, cross

  luta babalabala tatu, ina　　　　three streets, (that) the fourth

  ya iya ike Balumbu.　　　　　　　 is Balumbu.

127

UNIT 7   KITUBA   PRIMER

-A-

dalakisio /dalakisyo/ (ba-)	Fr: direction; cross street[1]
Prince Baudoin	Proper name of Belgian Prince - now King Baudoin I

Dalakisio ya Prince Baudoin ike ntama?   Is Prince Baudoin Street far?

-B-

mingi mingi	very much
n.tete	first
bosi	then
ku-yufus-a	to ask

Ve. Ike ntama mingi mingi ve. Ntete kwenda na Balumbu, bosi nge yufusa bantu yankaka.

No. It isn't so very far. First go to Balumbu [street], then you ask other people.

-A-

lusad.is-u /lusad.us-u (ba-)/	help

Melesi mingi tata na lusadisu ya nge.   Thank you very much sir for your help.

---

[1] In Leopoldville cross streets, which do not have numbered lots facing them are called by this name, also used to refer to the lanes of a divided highway or boulevard.

128

PRIMER　　　　　　　　BASIC COURSE　　　　　　　　UNIT 7

Drill 7.1 SUPPLEMENTARY VOCABULARY

a) Simple Substitution Drill

Na inki	ndambu	ike balabala Balumbu?
	kifulu [ki-fulu(bi-)]	
	palasi (ba-)	
	bwala (ma-)	
	sika (ba-)	

In what area is Balumbu street?

    place

    place (Fr: place)

    village

    place

b) Simple Substitution Drill

Na inki ndambu ike	balabala Balumbu?
	pósita ya letá?
	gale ya lukalu? [gale (ba-)] [lu.kalu (ba-)]
	posita ya mikanda
	dibungu [di-bungu (ma-)]?
	n.zadi (ba-)?

In what area is Balumbu Street?

    the state house? (Fr: poste, l'état)

    the train station? (Fr: gare)

    the post office?

    the port?

    the river?

UNIT 7   KITUBA   PRIMER

c) Simple Substitution Drill

Za me sumba	masini. (ba-)
	kamió. (ba-)
	veló. (ba-)
	bisikaleti. (ba-)
	vwatile. (ba-)
	pusu pusu. (ba-)
	di-lata. (ma-)
	midiki. ( )

John has bought a machine. (Fr: machine)
    an automobile/truck. (Fr: camion)
    a bicycle. (Fr: vélo)
    a bicycle. (Fr: bicyclette)
    a car. (Fr: voiture)
    a push cart.
    a tin/can.
    milk.

d) Simple Substitution Drill

Nani ke	sumba	kamio?
	tambusa [ku-tamb.us-a]	
	pusa [ku-pus-a]	
	balula [ku-bal.ul-a]	
	teka [ku-tek-a]	

Who will buy [the] truck?
    drive
    push
    turn [transitive]
    sell

e) Simple Substitution Drill

Tala	kuna.
	na manima.
	malumalu.

Look there.
    backwards. [nima (ba-) 'back']
    quickly.

PRIMER BASIC COURSE UNIT 7

f) Simple Substitution Drill

Kwenda	na manima.
Baluka	
Tambula	

Go back.

Turn [intransitive] /ku-bal.uk-a/

Walk. [ku-tamb.ul-a]

g) Simple Substitution Drill

| Yufusa | bantu yankaka. |
| | podisi. |

Ask other people.

a policeman.

h) Simple Substitution Drill

Betu ke na kisalu	ya	mbote.
		n.golo.
		m.pasi.

We have a good job.

    a hard (physically) job.

    a difficult job. (from any point of view)

i) Progressive Substitution Drill

Cue	Pattern
	Nani me <u>kudia</u> dimpa?	Who has eaten [the] bread?
kuzenga	Nani me zenga <u>dimpa</u>?	Who has cut [the] bread?
nzila	Nani me zenga nzila?	Who has taken a short cut?

131

UNIT 7　　　　　　　　　KITUBA　　　　　　　　　PRIMER

j) Simple Substitution Drill

Zozefu kudiaka dimpa	mazono. (ba-)
	mazono na m.pimpa.
	bilumbu lutaka.
	bubu na nsuka.
	na m.vula lutaka.
	mazono na n.kokila.

Joseph ate bread yesterday.

　　　　　　　　　yesterday evening/ night (also 'darkness')

　　　　　　　　　[during the] past days. [ki-lumbu (bi-)]

　　　　　　　　　this morning ('today in the morning')

　　　　　　　　　last ('past') year (ba-)

　　　　　　　　　yesterday afternoon/evening (ba-)

k) Substitution-Correlation Drill (Change the verb phrases to correlate with the times given)

Cue　　　　　　　　　Pattern

　　　　　　　　　Zozefu kudiaka dimpa mazono.　　　　Joseph ate bread yesterday.

malumalu yai　　　Zozefu ke na kudia dimpa malumalu yai.　　Joseph is eating bread now.

bubu na mpimpa　　Zozefu ke kudia dimpa bubu na mpimpa.　　Joseph will eat bread tonight.

ntangu yonso　　　Zozefu ke kudiaka dimpa ntangu yonso.　　Joseph always eats bread.

PRIMER BASIC COURSE UNIT 7

Drill 7.2 VARIATION DRILLS ON PATTERN SENTENCES

a) Progressive Substitution-Correlation Drill (Substitute Words in Appropriate Forms)

Cue	Pattern	
	Ntangu yonso Za ke kudiaka mampa zole.	John always eats two [loaves of] bread.
kusumba	Ntangu yonso Za ke sumbaka mampa zole.	
mukanda	Ntangu yonso Za ke sumbaka mikanda zole.	
mingi	Ntangu yonso Za ke sumbaka mikanda mingi.	
mbasi	Mbasi Za ke sumba mikanda mingi.	
Kalala	Mbasi Kalala ke sumba mikanda mingi.	
kutanga	Mbasi Kalala ke tanga mikanda mingi.	
ntalu ya bana	Mbasi Kalala ke tanga ntalu ya bana mingi.	Tomorrow, Kalala will count (the number of) many children.
fioti	Mbasi Kalala ke tanga ntalu ya bana fioti.	
mazono	Mazono Kalala tangaka ntalu ya bana fioti.	
betu	Mazono betu tangaka ntalu ya bana fioti.	
kulonga	Mazono betu longaka bana fioti.	
bakento	Mazono betu longaka bakento fioti.	
ya bau	Mazono betu longaka bakento ya bau.	
malumalu yai	Malumalu yai betu ke na kulonga bakento ya bau.	
banani	Malumalu yai banani ke na kulonga bakento ya bau?	
kusosa	Malumalu yai banani ke na kusosa bakento ya bau?	

133

| UNIT 7 | KITUBA | PRIMER |

	Malumalu yai banani ke na kusosa <u>bakento</u> ya bau?
matiti	Malumalu yai banani ke na kusosa matiti <u>ya bau</u>?
yina	<u>Malumalu yai</u> banani ke na kusosa matiti yina?
ntangu yonso	Ntangu yonso <u>banani</u> <u>ke</u> sosaka matiti yina?
Za	Ntangu yonso Za ke <u>sosaka</u> matiti yina.
kudia	Ntangu yonso Za ke kudiaka <u>matiti</u> yina.
dimpa	Ntangu yonso Za ke kudiaka dimpa <u>yina</u>.
zole	Ntangu yonso Za ke kudiaka mampa zole.

b) Random Substitution-Correlation Drill (The Time is Before Noon)

Cue	Pattern	
	Mbasi mu ke <u>tambusa</u> vwatile.	I'm going to drive a car tomorrow.
kusumba	Mbasi <u>mu</u> ke sumba vwatile.	
Za	<u>Mbasi</u> Za ke sumba vwatile.	
mazono	Mazono Za sumbaka <u>vwatile</u>.	
mankondo	Mazono Za <u>sumbaka</u> mankondo.	
kunata	<u>Mazono</u> Za nataka mankondo.	
malumalu yai	Malumalu yai Za ke na <u>kunata</u> mankondo.	
kuteka	Malumalu yai Za ke na kuteka <u>mankondo</u>.	
velo	Malumalu yai <u>Za</u> ke na kuteka velo.	
nani	Malumalu yai nani ke na kuteka <u>velo</u>?	
bansusu	<u>Malumalu yai</u> nani ke na kuteka bansusu?	
na suka	Na suka <u>nani</u> tekaka bansusu?	

134

	Na suka <u>nani</u> tekaka bansusu?
Polo	Na suka Polo <u>tekaka</u> bansusu.
kusosa	Na suka Polo sosaka <u>bansusu</u>.
malala	<u>Na suka</u> Polo sosaka malala.
mbasi na midi	Mbasi na midi Polo ke sosa <u>malala</u>.
vwatile	Mbasi na midi Polo ke <u>sosa</u> vwatile.
kutambusa	Mbasi na midi <u>Polo</u> ke tambusa vwatile.
mu	<u>Mbasi na midi</u> mu ke tambusa vwatile.
mbasi	Mbasi mu ke tambusa vwatile.

c) Simple Substitution-Correlation Drill

Cue	Pattern	
	Nge me tanga ntalu ya meza na suka yai?	Have you counted the tables this morning? (immediate past)
mazono na mpimpa	Nge me tangaka ntalu ya meza mazono na mpimpa?	Did you count the tables last night? (intermediate past)
mbasi	Nge ke tanga ntalu ya meza mbasi?	
malumalu yai	Nge ke na kutanga ntalu ya meza malumalu yai?	
ntangu yonso	Nge ke tangaka ntalu ya meza ntangu yonso?	
mbasi na midi	Nge ke tanga ntalu ya meza mbasi na midi?	

UNIT 7   KITUBA   PRIMER

d) Simple Substitution-Correlation Drill

<u>Cue</u>   <u>Pattern</u>

                   Polo ke tuba kuna na mpimpa.   Paul will speak
                                                         there at night.

mazono   Polo tubaka kuna mazono.

mbasi   Polo ke tuba kuna mbasi.

malumalu yai   Polo ke na kutuba kuna malumalu yai.

ntama fioti   Polo me tuba kuna ntama fioti.

ntangu yonso   Polo ke tubaka kuna ntangu yonso.

bubu na suka   Polo tubaka kuna bubu na suka.

ntama mingi   Polo tubaka kuna ntama mingi.

e) Progressive Substitution-Correlation Drill

<u>Cue</u>   <u>Pattern</u>

                   <u>Mama</u> ke sumbila betu mampa mbasi.   Mother will buy us
                                                         bread(s) tomorrow.

Zozefu   Zozefu ke <u>sumbila</u> betu mampa mbasi.

kusala   Zozefu ke sadila <u>betu</u> mampa mbasi.

bana   Zozefu ke sadila bana <u>mampa</u> mbasi.

bavelo   Zozefu ke sadila bana bavelo <u>mbasi</u>.   Joseph will fix the
                                                         bikes for the chil-
                                                         dren tomorrow.

mazono   <u>Zozefu</u> sadilaka bana bavelo mazono.

podisi   Podisi <u>sadilaka</u> bana bavelo mazono.

kutala   Podisi tadilaka <u>bana</u> bavelo mazono.   The policeman took
                                                         care of bicycles
                                                         for the children
                                                         yesterday.

	Podisi tadilaka <u>bana</u> bavelo mazono.
bakento	Podisi tadilaka bakento <u>bavelo</u> mazono.
mampa	Podisi tadilaka bakento mampa <u>mazono</u>.
mbasi	<u>Podisi</u> ke tadila bakento mampa mbasi.
mama	Mama ke <u>tadila</u> bakento mampa mbasi.
kusumba	Mama ke sumbila <u>bakento</u> mampa mbasi.
betu	Mama ke sumbila betu mampa mbasi.

f) Progressive Substitution-Correlation Drill

<u>Cue</u>	<u>Pattern</u>	
	<u>Mbasi</u> betu ke kudia mampa.	We'll eat bread tomorrow.
malumalu yai	Malumalu yai <u>betu</u> ke na kudia mampa.	
nani	Malumalu yai nani ke na <u>kudia</u> mampa?	
kusumba	Malumalu yai nani ke na kusumba <u>mampa</u>?	
mikanda	<u>Malumalu yai</u> nani ke na kusumba mikanda?	
mazono	Mazono <u>nani</u> sumbaka mikanda?	
Polo	Mazono Polo <u>sumbaka</u> mikanda.	
kusosa	Mazono Polo sosaka <u>mikanda</u>.	
mbongo	<u>Mazono</u> Polo sosaka mbongo.	
mbasi na suka	Mbasi na suka <u>Polo</u> ke sosa mbongo.	
Kalala	Mbasi na suka Kalala ke <u>sosa</u> mbongo.	
kufuta	Mbasi na suka Kalala ke futa <u>mbongo</u>.	
tayele	<u>Mbasi na suka</u> Kalala ke futa tayele.	

UNIT 7   KITUBA   PRIMER

	Mbasi na suka Kalala ke futa tayele.
na mvula lutaka	Na mvula lutaka Kalala futaka tayele.
bau	Na mvula lutaka bau futaka tayele.
kumona	Na mvula lutaka bau monaka tayele.
Kongo	Na mvula lutaka bau monaka Kongo.
ntangu yonso	Ntangu yonso bau ke monaka Kongo.
Za	Ntangu yonso Za ke monaka Kongo.
kwenda na	Ntangu yonso Za ke kwendaka na Kongo.
Angeletele	Ntangu yonso Za ke kwendaka na Angeletele.
bubu yai	Bubu yai Za me kwenda na Angeletele.
mama	Bubu yai mama me kwenda na Angeletele.
kubikala	Bubu yai mama me bikala na Angeletele.
Madi	Bubu yai mama me bikala na Madi.
ntangu mosi	Ntangu mosi mama bikalaka na Madi.
Zozefu	Ntangu mosi Zozefu bikalaka na Madi.
kunata	Ntangu mosi Zozefu nataka Madi.
malala	Ntangu mosi Zozefu nataka malala.
mbasi	Mbasi Zozefu ke nata malala.
betu	Mbasi betu ke nata malala.
kudia	Mbasi betu ke kudia malala.
mampa	Mbasi betu ke kudia mampa.

PRIMER BASIC COURSE UNIT 7

g) Progressive Substitution-Correlation Drill

Cue	Pattern	
	Mazono <u>tata</u> zibulaka mwelo.	Father opened the door yesterday.
banani	Mazono banani <u>zibulaka</u> mwelo?	
kukanga	Mazono banani kangaka <u>mwelo</u>?	...shut/lock the door?
inzo	<u>Mazono</u> banani kangaka inzo?	
ntangu yonso	Ntangu yonso <u>banani</u> ke kangaka inzo?	
mu	Ntangu yonso mu ke <u>kangaka</u> inzo.	
kukomba	Ntangu yonso mu ke kombaka <u>inzo</u>.	
balabala yai	<u>Ntangu yonso</u> mu ke kombaka balabala yai.	
mbasi	Mbasi <u>mu</u> ke komba balabala yai.	
yandi	Mbasi yandi ke <u>komba</u> balabala yai.	
kulanda	Mbasi yandi ke landa <u>balabala</u> yai.	
Andele	<u>Mbasi</u> yandi ke landa Andele.	
malumalu yai	Malumalu yai <u>yandi</u> ke na kulanda Andele.	
bantu	Malumalu yai bantu ke na <u>kulanda</u> Andele.	
kusosa	Malumalu yai bantu ke na kusosa <u>Andele</u>.	
benu	<u>Malumalu yai</u> bantu ke na kusosa benu.	
mbasi na mpimpa	Mbasi na mpimpa <u>bantu</u> ke sosa benu.	
Madi	Mbasi na mpimpa Madi ke <u>sosa</u> benu.	
kuluta	Mbasi na mpimpa Madi ke luta <u>benu</u>.	
babakala	<u>Mbasi na mpimpa</u> Madi ke luta babakala.	

	<u>Mbasi na mpimpa</u> Madi ke luta babakala.
mazono na midi	Mazono na midi <u>Madi</u> lutaka babakala.
bana	Mazono na midi bana <u>lutaka</u> babakala.
kutuba na	Mazono na midi bana tubaka na <u>babakala</u>.
mama	<u>Mazono na midi</u> bana tubaka na mama.
bubu na mpimpa	Bubu na mpimpa <u>bana</u> ke tuba na mama.
nge	Bubu na mpimpa nge ke <u>tuba</u> na mama?
kwenda	Bubu na mpimpa nge ke kwenda na <u>mama</u>?
nge	<u>Bubu na mpimpa</u> nge ke kwenda na nge?
	Tonight you will go with you?(two people)
	Tonight you yourself will go? (one person)
na mpimpa ya mazono	Na mpimpa ya mazono <u>nge</u> kwendaka na nge?
tayele	Na mpimpa ya mazono tayele <u>kwendaka na</u> nge.
kufuta	Na mpimpa ya mazono tayele futaka <u>nge</u>.
matiti	<u>Na mpimpa ya mazono</u> tayele futaka matiti.
ntangu yonso	Ntangu yonso <u>tayele</u> ke futaka matiti.
Za	Ntangu yonso Za ke <u>futaka</u> matiti.
kunata	Ntangu yonso Za ke nataka <u>matiti</u>.
malala kumi	<u>Ntangu yonso</u> Za ke nataka malala kumi.
mazono	Mazono <u>Za</u> nataka malala kumi.
tata	Mazono tata <u>nataka</u> malala kumi.
kuzibula	Mazono tata zibulaka <u>malala kumi</u>.
mwelo	Mazono tata zibulaka mwelo.

h) Simple Substitution-Correlation Drill (The Time is Before Noon)

Cue	Pattern	
	Bubu na midi nu ke tanga mukanda ve.	I won't read a book this noon.
na suka	Na suka mu tangaka mukanda ve.	I didn't read a book in the morning.
mazono	Mazono mu tangaka mukanda ve.	
na suka ya mbasi	Na suka ya mbasi mu ke tanga mukanda ve.	
ntangu yonso	Ntangu yonso mu ke tangaka mukanda ve.	
na mpimpa	Na mpimpa mu ke tanga mukanda ve.	
mazono na nkokila	Mazono na nkokila mu tangaka mukanda ve.	
malumalu yai	Malumalu yai mu ke na kutanga mukanda ve.	
bubu na mpimpa	Bubu na mpimpa mu ke tanga mukanda ve.	

i) Simple Substitution-Correlation Drill (The Time is Before Noon)

Cue	Pattern	
	Mazono ntete mu kudiaka dimpa bosi mu kwendaka.	Yesterday first I ate bread, then I went.
mbasi	Mbasi ntete mu ke kudia dimpa bosi mu ke kwenda.	

UNIT 7   KITUBA   PRIMER

	Mbasi ntete mu ke kudia dimpa bosi mu ke kwenda.
bubu na nkokila	Bubu na nkokila ntete mu ke kudia dimpa bosi mu ke kwenda.
ntangu yonso	Ntangu yonso ntete mu ke kudiaka dimpa bosi mu ke kwendaka.
malumalu yai	Malumalu yai ntete mu ke na kudia dimpa bosi mu ke kwenda.
na mpimpa	Na mpimpa ntete mu ke kudia dimpa bosi mu ke kwenda.
na midi ya bubu	Na midi ya bubu ntete mu ke kudia dimpa bosi mu ke kwenda.
mazono na suka	Mazono na suka ntete mu kudiaka dimpa bosi mu kwendaka.

j) Progressive Substitution-Correlation Drill (The Time is Before Noon)

Cue	Pattern	
	<u>Malumalu yai</u> betu ke na kudia mbisi.	We're eating meat right now.
mbasi na midi	Mbasi na midi <u>betu</u> ke kudia mbisi.	
Polo	Mbasi na midi Polo ke <u>kudia mbisi</u>.	
kutanga mukanda	<u>Mbasi na midi</u> Polo ke tanga mukanda.	
mazono	Mazono <u>Polo</u> tangaka mukanda.	
nani	Mazono nani <u>tangaka mukanda</u>?	

	Mazono nani <u>tangaka mukanda</u>?
kwenda na zandu	<u>Mazono</u> nani kwendaka na zandu?
na nkokila	Na nkokila <u>nani</u> ke kwenda na zandu?
nge	Na nkokila nge ke <u>kwenda na zandu</u>?
kuyobila	<u>Na nkokila</u> nge ke yobila?
mazono na suka	Mazono na suka <u>nge</u> yobilaka?
tata	Mazono na suka tata <u>yobilaka</u>.
kutambusa vwatile ya nlongi na munu	<u>Mazono na suka</u> tata tambusaka vwatile ya nlongi na munu.
bubu na mpimpa	Bubu na mpimpa <u>tata</u> ke tambusa vwatile ya nlongi na munu.
Zozefu	Bubu na mpimpa Zozefu ke <u>tambusa vwatile ya nlongi na munu</u>.
kumona podisi	<u>Bubu na mpimpa Zozefu</u> ke mona podisi.
ntangu yons	Ntangu yonso <u>Zozefu</u> ke monaka podisi.
bana	Ntangu yonso bana ke <u>monaka podisi</u>.
kuyufusa ba-balabala	<u>Ntangu yonso</u> bana ke yufusaka babalabala.
bilumbu lutaka	Bilumbu lutaka <u>bana</u> yufusaka babalabala.
Piele	Bilumbu lutaka Piele <u>yufusaka babalabala.</u>
kuteka mankondo	<u>Bilumbu lutaka</u> Piele tekaka mankondo.
bubu na midi	Bubu na midi <u>Piele</u> ke teka mankondo.
nani	Bubu na midi nani ke <u>teka mankondo</u>?

	Bubu na midi nani ke <u>teka mankondo</u>?
kuzibula malala	<u>Bubu na midi</u> nani ke zibula malala?
na mpimpa ya mbasi	Na mpimpa ya mbasi <u>nani</u> ke zibula malala?
Madi	Na mpimpa ya mbasi Madi ke <u>zibula malala</u>.
kunata mikanda na posita	<u>Na mpimpa ya mbasi</u> Madi ke nata mikanda na posita.
na suka ya mazono	Na suka ya mazono <u>Madi</u> nataka mikanda na posita.
bau	Na suka ya mazono bau <u>nataka mikanda na posita</u>.
kupusa pusu pusu	<u>Na suka ya mazono</u> bau pusaka pusu pusu.
mvula yonso	Mvula yonso <u>bau</u> ke pusaka pusu pusu.
tata	Mvula yonso tata ke <u>pusaka pusu pusu</u>.
kuzenga matiti	<u>Mvula yonso</u> tata ke zengaka matiti.
na mvula lutaka	Na mvula lutaka <u>tata</u> zengaka matiti.
kolodoni	Na mvula lutaka kolodoni <u>zengaka matiti</u>.
kusumbila nkento kitambala	<u>Na mvula lutaka</u> kolodoni sumbilaka nkento kitambala.
mbasi na suka	Mbasi na suka <u>kolodoni</u> ke sumbila nkento kitambala.
mpangi na nge	Mbasi na suka mpangi na nge ke <u>sumbila nkento kitambala</u>.
kukota na kamio	<u>Mbasi na suka</u> mpangi na nge ke kota na kamio.
malumalu yai	Malumalu yai <u>mpangi na nge</u> ke na kukota na kamio.

	Malumalu yai <u>mpangi _na nge</u> ke na kukota na kamio.
betu	Malumalu yai betu ke na <u>kukota na kamio</u>.
kudia mbisi	Malumalu yai betu ke na kudia mbisi.

GRAMMAR NOTES AND DRILLS

Note 7.1 Some Uses of the Simple Form of the Verb

A.	Nata _yandi na dokotolo.	Take him/her to the doctor.
	Kangila munu yau.	Wrap it up for me.
	Kota nge, tata.	Come in [please], sir.
B.	Inki kisalu nge zaba?	What work [do] you know?
	Mu zola kisalu.	I want work.
	Polo zola mwana nge.	Paul likes your child.
	Nani zola bana ya ngolo?	Who likes strong children?
C.	Mu lenda kakula ve.	I can't come down [on the price].
	Mu zola futila Sofi mbongo.	I want to pay money for Sophie.
	Mu zonaka mona yandi.	I wanted to see him.
D.	Inki nge pesa munu?	What [did/will] you give me?
	...bosi nge yufusa bantu yankaka.	...then you'll ask other people.

Group A illustrates the use of the simple form of the verb alone (without /ku-/ prefix [except for monosyllabic roots or vowel-initial roots like /kwenda/], and without subject or auxiliary) as an imperative. Followed by /nge/ or /benu/ this form is a polite imperative. This usage has been profusely illustrated in previous drills and does not present any particular difficulty to an English speaker.

Group B illustrates the indefinite non-past use of the simple form which was described briefly in Note 2.3. In that note it was mentioned that this use of the simple form is common with certain verbs. Among these are the following verbs which have been introduced:

ku-zol-a	to wish, want, like, love
ku-mon-a	to see, perceive
ku-zab-a	to know
ku-lut-a	to exceed, surpass, pass
ku-tub-a	to say, speak, talk
ku-lend-a	to be able

Group C illustrates (except for the last example) the use of the simple form of verbs as auxiliaries followed by another verb also in the simple form. Auxiliaries may occur with the /.ak-/ extension 'past' (as in the last example of Group C) or with other auxiliaries preceding then in verb phrases, but they also commonly occur, as in the other examples, in the simple form with an indefinite non-past meaning. The common auxiliaries /ke/ and /me/ have particular functions in indicating time-aspect relations and are thus in a different category.

146

The verbs which have occurred to date which are commonly used as auxiliaries are: /ku-zol-a/, /ku-lend-a/, /ku-lut-a/ 'exceed' (used in comparison), and /ku-bik-a/ 'let'.

Group D illustrates somewhat more confusing uses of the simple form. In the first sentence, the time of the action is not specified at all. A literal translation would be 'What you give me?' with the time of the giving implicit in the context (probably) but not expressed. The second example illustrates the use of this form in a second clause (the first clause contained an imperative in the original context) where the time or aspect of the action has already been set by the first clause. This situation is roughly parallel to the English usage which requires a 'simple present' form in subordinate clauses following a non-past verb phrase in the main clause in such sentences as:

> I'll see him if he comes.
>
> I see him whenever I go there.
>
> I'm buying at that store when I can.
>
> etc.

In Kituba the general rule might be stated that wherever the time and aspect of the action is clear from preceding context the verb may be used in its simple form. This is especially true of second or later clauses in a sentence or of second or later sentences in a continuous narrative. Thus, whenever the action or state of the clause in question is clearly subsequent to or consequent upon the action or state of the preceding context, the simple form may occur. The simple form does not direct attention to any time or aspect of the action or state and should not be used where attention to the time or aspect is desired but it is commonly used in connected narrative where such attention is not desired.

Subsequent units which develop longer sequences of clauses will illustrate these usages more fully.

Drill 7.3 Grammar Drill on Use of the Simple Form of the Verb in Second Clauses

a) Progressive Substitution Drill

Cue	Pattern	
	Ntete <u>kudia</u> mankondo bosi nge nata maza.	First eat bananas then you [are to] bring water.
kusosa	Ntete sosa <u>mankondo</u> bosi nge nata maza.	
malala	Ntete sosa malala bosi nge <u>nata</u> maza.	
kunwa	Ntete sosa malala bosi nge kunwa <u>maza</u>.	
midiki	Ntete <u>sosa</u> malala bosi nge kunwa midiki.	
kusumba	Ntete sumba <u>malala</u> bosi nge kunwa midiki.	
matiti	Ntete sumba matiti bosi nge <u>kunwa</u> midiki.	
kupesa	Ntete sumba matiti bosi nge pesa <u>midiki</u>.	
mukanda	Ntete <u>sumba</u> matiti bosi nge pesa mukanda.	
kuzenga	Ntete zenga <u>matiti</u> bosi nge pesa mukanda.	

| | PRIMER | BASIC COURSE | UNIT 7 |

	Ntete zenga <u>matiti</u> bosi nge pesa mukanda.
ndunda	Ntete zenga ndunda bosi nge <u>pesa</u> mukanda.
kukotisa	Ntete zenga ndunda bosi nge kotisa <u>mukanda</u>.
velo	Ntete <u>zenga</u> ndunda bosi nge kotisa velo.
kudia	Ntete kudia <u>ndunda</u> bosi nge kotisa velo.
mankondo	Ntete kudia mankondo bosi nge <u>kotisa</u> velo.
kunata	Ntete kudia mankondo bosi nge nata <u>velo</u>.
maza	Ntete kudia mankondo bosi nge nata maza.

b) Simple Substitution Drill

Podisi ke kanga nge kana nge	tuba.
	yobila.
	zenga nzila.
	balula kamio.
	teka mikanda yai.
	pusa velo.
	kota kuna.
	landa munu.
	bula ngunga.

The policeman will arrest you if you speak.

    wash/swim.

    cross the street.

    turn the truck.

    sell these books.

    push the bicycle.

    enter there.

    follow me.

    ring the bell.

Note 7.2 Adjectival Phrase with /ya/ + Infinitive (I)

This structure has not yet appeared in basic sentences. However, with the vocabulary already at the student's command a fairly large number of sentences can be constructed and drilled using /ya/ plus the infinitive of the verb (with /ku-/ prefix) as a modifier of a noun. In English we employ the infinitive of verbs with <u>to</u> in such phrases as 'water to drink', 'work to do' etc. and these are commonly satisfactory translations for the Kituba /maza ya kunwa/, /kisalu ya kusala/ etc. However, the relative paucity of adjectives in Kituba makes this structure more widely used than is the English infinitive in the usage illustrated above and phrases such as 'an open door' are frequently expressed in Kituba by this structure with a verb meaning 'to be open'.

Drill 7.4 Grammar Drill on Adjectival Phrase with /ya/ + verb

a) Simple Substitution Drill

Nani ke na	maza ya kunwa?	Who has some drinking water (water to drink)?
	matiti ya kuzenga?	vegetables to wrap?
	mbisi ya kulamba?	meat to cook?
	malala ya kuteka?	oranges to sell?
	mbongo ya kufuta?	money to pay?
	kisalu ya kusala?	work to do?
	nsusu ya kunata?	chicken(s) to bring/take?

PRIMER | BASIC COURSE | UNIT 7

b) Progressive Substitution Drill

Cue	Pattern	
	Sofi ke na kusosa malala ya kusumba.	Sophie is looking for oranges to buy.
ndunda	Sofi ke na kusosa ndunda ya kusumba.	
kunata	Sofi ke na kusosa ndunda ya kunata.	
mu	Mu ke na kusosa ndunda ya kunata.	
kutala	Mu ke na kutala ndunda ya kunata.	
mukanda	Mu ke na kutala mukanda ya kunata.	
kutanga	Mu ke na kutala mukanda ya kutanga.	
nani	Nani ke na kutala mukanda ya kutanga?	
kuzola	Nani ke na kuzola mukanda ya kutanga?	
mbongo	Nani ke na kuzola mbongo ya kutanga?	
kudia	Nani ke na kuzola mbongo ya kudia?	Who wants money to spend?
Sofi	Sofi ke na kuzola mbongo ya kudia.	
kusosa	Sofi ke na kusosa mbongo ya kudia.	
malala	Sofi ke na kusosa malala ya kudia.	
kusumba	Sofi ke na kusosa malala ya kusumba.	

UNIT 7   KITUBA   PRIMER

c) Simple Substitution Drill

Pesila munu	mankondo ya kuteka na Polo.	Give Paul on my behalf bananas for sale.
	maza ya kunwa na mwana.	Give the child on my behalf water to drink.
	mikanda ya kutanga na nlongi.	Give the teacher on my behalf books to read.
	malala ya kunata na Za.	Give John on my behalf oranges to carry.
	kamio ya kutambusa na yandi.	Give him on my behalf a truck to drive.
	mikanda ya kusonika na Zozefu.	Give Joseph on my behalf letters to write.
	mbongo ya kufuta na podisi.	Give the policeman on my behalf money to pay.
	midiki ya kunwa na bana.	Give the children on my behalf milk to drink.

Drill 7.5 REVIEW DRILLS   *unrecorded*

a) Controlled Dialogue Drill (The student takes part B in the following conversations, looking only at the English summary of part B in the left-hand column. The instructor or another student provides part A.)

You are going to the market to sell bananas. A friend questions you about your purpose. Answer his questions.	A. Na inki ndambu nge ke na kwenda? B. Mu ke na kwenda na zandu.

152

	A.	Inki nge ke kwenda sala kuna?
	B.	Mu ke kwenda teka mankondo.
Your friend wishes to buy. Your asking price is 15 francs (three five-franc pieces) for five. When he bargains, explain that because of his being your friend (because of him) you will sell for ten francs (two five-franc coins).	A.	Ntalu ikwa na mankondo tanu?
	B.	Pata tatu na mankondo tanu.
	A.	Nge lenda kakula?
	B.	Samu na nge pesa pata zole.
In reply to your friends' question inform him you have oranges to sell. Your price is four francs for ten oranges.	A.	Nge ke na malala?
	B.	E, mu ke na malala ya kuteka.
	A.	Ntalu ikwa na malala kumi?
	B.	Falanka iya na malala kumi.
	A.	Pesa munu malala kumi.

b) Controlled Dialogue Drill: Repeat the drills of part (a) above varying the prices asked and given as suggested by the instructor.

c) Controlled Dialogue Drill (The student takes part B as before)

An elder greets you and asks your help. Greet him and ask what he wants.	A.	Mbote na nge mwana ya bakala.
	B.	Mbote na nge mbuta muntu.
	A.	Nge lenda sadisa munu?
	B.	E, tata, inki nge zola?

UNIT 7 KITUBA PRIMER

Tell him in response to his question to look there, to cross six streets, and that the street he seeks is the seventh.

A. Mu ke na kusosa balabala Balumbu.

B. Tala kuna, luta babalabala sambanu, ina ya nsombodia ikele Balumbu.

In response to his further question inform him that you (and he) are now in Prince Baudoin Street.

A. Na inki ndambu ikele dalakisio ya Prince Baudoin?

B. Malumalu yai betu ke na Prince Baudoin.

In response to his offer say that we don't pay people for assistance. Take leave of him.

A. Mu zola futa nge.

B. Kiadi; betu ke kufutaka bantu samu na lusadisu ve.

A. Melesi mingi. Bikala mbote.

B. E, kwenda mbote tata.

d) Minimal Dialogue Drill: Answer the following questions in the affirmative, substituting the appropriate pronouns in the answer.

Q. Mama ke na kupusa pusu pusu? A. E, yandi ke na kupusu yau.

Q. Bana me kunwaka midiki? A. E, bau me kunwaka yau.

Q. Madi zaba tambusa velo? A. E, yandi zaba tambusa yau.

Q. Nge ke kwiza na nkokila? A. E, mu ke kwiza na ntangu yina.

Q. Benu ke kwenda na manima? A. E, betu ke kwenda kuna.

Q. Podisi kangaka muyibi? A. E, yandi kangaka yandi.

Q. Polo me zengaka ndunda? A. E, yandi me zengaka yau.

Q.	Benu ke kwenda na dibungu?	A.	E, betu ke kwenda kuna.
Q.	Nge kwendaka sumba malala?	A.	E, mu kwendaka sumba yau.
Q.	Nkumbu na nge ke Madi?	A.	E, ya(u) ke Madi.
Q.	Yandi monaka dokotolo?	A.	E, yandi monaka yandi.
Q.	Bau ke vutuka na bwala?	A.	E, bau ke vutuka kuna.

(Note: A certain amount of variation in the answers is, of course, possible, and the instructor should accept any correct answer.)

e) Minimal Dialogue Drill: Answer the questions in part (d) above in the negative, e.g.:

Q.	Mama ke na kupusa pusu pusu?	A.	Ve, yandi ke na kupusa yau ve.
	etc.		

f) Minimal Dialogue Drill: Answer the following questions in the affirmative employing in the answer the key word(s) provided in parentheses:

Q.	Sofi, inki nge ke na kusosa? (kitambala)	A.	Mu ke na kusosa kitambala.
Q.	Nani kwendaka na zandu? (kolodoni)	A.	Kolodoni kwendaka kuna.
Q.	Inki nge me kudia? (mbisi ya maza na bumbulutele)	A.	Mu me kudia mbisi ya maza na bumbulutele.
Q.	Banani ke vwandaka na benu? (Kalala na Meto)	A.	Kalala na Meto ke vwandaka na betu.
Q.	Nkumbu n'andi ke nani? (Maligeliti)	A.	Nkumbu n'andi ke Maligeliti./ Yau ke Maligeliti.

Q. Na inki ntangu benu ke tuba? (mbasi na midi)

A. Betu ke tuba mbasi na midi.

Q. Inki ndambu nge ke na kwenda? (dibungu)

A. Mu ke na kwenda na dibungu.

g) Minimal Dialogue Drill: Answer the following questions in the affirmative. Use in the answer the key word(s) provided, making whatever other changes in the sentence are required.

Q. Nge me teka malala? (ntama)

A. E, mu me tekaka malala ntama.

Q. Yandi ke sumba midiki? (kusumbila benu)

A. E, yandi ke sumbila benu midiki.

Q. Nge ke zenga matiti? (na nkokila)

A. E, mu ke zenga matiti na nkokila.

Q. Nge ke kwenda na kalasi? (malumalu yai)

A. E, mu ke na kwenda na kalasi malumalu yai.

Q. Wapi Piele? (kwenda kusakana)(ntama)

A. Piele me kwendaka sakana ntama.

Q. Madi me kufwa? (ntama)

A. E, Madi me kufwaka ntama.

Q. Bau me kwenda? (Amelike)

A. E, bau me kwenda na Amelike.

PRIMER   BASIC COURSE   UNIT 7

h) Minimal Dialogue Drill: Answer the following questions in the negative. Then give the correct information using the cues provided in two ways: 1) in a complete sentence 2) using the word /kasi/ 'but' following the negative answer and adding the correct information.

Q. Nge me sumbilaka mwana dimpa? (dilala)
A.1 Ve, mu me sumbilaka yandi dimpa ve. Mu me sumbilaka yandi dilala.
A.2 Ve, mu me sumbilaka yandi dimpa ve kasi dilala.

Q. Betu ke tanga mukanda yai? (yina)
A.1 Ve, betu ke tanga yai ve. Betu ke tanga mukanda yina.
A.2 Ve, betu ke tanga yai ve kasi yina.

Q. Nge ke na bampangi zole ya bakento? (tatu) (ya babakala)
A.1 Ve, mu ke na bampangi zole ya bakento ve. Mu ke na bampangi tatu ya babakala.
A.2 Ve, mu ke na bampangi zole ya bakento ve kasi tatu ya babakala.

Q. Nkumbu ya mpangi na nge ke Za? (Zile)
A.1 Ve, yau ke Za ve. Yau ke Zile.
A.2 Ve, yau ke Za ve kasi Zile.

Q. Bau ke kwenda na Uganda? (Mputu)
A.1 Ve, bau ke kwenda na Uganda ve. Bau ke kwenda na Mputu.
A.2 Ve, bau ke kwenda na Uganda ve kasi na Mputu.

Q. Nge ke kalaka? (tayele)
A.1 Ve, mu ke kalaka ve. Mu ke tayele.
A.2 Ve, mu ke kalaka ve kasi tayele.

UNIT 8   KITUBA   PRIMER

DIALOGUE: HELP IN THE HOME

Mimí   (Given name or nickname for a girl)

Mimi

bănda   since (from ku-bănd-a 'to start')

ku-tek-a maza   to fetch water

n.satu (ba-)   hunger, desire

kufwa nsatu   to be hungry ('die of desire')

Mama, banda nge kwendaka teka maza, mu vwandaka kufwa nsatu mingi.   Mother, since you went to draw water, I have been dying of (great) hunger.

Mama

ku-vibidil-a   to be patient

Mu zaba, Mimi, vibidila fioti, betu ke kudia.   I know, Mimi, wait a bit, we'll eat.

Mimi

atá   even, though

Mama, nge lenda pesa munu ata midiki ve?   Mama, can't you even give me [some] milk?

Mama

samu na inki?   why?

ku-bak-a   to take, to get

| PRIMER | BASIC COURSE | UNIT 8 |

ku-ki-bak.il-a — to take for oneself

fidigó (ba-) — Fr: Frigo (brand name); refrigerator

Samu na inki nge kukibakilaka midiki na fidigo ve? — Why didn't you get yourself [some] milk from the refrigerator?

Mimi

ku-měk-a — to try

Mu mekaka ngolo, kansi mu lendaka zibula yau ve. — I tried hard but I couldn't open it.

Mama

fofolo (ma-) — match box (hence; matches)

suku (ma-) — room

ku-lal-a — to lie down, to sleep

Na ntangu mu ke vwanda bakila nge yau, kwenda sosila munu fofolo na suku ya kulala. — While I'm getting it for you go find me some matches in the bedroom.

Mimi

ku-pěl-a — to burn (intransitive)

ku-pěd.is-a — to light, ignite, stir up (a fire)

tiya (ba-) — fire, electric power, heat

UNIT 8   KITUBA   PRIMER

Mama, nge zona mu pedisila   Mother, do you want me to start
nge tiya?   the fire for you?

Mama

    ku-yok-a   to burn (transitive)

    ku-ki-yok-a   to burn oneself

    ku-suk.ul-a   to wash, to clean (transitive)

    ku-suk.ud.is-a   to have someone wash, to help someone wash

    di-longa (ma-)   dish

Bika; mu zona nge kukiyoka   Don't ('Give up'); I don't want
ve. Kana nge zona bosi   you to burn yourself. If you
nge sukudisa munu malonga.   wish (then) you [may] help me
                                    wash the dishes.

Mimi

    ku-bul.akan-a   to be potentially broken - i.e. to be breakable

Na inki kima bau ke sukudilaka   In what are the breakable dishes
malonga ina ke bulakanaka?   washed? ('In what thing they habitually wash using [it] the dishes which are potentially broken?')

| PRIMER | BASIC COURSE | UNIT 8 |

Mama

    ku-ving-a   to expect

    ku-vingil-a   to wait, to await

    ku-mon.is-a   to show, to cause to see, to help to see

Vingila; mu ke monisa nge ntangu betu ke sukula yau.   Wait, I'll show you when we (will) wash them.

Mimi

    mu-tindu (mi-)   type, kind, sort

    ma-dia   food, comestibles

Mama, inki mutindu ya madia ke na betu?   Mother, what kind of food do we have?

Mama

    mutindu na mutindu   all kinds, a variety

    di-dezo (ma-)   bean

    loso ( )   rice

    kwanga (ba-)   manioc dumpling

    n.gombe (ba-)   beef ('cow')

    mu-n.sambu (mi-)   salt fish

    bima yankaka nkaka   etc. and things like that, and so forth

Betu ke na madia ya mutindu na mutindu: madezo, loso, kwanga, ngombe, minsambu na bima yankaka nkaka.   We have all sorts of food: beans, rice, manioc dumplings, beef, salt fish and so forth.

161

Mimi

ku-man-a — to end, to come to an end
ku-man.is-a — to finish

Mama, ntangu betu ke manisa kudia inki kisalu nge zona mu sala? — Mother, when we finish eating what work do you want me to do?

Mama

ku-long-a — to teach
ku-long.uk-a — to learn

Ntete nge ke tekisa munu maza, bosi nge ke banda longuka bantalu. — First you'll help me fetch water, then you'll begin to learn [study] the numbers.

Mimi

Kasi mama, inki ntangu mu ke kwenda lala? — But Mother, when will I go to sleep?

Mama

ku-vut.uk.is-a — to come back

Nge ke lala kana tata na nge me vutukisa na kisalu. — You'll sleep when your father returns ('has returned') from work.

PRIMER　　　　　　　　　BASIC COURSE　　　　　　　　　UNIT 8

Drill 8.1 SUPPLEMENTARY VOCABULARY

a) Simple Substitution Drill

Kwenda sosila munu	katini ya maza. (ba-)	Go look for a bucket of water for me.
	ki-tunga ya malala. (bi-)	...a basket of oranges...
	m.bidika ya maza. (ba-)	...kettle/pot of water...
	mu-langi ya malafu. (mi-)	...a bottle of wine/liquor...
	n.zungu ya madezo. (ba-)	...pan/pot of beans.

b) Simple Substitution Drill

Yandi lendaka	sumbila Madi ata bilele ve. [ki-lele (bi-)]	He wasn't able to buy Mary even clothes.
	sukudila¹ yau ata na sabuni na nsanu ve. [sabuni (ba-)], [n.sanu (ba-)]	...to wash it even with soap and sponge.
	lambila ata na kikuku ya mama ve. [ki-kuku (bi-)]	...to cook even in Mother's kitchen.
	lambila ata na dikukwa ya nge ve. [di-kukwa (ma-)]	...to cook even on/with your stove.

c) Simple Substitution Drill

Na inki kilumbu za	ke sukudisa nge inzo?	On what day is John going to help you wash the house?
	ke sumbila nge kisangala ya malafu? [ki-sangala (bi-)]	...going to buy you a demi-john of wine.

¹ Note the use of .il- extension in its instrumental sense (See Note 8.1.2

UNIT 8   KITUBA   PRIMER

d) Sample Sentence Drill

Natina munu yau <u>awa</u>, <u>tula</u> yau <u>vana</u> na meza. (ku-tul-a)	Bring it <u>right here</u> for me, <u>put</u> it <u>right there</u> on the table.
Natina munu yau <u>kwaku</u>, pusa yau kuna na nzila.	Bring it <u>here</u> for me, push it there in the road.

e) Simple Substitution Drill

Nani mekaka <u>tina</u>? [ku-tin-a]	Who tried to escape?[1]
<u>timuka</u>? [ku-tim.uk-a]	...to jump/fly?
<u>zaula</u>? [ku-zaul-a]	...to run/run away?
<u>vwata</u> bilele kasi <u>nsampatu</u> ve? [n.sampatu (ba-)] [ku-vwat-a]	...to wear the clothes but not the shoes?
kwenda lala na <u>mfulu</u>? [m.fulu (ba-)]	...to go sleep in [the] bed?

Drill 8.2   VARIATION DRILLS ON PATTERN SENTENCES

a) Progressive Substitution Drill

<u>Cue</u>   <u>Pattern</u>

	<u>Tata</u> mekaka kasi <u>yandi</u> lendaka bula yau ve.	Dad tried but he couldn't break it.
betu	Betu <u>mekaka</u> kasi betu lendaka bula yau ve.	
kwenda	Betu kwendaka kasi betu <u>lendaka</u> bula yau ve.	

---

[1] Ku-tin-a also may be translated 'to fear, to avoid'.

PRIMER　　　　　　　　　　BASIC COURSE　　　　　　　　　　UNIT 8

	Betu kwendaka kasi betu <u>lendaka</u> bula yau ve.
kuzona	Betu kwendaka kasi betu zonaka <u>bula</u> yau ve.
kunata	Betu kwendaka kasi betu zonaka nata <u>yau</u> ve.
kima	<u>Betu</u> kwendaka kasi <u>betu</u> zonaka nata kima ve.
nani	Nani <u>kwendaka</u> kasi yandi zonaka nata kima ve?
kumona	Nani monaka kasi yandi <u>zonaka</u> nata kima ve?
kubanda	Nani monaka kasi yandi bandaka <u>nata</u> kima ve?
kuvutula	Nani monaka kasi yandi bandaka vutula <u>kima</u> ve?
mulangi	<u>Nani</u> monaka kasi yandi bandaka vutula mulangi ve?
tata	Tata <u>monaka</u> kasi yandi bandaka vutula mulangi ve.
kumeka	Tata mekaka kasi yandi <u>bandaka</u> vutula mulangi ve.
kulenda	Tata mekaka kasi yandi lendaka <u>vutula</u> mulangi ve.
kubula	Tata mekaka kasi yandi lendaka bula <u>mulangi</u> ve.
yau	Tata mekaka kasi yandi lendaka bula yau ve.

b) Random Substitution Drill

<u>Cue</u>　　　　　　　　　　　<u>Pattern</u>

	Inki mutindu ya <u>madia</u> ke na betu?	What kind of food do we have?
bana	Inki mutindu ya bana ke na <u>betu</u>?	
bau	Inki mutindu ya bana ke na <u>bau</u>?	
nge	Inki mutindu ya <u>bana</u> ke na nge?	
mayele	Inki mutindu ya mayele ke na <u>nge</u>?	What sort of intelligence do you have?

UNIT 8　　　　　　　　　　　KITUBA　　　　　　　　　　　PRIMER

	Inki mutindu ya mayele ke na nge?	
Za	Inki mutindu ya mayele ke na Za?	
munu	Inki mutindu ya mayele ke na munu?	
mbidika	Inki mutindu ya mbidika ke na munu?	
nkento	Inki mutindu ya nkento ke na munu?	
Kalala	Inki mutindu ya nkento ke na Kalala?	
kitunga	Inki mutindu ya kitunga ke na Kalala?	
Madi	Inki mutindu ya kitunga ke na Madi?	
sabuni	Inki mutindu ya sabuni ke na Madi?	
yandi	Inki mutindu ya sabuni ke na yandi?	
mfulu	Inki mutindu ya mfulu ke na yandi?	
madezo	Inki mutindu ya madezo ke na yandi?	
kisalu	Inki mutindu ya kisalu ke na yandi?	
madia	Inki mutindu ya madia ke na yandi?	
betu	Inki mutindu ya madia ke na betu?	

c) Progressive Substitution Drill

Cue	Pattern	
	Banda mama sukulaka malonga	Since Mother washed the dishes.
kana	Kana mama sukulaka malonga.	
Mimi	Kana Mimi sukulaka malonga.	If/when/in case...
kunata	Kana Mimi nataka malonga.	
mulangi	Kana Mimi nataka mulangi.	
ntangu	Ntangu Mimi nataka mulangi.	When Mimi...

	Ntangu <u>Mimi</u> nataka mulangi.
nge	Ntangu nge <u>nataka</u> mulangi?
kumonisa	Ntangu nge monisaka <u>mulangi</u>?
nsanu	<u>Ntangu</u> nge monisaka nsanu?
banda	Banda <u>nge</u> monisaka nsanu?
mama	Banda mama <u>monisaka</u> nsanu.
kusukula	Banda mama sukulaka <u>nsanu</u>.
malonga	Banda mama sukulaka malonga.

d) Simple Substitution Drill *unrecorded*

Tubila munu kana nge kufwa nsatu ya	manga.	Tell me ('Sáy for me') if/when you get hungry for mango.
	maza.	...thirsty for water.
	malafu.	...thirsty for wine.
	midiki.	...thirsty for milk.
	malala.	...hungry for oranges.
	kudia.	...hungry (to eat).
	kunwa maza.	...thirsty (to drink water.

e) Progressive Substitution Drill

<u>Cue</u>	<u>Pattern</u>	
	<u>Kudia</u> ata dimpa ve.	Don't even eat bread.
kutula	Kutula ata <u>dimpa</u> ve.	Don't even set out ('put') bread.
sizo	<u>Kutula</u> ata sizo ve.	Don't even lay down ('put') scissors.

UNIT 8   KITUBA   PRIMER

	Kutula ata sizo ve.
kunata	Kunata ata sizo ve.
kima mosi	Kunata ata kima mosi ve.
kumonisa	Kumonisa ata kima mosi ve.
maza	Kumonisa ata maza ve.
kunwa	Kunwa ata maza ve.
midiki	Kunwa ata midiki ve.
kusumba	Kusumba ata midiki ve.
kwanga	Kusumba ata kwanga ve.
kudia	Kudia ata kwanga ve.
dimpa	Kudia ata dimpa ve.

f) Progressive Substitution Drill

Cue	Pattern	
	Inki ntangu podisi ke kanga yandi?	When is the policeman going to arrest him?
muyibi	Inki ntangu podisi ke kanga muyibi?	
kilumbu	Inki kilumbu podisi ke kanga muyibi?	
Za	Inki kilumbu Za ke kanga muyibi?	
nsusu	Inki kilumbu Za ke kanga nsusu?	What day is John going to catch the chicken?
imvu	Inki imvu Za ke kanga nsusu?	
Polo	Inki imvu Polo ke kanga nsusu?	
matiti	Inki imvu Polo ke kanga matiti?	What year is Paul going to bind hay?

	Inki <u>imvu</u> Polo ke kanga matiti?
ntangu	Inki ntangu <u>Polo</u> ke kanga matiti?
podisi	Inki ntangu podisi ke kanga <u>matiti</u>?
yandi	Inki ntangu podisi ke kanga yandi?

g) Progressive Substitution Drill

Cue	Pattern	
	<u>Vingila</u>, mu ke na kulamba loso.	Wait, I'm cooking rice.
kuvibidila	Vibidila, <u>mu</u> ke na kulamba loso.	
betu	Vibidila, betu ke na <u>kulamba</u> loso.	
kusukula	Vibidila, betu ke na kusukula <u>loso</u>.	
bilele	<u>Vibidila</u>, betu ke na kusukula bilele.	
kwiza	Kwiza, <u>betu</u> ke na kusukula bilele.	
mama	Kwiza, mama ke na <u>kusukula</u> bilele.	
kuvutula	Kwiza, mama ke na kuvutula <u>bilele</u>.	
kwanga	<u>Kwiza</u>, mama ke na kuvutula kwanga.	
kuvingila	Vingila, <u>mama</u> ke na kuvutula kwanga.	
mu	Vingila, mu ke na <u>kuvutula</u> kwanga.	
kulamba	Vingila, mu ke na kulamba <u>kwanga</u>.	
loso	Vingila, mu ke na kulamba loso.	

UNIT 8　　　　　　　　　　KITUBA　　　　　　　　　　PRIMER

h) Minimal Dialogue Drill: Make responses to the following utterances utilizing the pattern 'Na inki kifulu...' and employing the cue provided in the left hand column. One possible response is printed as part B.　　*unrecorded*

1.　　　　　A. Madi, kwenda sosila munu fofolo.　　Mary, go find
　　　　　　　　　　　　　　　　　　　　　　　　　　　　me matches.
kubika yau

　　　　　　B. Na inki kifulu nge bikaka yau?

2.　　　　　A. Mu zona yobila kasi mu ke na
　　　　　　　　kumona ata sabuni ve.

mama
kubika yau

　　　　　　B. Na inki kifulu mama bikaka yau?

3.　　　　　A. Bana ke na kufwa nsatu ya maza.　　The kids are
　　　　　　　　　　　　　　　　　　　　　　　　　　　　thirsty.
kutula
mbidiki ya
　maza

　　　　　　B. Na inki kifulu nge tulaka　　　　　Where did you
　　　　　　　　mbidika ya maza?　　　　　　　　　　put the kettle
　　　　　　　　　　　　　　　　　　　　　　　　　　　of water?

4.　　　　　A. Muyibi mosi zonaka kota na inzo　　A thief wanted
　　　　　　　　na betu.　　　　　　　　　　　　　　to enter our
　　　　　　　　　　　　　　　　　　　　　　　　　　　house.
kumona
podisi

　　　　　　B. Na inki kifulu nge monaka podisi?

| PRIMER | BASIC COURSE | UNIT 8 |

5. A. Za na Maligeliti kwizaka sosa   John and Mar-
       nge.   guerite came
                                         to look for
kwenda   you.

    B. Na inki kifulu bau me kwenda?

6. A. Bau ke na mbongo ya kusumbila   They don't have
       bilele ve.   money to buy
                                         clothes with.
kutula
mbongo
kupesa bau

    B. Na inki kifulu bau tulaka
       mbongo mu pesaka bau?

7. A. Betu ke ata na kima mosi ya   We haven't a
       kudia ve.   single thing
                                         to eat.
kutula
dimpa
kusumbila
benu

    B. Na inki kifulu nge tulaka
       dimpa ina mu sumbilaka benu?

i) Controlled Dialogue Drill: Student takes part B: *unrecorded*

You are planning to enter   Mimi: Mama, na inki ntangu nge ke
Mimi in a school in the vi-
cinity of the large hospi-   kwenda kotisa munu na kalasi?
tal in the morning.
                                B: Mu ke kotisa nge na kalasi

                                       na suka.

                                Mimi: Na inki ndambu ikele kalasi

                                       yina?

171

UNIT 8 KITUBA PRIMER

	B: Yau ikele na ndambu ya lupitalu ya nene.
Tell her you plan to pay money but not much. You don't know how much - you'll know tomorrow.	Mimi: Samu na kukotisa munu na kalasi nge ke futa mbongo?
	B: E, munu ke futa mbongo kasi mingi ve.
	Mimi: Ntalu ikwa nge ke futa?
	B: Mu zaba ntalu mu ke futa ve, mu ke zaba mbasi.
You haven't bought books for her yet because you don't know what kind to buy. First they will teach her to read and to write words (mambu) and figures. (not yet = ntete...ve)	Mimi: Nge me sumbilaka munu mikanda ya kunata na kalasi?
	B: Mu me sumbila nge ntete mikanda ve samu mu zaba mutindu ya mikanda ina ya kusumba ve.
	Mimi: Inki mambu bau ke longa munu na kalasi?
	B: Ntete bau ke longa nge kutanga na kusonika mambu na bantalu.
If you don't have time, her father will take her on [his] bicycle. She won't get lost because she is smart, but if she has gotten lost she is to ask the aid of a policeman.	Mimi: Kana nge ke na ntangu ve, nani ke nata munu na kalasi?
	B: Kana mu ke na ntangu ve, tat$_a$ $_n$a nge ke natima nge na velo.

	Mimi: Kana mu me zimbala inki mu ke sala?
	B: O Mimi, nge ke kuzimbala ve samu nge ke mayele mingi; kasi kana nge me zimbala yufusa lusadisu ya podisi.
She will eat food which you will put in a basket. You will put in two small [loaves of] bread, two pieces of meat, three oranges, a bottle of milk and another of water.	Mimi: Na midi kana mu kufwa nsatu inki mu ke sala?
	B: Bosi nge kudia madia ina mu ke tula na kitunga.
	Mimi: Ina ke mbote mingi; kasi inki mutindu ya madia nge ke tula kuna?
	B: Mu ke tula kuna mampa zole ya fioti, ndambu zole ya mbisi, malala tatu, mulangi mosi ya midiki na yankaka ya maza.
She will return in the evening. She will wash, you all will eat, and at last (na manima) she will go to bed (to sleep).	Mimi: Inki ntangu mu ke vutuka kwaku?
	B: Nge ke vutuka kwaku na nkokila.

Mimi: Inki mu ke kwiza sala kwaku ntangu mu vutuka?

B: Nge ke yobila, betu ke kudia, bosi na manima nge ke kwenda lala na mfulu.

GRAMMAR NOTES AND DRILLS

Note 8.1 Some Verb Extensions

1. 'Reflexive' prefix /ki-/, with and without extension /.il-/.in-/

   a) In Note 5.1 the verb extension /.il-/.in/ was introduced with its meaning of 'for' or 'on behalf of' someone. In this unit occur further examples of this extension in this meaning:

Mu ke vwanda bakila nge yau.	I will go to get it for you.
Nge zona mu pedisila nge tiya?	Do you want me to light the fire for you?

Also in this unit occurs the following example of this extension combined with a verbal prefix, /-ki-/, prefixed to the root but following the /ku-/ prefix; which is obligatory on this form.

Samu na inki nge kukibakilaka midiki na fidigo ve?	Why didn't you get some milk from the refrigerator for yourself?

The prefix without the extension is exemplified in the sentence:

Mu zona nge kukiyoka ve.	I don't want you to burn yourself.

These sentences exemplify a 'reflexive' verbal extension which is a prefix, /-ki-/ occuring before the root but after the obligatory /ku-/ prefix. When this prefix represents the only object of a transitive verb the extension /.il-/.in-/ is not used. When there is another object (as /midiki/ in the example), the extension /.il-/.in-/ combines with the prefix to carry a meaning 'for/on behalf of oneself'.

2. The 'applicative' extension, /.il-/.in/ used to express 'instrument' etc.

   In the sentence

| Na inki kima bau ke sukudilaka malonga...? | In what thing to they wash the dishes...? |

the extension /.il-/ occurs together with the mention of an instrument /na inki kima/ 'in what thing' used for the performance of the action. Other examples are:

| Yandi kwendilaka na kamio. | He went by truck. |
| Mu ke na kubudila mwana na mukanda. | I'm striking the child with a book. |

A convenient way to think of this extension plus /na/ in such sentences is in terms of the English phrase 'use...for' - we use a tool for performing a task. Thus the three sentences above might be rendered:

   What do they use for washing the dishes...?

   He used a truck for going.

   I'm using a book for hitting the child.

In some cases the item following /na/ is clearly not the instrument of the action but the relatively passive means or locale of the action. Note these two sentences for Drill 8.1 (b)

Yandi lendaka lambila ata na kikuku ya mama ve.	He wasn't able to cook even in Mother's kitchen. ('even using Mother's kitchen')
Yandi lendaka lambila ata na dikukwa na nge ve.	He wasn't able to cook even on/with your stove.

In these examples the kitchen and the stove are in some sense instrumental to the cooking and this relationship emphasized by ata 'even', is fairly clear. In some contexts the relationship is more subtle:

Mu sosilaka bana na inzo.	It was at home I looked for the children.

Here it is only by a stretch of the imagination that one conceives of the house as an instrument of the search. But the extension /.il-/ does here emphasize the place as the locale of the search. Compare:

Mu sosaka bana.	I looked for the children.
Mu kwendaka na zandu kusosa bana.	I went to the market to look for the children.
Mu kwendaka na zandu samu na kusosa bana.	I went to the market in order to look for the children.
Mu kwendaka sosa bana na zandu.	I went looking for the children in the market.

Mu kwendaka sosila bana na zandu.   It was to the market I went looking for the children. (The market was the place used for the search.)

This extension also occurs without na. Note the sentence from Drill 8.2 (h):

Bau ke na mbongo ya kusumbila bilele ve.   They don't have money to buy clothing with.

Here the verbal form is a modifier (with ya) of mbongo rather than the main verb of the predicate. Compare:

Bau sumbilaka bilele na mbongo.   They used money to buy clothing.

Note 8.2 /kuzola/kuzona/ as an auxiliary verb

To date the verb /kuzola/kuzona/ has occurred mainly in its full verbal sense of 'to like, to love, to want, to desire'. As an auxiliary (followed by another verb in a verb phrase) this verb carries the sense of to want to do the action of the following verb:

Yandi zola mona bana n'andi.   He wants to see his children.

However, in some contexts this sense is patently impossible. This verb, as an auxiliary, also signifies that the action of the following verb is imminent - about to happen. In such cases the suitable translation is 'about to', 'almost';

Yandi zolaka kufwa.   He wanted to die. He was about to die. He almost died.

Following a conditional clause with /kana/ 'if/when' /kuzola/ is

UNIT 8   KITUBA   PRIMER

used to indicate that, had the condition been true, the action of the following verb would have happened:

    Kana Piele monaka podisi yandi zolaka tubila yandi.

        Had Peter seen a policeman he would have told him (but he didn't see one).

These usages are illustrated in some of the following drills.

Drill 8.3   Grammar Drills on Verbal Extensions

a) Progressive Substitution-Modification Drill (Substitute Main Verbs in the 'Reflextive' form (with prefix /-ki-/)

Cue	Pattern	
	<u>Mimi</u> zonaka kukiyoka.	Mimi was about to burn herself.
nani	Nani <u>zonaka</u> kukiyoka?	Who wanted to burn himself?
kubanda	Nani bandaka <u>kukiyoka</u>?	
kupusa	<u>Nani</u> bandaka kukipusa?	Who began to push himself? (As to push himself on a wagon.)
Andele	Andele <u>bandaka</u> kukipusa.	
kumeka	Andele mekaka <u>kukipusa</u>.	Andrew tried to push himself.
kukanga	<u>Andele</u> mekaka kukikanga.	Andrew tried to tie himself up.
betu	Betu <u>mekaka</u> kukikanga.	
kubikala	Betu bikalaka <u>kukikanga</u>.	We remained [here] [and] tied ourselves up.
kuzenga	<u>Betu</u> bikalaka kukizenga.	We remained [here] [and] cut ourselves.

	Betu bikalaka kukizenga.	
bau	Bau bikalaka kukizenga.	
kwenda	Bau kwendaka kukizenga.	They went [and] cut themselves.
kuyufusa	Bau kwendaka kukiyufusa.	They went [and] wondered (asked themselves).
Mimi	Mimi kwendaka kukiyufusa.	
kuzona	Mimi zonaka kukiyufusa.	
kuyoka	Mimi zonaka kukiyoka.	

b) Progressive Substitution-Modification Drill (Substitute Verbs with /.il/.in-/ extension)

Cue	Pattern	
	Madi me futila nge malala.	Mary has paid oranges for you.
nani	Nani me futila nge malala?	
kusumba	Nani me sumbila nge malala?	
Kalala	Nani me sumbila Kalala malala?	
loso	Nani me sumbila Kalala loso?	
Maligeliti	Maligeliti me sumbila Kalala loso.	
kulamba	Maligeliti me lambila Kalala loso.	
munu	Maligeliti me lambila munu loso.	
kwanga	Maligeliti me lambila munu kwanga.	
Madi	Madi me lambila munu kwanga.	
kufuta	Madi me futila munu kwanga.	
nge	Madi me futila nge kwanga.	
malala	Madi me futila nge malala.	

UNIT 8   KITUBA   PRIMER

c) Progressive Substitution-Modification Drill (Substitute
   Second Verbs with /.il-/.in-/ extension and in reflexive
   form)

Cue   Pattern

            Kwenda kukisumbila malala ve.   Don't go and buy your-
                                                  self oranges.

kwiza   Kwiza kukisumbila malala ve.

kukanga   Kwiza kukikangila malala ve.

mankondo   Kwiza kukikangila mankondo ve.

kumeka   Meka kukikangila mankondo ve.   Don't try to tie up
                                                  bananas for yourself.

kulamba   Meka kukilambila mankondo ve.

madezo   Meka kukilambila madezo ve.

kubanda   Banda kukilambila madezo ve.   Don't start to cook
                                                  yourself beans.

kunata   Banda kukinatina madezo ve.

minsambu   Banda kukinatina minsambu ve.

kubikala   Bikala kukinatina minsambu ve.

kuzenga   Bikala kukizengila minsambu ve.

matiti   Bikala kukizengila matiti ve.

kwenda   Kwenda kukizengila matiti ve.

kusumba   Kwenda kukisumbila matiti ve.

malala   Kwenda kukisumbila malala ve.

PRIMER BASIC COURSE UNIT 8

d) Progressive Substitution-Modification-Correlation Drill
   (Substitute verbs in the reflexive form and make any other changes suitable to the context)

Cue	Pattern	
	Mbasi mu ke kukinatina na pusu pusu.	Tomorrow I'll transport myself by push-cart.
mazono	Mazono mu kukinatinaka na pusu pusu.	
Madi	Mazono Madi kukinatinaka na pusu pusu.	
kuyoka na tiya	Mazono Madi kukiyokaka[1] na tiya.	Yesterday Mary burned herself (with fire).
ntangu yonso	Ntangu yonso Madi ke kukiyokaka na tiya.	
bau	Ntangu yonso bau ke kukiyokaka na tiya.	
kusumba loso	Ntangu yonso bau ke kukisumbilaka loso.	They always buy themselves rice.
mbasi	Mbasi bau ke kukisumbila loso.	
bakento	Mbasi bakento ke kukisumbila loso.	
kuteka maza	Mbasi bakento ke kukitekila maza.	
bilumbu lutaka	Bilumbu lutaka bakento kukitekilaka maza.	
bana	Bilumbu lutaka bana kukitekilaka maza.	
kubaka bilele	Bilumbu lutaka bana kukibakilaka bilele.	
mbasi	Mbasi bana ke kukibakila bilele.	

---

[1] Note: kukiyokilaka is possible and would mean 'used fire to burn herself [on purpose]'.

UNIT 8　　　　　　　　　　KITUBA　　　　　　　　　　PRIMER

                Mbasi <u>bana</u> ke kukibakila bilele.

mu   Mbasi mu ke <u>kukibakila bilele</u>.

kunata na   Mbasi me ke kukinatina na pusu pusu.
 pusu pusu

e) Simple Substitution Drill

Na inki kima bau	ke sukudilaka malonga?	What does one wash dishes in?
	me nwinaka maza?	What have they drunk water out of [a while ago]?
	ke natinaka malala?	What are oranges carried in?
	ke kombilaka inzo?	What is the house swept with?
	ke sumbilaka loso?	What is used to buy rice?
	ke kangilaka matiti?	In what are vegetables wrapped?
	ke pedisilaka tiya?	What's used to start the fire?
	ke tungilaka inzo?	What do they build houses with?
	ke zibudilaka malata?	With what does one open cans?
	ke kwendilaka na maza?	What does one go to the water in?
	ke bandilaka zenga bansinga?	With what does one begin to <u>cut</u> rope?
	ke manisinaka nsatu ya kudia?	What is used to satisfy hunger? ('end desire for food')

Na inki kima bau ke sonikinaka mikanda?		What is used to write books with?
ke kwendilaka na Leo?		What is used to go to Leopoldville?

f) Progressive Substitution Drill

Cue	Pattern	
	Betu ke sukudilaka malonga na maza.	We use water to wash dishes.
nani	Nani ke sukudilaka malonga na maza?	
kusosa	Nani ke sosilaka malonga na maza?	Who searches in the river for dishes? ('Uses the river to look for dishes')
bansanu	Nani ke sosilaka bansanu na maza?	
inzo	Nani ke sosilaka bansanu na inzo?	
nge	Nge ke sosilaka bansanu na inzo?	
me monisa	Nge me monisina bansanu na inzo?	Is it in the house you have shown sponges?
bilele	Nge me monisina bilele na inzo?	
zandu	Nge me monisina bilele na zandu?	
betu	Betu me monisina bilele na zandu.	It's in the market we have shown the clothes.
ke sukula	Betu ke sukudilaka bilele na zandu.	
malonga	Betu ke sukudilaka malonga na zandu.	
maza	Betu ke sukudilaka malonga na maza.	

UNIT 8 KITUBA PRIMER

g) Progressive Substitution Drill

Cue	Pattern	
	<u>Madi</u> ke lambila madezo na nzungu.	Mary will use a pot to cook beans.
mama	Mama ke <u>lambila</u> madezo na nzungu.	
kusukula	Mama ke sukudila <u>madezo</u> na nzungu.	
munsambu	Mama ke sukudila munsambu na <u>nzungu</u>.	
katini	<u>Mama</u> ke sukudila munsambu na katini.	
nani	Nani ke <u>sukudila</u> munsambu na katini?	
kusumba	Nani ke sumbila <u>munsambu</u> na katini?	
mampa	Nani ke sumbila mampa na <u>katini</u>?	
kitunga	<u>Nani</u> ke sumbila mampa na kitunga?	
Za	Za ke <u>sumbila</u> mampa na kitunga.	
me nata	Za me natina <u>mampa</u> na kitunga.	
mbisi	Za me natina mbisi na <u>kitunga</u>.	
dilata	<u>Za</u> me natina mbisi na dilata.	
Madi	Madi <u>me natina</u> mbisi na dilata.	
ke lambila	Madi ke lambila <u>mbisi</u> na dilata.	
madezo	Madi ke lambila madezo na <u>dilata</u>.	
nzungu	Madi ke lambila madezo na nzungu.	

PRIMER   BASIC COURSE   UNIT 8

h) Progressive Substitution Drill

Cue	Pattern	
	Polo ke na kima ya kusukudila malonga.	Paul has [the] thing for washing [the] dishes.
mu	Mu ke na kima ya kusukudila malonga.	
ke sosa	Mu ke sosa kima ya kusukudila malonga.	
nzungu	Mu ke sosa nzungu ya kusukudila malonga.	
kuvutula	Mu ke sosa nzungu ya kuvutudila malonga.	
madia	Mu ke sosa nzungu ya kuvutudila madia.	I will look for a pot to use to return [the] food.
BaZa	BaZa ke sosa nzungu ya kuvutudila madia.	
me zimbisa	BaZa me zimbisa nzungu ya kuvutudila madia.	The Johns have lost...
katini	BaZa me zimbisa katini ya kuvutudila madia.	
kuzenga	BaZa me zimbisa katini ya kuzengila madia.	
manga	BaZa me zimbisa katini ya kuzengila manga.	
Polo	Polo me zimbisa katini ya kuzengila manga.	
ke na	Polo ke na katini ya kuzengila manga.	
kima	Polo ke na kima ya kuzengila manga.	Paul has [the] thing to cut the mangos in.
kusukula	Polo ke na kima ya kusukudila manga.	
malonga	Polo ke na kima ya kusukudila malonga.	

185

UNIT 9　　　　　　　　KITUBA　　　　　　　　PRIMER

DIALOGUE: A WEEK'S ACTIVITY

-A-

| ki.ese (ba-) | gladness, joy |
| diaka | again, once more |

Mbote Michel! Mu ke na kiese mingi ya kumona nge diaka. — Greetings Michel! I'm delighted to see you again.

-B-

Mbote Etienne! Mu ke mpe na kiese mingi ya kumona nge. — Greetings, Etienne! I too am very pleased to see you.

ku-kut-a	to meet, encounter
ku-kut.an-a	to meet one another
n.sangu (ba-)	news

Ntama betu kutanaka. Inki nsangu? — It's been a long time since we've met. ('We met a long time ago.') What news?

-A-

| ku-tub.il-a | to tell ('to say for...') |

Mu ke na nsangu mingi ya kutubila nge ve. — I don't have much news to tell you.

kaka	only, just, still
imbi (ba-)	badness, evil
ku-vund-a	to rest
lumingu (ba-)	week

186

PRIMER BASIC COURSE UNIT 9

Diambu mosi kaka ya imbi, mu lendaka baka ntangu ya kuvunda na lumingu lutaka ve.

Only one bad thing I wasn't able to take time to rest last week.

-B-

congé (ba-) — (Fr.); vacation

ku-bw-a — to fall, befall, happen

Nge vwandaka na conge ve? Inki diambu kubwaka?

Weren't you on vacation? What (thing) happened?

-A-

bonso, (kome) — as; (Fr: comme)

ke — that (conjunction)

zulu/yulu (ba-) — heaven, sky, up

na zulu — above, up, on top

na zulu ya — on top of, on

di-tadi (ma-) — rock, stone

ku-kat.uk-a — to depart, leave, be from

katuka — from

ti /tii/ — until, to

kilumbu ya lendi — Fr: lundi; Monday

Bonso nge zaba ke mu kubwaka na zulu ya matadi, katuka kilumbu ya lendi ti na kilu-

As you know (that) I fell on [some] rocks, from Monday until Tuesday I was going to

187

mbu ya zole mu vwandaka   the doctor.
kwenda na dokotolo.

   ku-fimp-a   to examine

   n.zutu (ba-)   body

Yandi vwandaka fimpa nzutu   He was examining my whole body.
na munu yonso.

-B-

   m.vutu (ba-)   result, answer (c.f. ku-
                                        vut.ul-a 'to return,
                                        to answer')

Inki mvutu yandi pesaka nge?   What result did he give you?

-A-

   bilongo (ba-)   medicine

   ku-pak.ul-a   to rub on, spread

Yandi pesaka munu mvutu ve;   He didn't give me any result;
kasi yandi pesaka munu bi-   he gave me medicine to drink
longo ya kunwa, na ya kupa-   and to rub on [my] back.
kula na nima.

-B-

   ku-vund.is-a   to rest (transitive)

Yandi tubilaka nge vundisa   Did he tell you to rest [your]
nzutu?   (body)?

-A-

   m.pila   like; way, manner
                                        (= mutindu)

m.pidina	thus (m.pila + ina)
E, yandi tubilaka munu mpidina.	Yes, he told me that.
Mu salaka kima mosi ve na ki-lumbu ya tatu.	I didn't do a single thing on Wednesday.
ku-fuk-a	to roof, cover
Kasi na kilumbu ya iya, mu kwendaka fukisa Zile inzo.	On Thursday, I went to help Julius put a roof on his house.

-B-

penepene	near
n.gwankazi (ba-)	maternal uncle
Inki Zile? Ina vwandaka vwanda penepene na inzo ya ngwankazi na nge?	Which Julius? The one who used to live near your uncle's house?

-A-

ku-tim-a	to dig
di-bulu (ma-)	hole
E, yandi yina; bosi mpe na ki-lumbu ya tanu, yandi yufusaka munu timisa yandi dibulu ya matiti.	Yes, that one; then also on Friday he asked me to help him dig a hole for grass [weeds and trimmings].

-B-

ku-banz-a	to think, to suppose
ku-kun-a	to plant

UNIT 9　　　　　　　　　　　KITUBA　　　　　　　　　　　PRIMER

    inti (ba-)　　　　　　　　　　tree, plant

    lupangu (ba-)　　　　　　　　lot, yard, garden, enclosure

Mu banza nge kwendaka ve, samu　　I guess you didn't go, because
bau tubilaka munu ke nge　　　　　　I was told ('they told me')
vwandaka kuna bainti na　　　　　　 you were planting trees in
lupangu na nge.　　　　　　　　　　your yard.

-A-

    tieleka (ba-)　　　　　　　　　truth

    ya tieleka　　　　　　　　　　true

    di-ba (ma-)　　　　　　　　　palm

    fololo (ba-)　　　　　　　　　flower

    m.bwaki (ba-)　　　　　　　　redness

    ya mbwaki　　　　　　　　　　red

E, ina ke ya tieleka. Mu　　　　　　Yes, that's true. I was planting
vwandaka kuna bainti, maba　　　　　trees, palms and those
na bafololo ya mbwaki ina　　　　　red flowers you gave me.
nge pesaka munu.

-B-

    ku-fil-a　　　　　　　　　　　to send

Ntangu me ke baka yankaka, mu　　　When I get others I'll send
ke fidisa nge yau.　　　　　　　　　them to you.

    sabala　　　　　　　　　　　　Saturday, sabbath (Port.)

    kilumbu ya sabala　　　　　　　Saturday

Inki nge salaka na kilumbu ya sabala?	What did you do on Saturday?

-A-

ku-lob-a	to fish
m.vula (ba-)	rain, year
ku-nok-a	to rain, to fall as rain
Na kilumbu ya sabala, mu zonaka kwenda loba mbisi kasi kome nge zaba, mvula ya ngolo nokaka.	On Saturday I was planning to catch fish but, as you know, it rained hard.
yau yina	that's why, therefore
Yau yina mu vwandaka kaka na inzo.	Therefore, I just stayed at home.

-B-

N.zambi	God
Inzo ya Nzambi	church
Nge kwendaka na Inzo ya Nzambi na kilumbu ya lumingu?	Did you go to church on Sunday?

-A-

ku-lam.uk-a	to get up
letale (ba-)	Fr: retard; lateness
ku-lemb-a	to be tired

Mu zonaka kwenda kasi mu la-
   mukaka na letale, bosi mpe
   mu lembaka mingi.

I wanted to go but I got up
   late and (then) also I was
   very tired.

-B-

bika

let (auxiliary verb)

ku-samb.il-a

to worship

kati (ba-)

middle, center

na kati ya

between among

Kaliná

Ki.n.tambu

districts in Leopoldville

Kana nge zona na kilumbu ya
   lumingu ke kwiza, bika betu
   kwenda sambidila na Inzo ya
   Nzambi ina ke na kati ya
   Kalina na Kintambu.

If you wish, next Sunday, let's
   go to worship in the church
   which is between Kalina and
   Kintambu ('use the church...
   for worship').

-A-

n.gindu (ba-)

thought, idea

ku-sol.ŭl-a

to talk, to converse

na manima

afterwards, later

Ina ke ngindu ya mbote; bosi
   betu ke solula na manima.

That's a good idea; then we'll
   talk afterwards.

PRIMER					BASIC COURSE					UNIT 9

-B-

E! Kwenda mbote Etienne.	Yes, goodbye, Etienne. My
Pesaka inzo na nge mbote!	regards to your household!

-A-

mpila mosi	same ('like one')
Melesi, mpila mosi na ya nge.	Thanks, same to yours!

GRAMMAR NOTES AND DRILLS

Note 9.1 /vwandaka/ + verb 'used to...', 'was...ing'

Note these sentences from dialogues:

Mama, banda nge kwendaka teka	Mother, since you went to
  maza mu vwandaka kufwa	 draw water, I've been
  nsatu mingi.	 dying of hunger.

...katuka kilumbu ya lendi ti	From Monday until Tuesday I
  na kilumbu ya zole mu	 was going to the doctor.
  vwandaka kwenda na dokotolo.

Yandi vwandaka fimpa nzutu	He was examining my whole body.
  na munu yonso.

...nge vwandaka kuna bainti na	You were planting trees in
  lupangu na nge.	 your yard.

Ina vwandaka vwanda penepene	[He] who used to live near
  na inzo ya ngwankazi na nge?	 your (maternal) uncle?

193

These sentences illustrate a verb phrase consisting of the 'past' of /kuvwanda/ plus the simple form of the verb. The phrase translates commonly as a 'past progressive' or 'present perfect progressive' phrase in English and carries much the same senses as those English constructions - namely that the activity described continued for some period (often specified) or up to the present or was going on at some time in the past at which time it was observed, interrupted or accompanied by another action. 'I have been dying of hunger', 'What were you doing that you couldn't get any rest on your vacation?', 'For two days I was continually going to the doctor.' 'During that whole time he was examining me.' 'When observed by my informants you were planting trees.

In the last example above, however, we see an example of this construction without any context indicative of a period of time or of one activity concurrent with another. In such cases the sense is of a habitual action in the past, often better translated with the English verb-phrase construction with 'used to...'.

PRIMER BASIC COURSE UNIT 9

Drill 9.1 Grammar Drill: <u>vwandaka</u> + Verb 'used to...', 'was ...ing':

a) Progressive Substitution Drill

Cue	Pattern	
	Ntama <u>betu</u> vwandaka sakana na bau.	A long time ago we used to play with them.
Zile	Ntama Zile vwandaka <u>sakana</u> na bau.	
kutambula	Ntama Zile vwandaka tambula na <u>bau</u>.	...used to walk...
Madi	Ntama <u>Zile</u> vwandaka tambula na Madi.	
nani	Ntama nani vwandaka <u>tambula</u> na Madi?	
kuzaula	Ntama nani vwandaka zaula na <u>Madi</u>?	...used to run...
Polo	Ntama <u>nani</u> vwandaka zaula na Polo?	
benu	Ntama benu vwandaka <u>zaula</u> na Polo?	
kutimuka	Ntama benu vwandaka timuka na <u>Polo</u>?	...used to jump...
bakombi	Ntama <u>benu</u> vwandaka timuka na bakombi?	
babakala	Ntama babakala vwandaka <u>timuka</u> na bakombi.	
kusala	Ntama babakala vwandaka sala na <u>bakombi</u>.	...used to work...
bakento	Ntama <u>babakala</u> vwandaka sala na bakento.	
betu	Ntama betu vwandaka <u>sala</u> na bakento.	
kusakana	Ntama betu vwandaka sakana na <u>bakento</u>.	
bau	Ntama betu vwandaka sakana na bau.	

b) Progressive Substitution Drill

Cue	Pattern
	Banda nge <u>kwendaka</u> tal$_a$ $_y$andi betu vwandaka sakana.
	Since you went to see him we have been playing.
kubikala	Banda nge bikalaka <u>tal$_a$</u> $_y$andi betu vwandaka sakana.
	Since you stayed to look after him...
kusosa	Banda nge bikalaka sos$_a$ $_y$andi betu vwandaka <u>sakana</u>.
kutimuka	Banda nge <u>bikalaka</u> sos$_a$ $_y$andi betu vwandaka timuka.
kubanda	Banda nge bandaka <u>sos$_a$</u> $_y$andi betu vwandaka timuka.
kuvingila	Banda nge bandaka vingil$_a$ $_y$andi betu vwandaka <u>timuka</u>.
kwenda	Banda nge <u>bandaka</u> vingil$_a$ $_y$andi betu vwandaka kwenda.
kuvutuka	Banda nge vutukaka <u>vingil$_a$</u> $_y$andi betu vwandaka kwenda.
	We've been going since you went back to wait for him.
kunata	Banda nge vutukaka nat$_a$ $_y$andi betu vwandaka <u>kwenda</u>.
kuvunda	Banda nge <u>vutukaka</u> nat$_a$ $_y$andi betu vwandaka vunda.
kwiza	Banda nge kwizaka <u>nat$_a$</u> $_y$andi betu vwandaka vunda.
kusadisa	Banda nge kwizaka sadis$_a$ $_y$andi betu vwandaka <u>vunda</u>.
kuzaula	Banda nge <u>kwizaka</u> sadis$_a$ $_y$andi betu vwandaka zaula.
kubanda	Banda nge bandaka <u>sadis$_a$</u> $_y$andi betu vwandaka zaula.
kubula	Banda nge bandaka bul$_a$ $_y$andi betu vwandaka <u>zaula</u>.
kumona	Banda nge <u>bandaka</u> bul$_a$ $_y$andi betu vwandaka mona.
	Since you started to hit him we've been observing.

	Banda nge <u>bandaka</u> bul_{a y}andi betu vwandaka mona.
kubikala	Banda nge bikalaka <u>bul</u>_{a y}andi betu vwandaka mona.
kutala	Banda nge bikalaka tal_{a y}andi betu vwandaka <u>mona</u>.
kusakana	Banda nge <u>bikalaka</u> tal_{a y}andi betu vwandaka sakana.
kwenda	Banda nge kwendaka tal_{a y}andi betu vwandaka sakana.

c) Progressive Substitution Drill

<u>Cue</u>	<u>Pattern</u>
	Ntangu <u>nge</u> kwendaka betu vwandaka sonika mikanda.
	When you left we were writing letters.
Michel	Ntangu Michel <u>kwendaka</u> betu vwandaka sonika mikanda.
kuzaula	Ntangu Michel zaulaka <u>betu</u> vwandaka sonika mikanda.
banani	Ntangu Michel zaulaka banani vwandaka <u>sonika</u> mikanda?
kutanga	Ntangu Michel zaulaka banani vwandaka tanga <u>mikanda</u>?
yau	Ntangu <u>Michel</u> zaulaka banani vwandaka tanga yau?
nge	Ntangu nge <u>zaulaka</u> banani vwandaka tanga yau?
kwenda	Ntangu nge kwendaka <u>banani</u> vwandaka tanga yau?
betu	Ntangu nge kwendaka betu vwandaka <u>tanga</u> yau.
kusonika	Ntangu nge kwendaka betu vwandaka sonika <u>yau</u>.
mikanda	Ntangu nge kwendaka betu vwandaka sonika mikanda.

Note 9.2 /ya/ + Verb - Adjectival use of the verb (II)

In Note 7.2 attention was called to such constructions as /maza ya kunwa/ 'water to drink' or 'drinking water'. In this unit occurs:

> Mu ke na kiese mingi ya kumona nge diaka.
>
> I'm delighted to see you again.

In the first case the /ya/ + verb construction is clearly modifying the noun /maza/ and the whole can easily be translated with a modifying construction using a participle in English: 'drinking water'. In the new case the same structure occurs but here the presence of an object of the verbal form in 'to see you' requires an infinitive in the English translation and obscures the identity of structure with the earlier sentence. However, /kiese/ is a noun and as such is modified by the phrase with /ya/ + verb, so that an English participial translation such as 'I have seeing-you-again joy.' might be more literal.

In the dialogue of this unit occurs one other example of this structure, this one again without an object of the verb form:

> ...ntangu ya kuvunda 'time to rest' or 'resting time'.

Drill 9.2 Grammar Drill /ya/ + Verb

a) Progressive Substitution Drill

Cue	Pattern
	Yufusa kana yandi ke na <u>malala</u> ya kuteka.
	Ask [him] if he has oranges to sell.
mbisi	Yufusa kana yandi ke na mbisi ya <u>kuteka</u>.
kulamba	Yufusa kana yandi ke na <u>mbisi</u> ya kulamba.

	Yufusa kana ᵧandi ke na <u>mbisi</u> ya kulamba.
kima	Yufusa kana ᵧandi ke na kima ᵧa <u>kulamba</u>.
kunwa	Yufusa kana ᵧandi ke na <u>kima</u> ᵧa kunwa.
maza	Yufusa kana ᵧandi ke na maza ᵧa <u>kunwa</u>.
kunata	Yufusa kana ᵧandi ke na <u>maza</u> ᵧa kunata.
bilele	Yufusa kana ᵧandi ke na bilele ᵧa <u>kunata</u>.
kupesa	Yufusa kana ᵧandi ke na <u>bilele</u> ᵧa kupesa.
sabuni	Yufusa kana ᵧandi ke na sabuni ya <u>kupesa</u>.
kusukudila	Yufusa kana ᵧandi ke na <u>sabuni</u> ya kusukudila.

Ask if he has soap to use to wash [with].

nsanu	Yufusa kana ᵧandi ke na nsanu ya <u>kusukudila</u>.
kumonisa	Yufusa kana ᵧandi ke na <u>nsanu</u> ᵧa kumonisa.
bilongo	Yufusa kana ᵧandi ke na bilongo ᵧa <u>kumonisa</u>.
kunwa	Yufusa kana ᵧandi ke na <u>bilongo</u> ᵧa kunwa.
malala	Yufusa kana ᵧandi ke na malala ᵧa <u>kunwa</u>.

Ask if he has oranges to suck.

kuteka	Yufusa kana ᵧandi ke na malala ᵧa kuteka.

b) Progressive Substitution Drill

Cue	Pattern
	Nge ke vwanda na <u>ngolo</u> ᵧa kusala kisalu ina?
	Will you have the strength to do that work?
kiese	Nge ke vwanda na kiese ᵧa <u>kusala kisalu ina</u>?
	Are you going to be pleased to do that work?

	Nge ke vwanda na kiese _ya <u>kusala kisalu ina</u>?
kunata yau	Nge ke vwanda na <u>kiese</u> _ya kunata yau?
	Are you going to be willing to carry it?
mayele	Nge ke vwanda na mayele _ya <u>kunata yau</u>?
	Are you going to have the intelligence to carry it?
kuvwanda pene- pene	Nge ke vwanda na <u>mayele</u> _ya kuvwanda penepene?
	Are you going to have the sense to live nearby?
ngolo	Nge ke vwanda na ngolo _ya <u>kuvwanda penepene</u>?
kusosa yandi	Nge ke vwanda na <u>ngolo</u> _ya kusosa _yandi?
kiadi	Nge ke vwanda na kiadi _ya <u>kusosa</u> <u>_yandi</u>?
	Are you going to be sorry to look for him?
kumona yandi ve	Nge ke vwanda na <u>kiadi</u> _ya kumona _yandi ve?
nsatu	Nge ke vwanda na nsatu _ya <u>kumona</u> <u>_yandi ve?</u>
	Are you not going to want to see him?
kutanga yau	Nge ke vwanda na <u>nsatu</u> _ya kutanga yau?
ngolo	Nge ke vwanda na ngolo _ya <u>kutanga yau</u>?
kusala kisalu ina	Nge ke vwanda na ngolo _ya kusala kisalu ina?

| PRIMER | BASIC COURSE | UNIT 9 |

c) Progressive Substitution Drill

Cue	Pattern	
	Nge ke vwanda na <u>ntangu</u> _ya kuvunda?	Will you have time to rest?
kilumbu	Nge ke vwanda na kilumbu _ya <u>kuvunda</u>?	
kusakana	Nge ke vwanda na <u>kilumbu</u> _ya kusakana?	
ngolo	Nge ke vwanda na ngolo _ya <u>kusakana</u>?	
kuzaula	Nge ke vwanda na <u>ngolo</u> _ya kuzaula?	
nsatu	Nge ke vwanda na nsatu _ya <u>kuzaula</u>?	Are you going to want to run?
kwiza	Nge ke vwanda na <u>nsatu</u> _ya kwiza?	
ntangu	Nge ke vwanda na ntangu _ya <u>kwiza</u>?	
kuvunda	Nge ke vwanda na ntangu _ya kuvunda?	

d) Progressive Substitution Drill

Cue	Pattern	
	Ngwankazi ke na <u>ngolo</u> _ya kutubila.	Uncle has strength to [use for] talking.
nzila	Ngwankazi ke na nzila _ya <u>kutubila</u>.	Uncle has a means of talking.
kwendila	Ngwankazi ke na <u>nzila</u> _ya kwendila.	Uncle has a way of going.
velo	Ngwankazi ke na velo _ya <u>kwendila</u>.	Uncle has a bicycle to use to go.
kutambudila	Ngwankazi ke na <u>velo</u> _ya kutambudila.	
kifulu	Ngwankazi ke na kifulu _ya <u>kutambudila</u>.	Uncle has a place to [use to] walk.

UNIT 9　　　　　　　　　　　KITUBA　　　　　　　　　　　PRIMER

　　　　　　　　Ngwankazi ke na kifulu ya kutambudila.

kumonisa　　　Ngwankazi ke na kifulu ya kumonisa.　　Uncle has a place to show.

kiese　　　　Ngwankazi ke na kifulu ya kumonisa.　　Uncle enjoys showing [something].

kulonguka　　Ngwankazi ke na kiese ya kulonguka.　　Uncle enjoys learning.

mambu　　　　Ngwankazi ke na mambu ya kulonguka.　　Uncle has matters to learn.

kupesa　　　 Ngwankazi ke na mambu ya kupesa.　　　Uncle has matters to contribute.

kima　　　　 Ngwankazi ke na kima ya kupesa.　　　 Uncle has something to give.

kutubila　　 Ngwankazi ke na kima ya kutubila.　　 Uncle has something to use for talking.

ngolo　　　　Ngwankazi ke na ngolo ya kutubila.

Note 9.3　The days of the week - Ordinal Numerals

　　All the names of days of the week occurred in the dialogue of this unit as follows:

Sunday	kilumbu ya lumingu	day of [the] week
Monday	kilumbu ya lendi	day of Lundi
Tuesday	kilumbu ya zole	day of two (i.e. second day)
Wednesday	kilumbu ya tatu	day of three (third day)
Thursday	kilumbu ya iya	day of four (fourth day)
Friday	kilumbu ya tanu	day of five (fifth day)
Saturday	kilumbu ya sabala	day of Sabbath

PRIMER   BASIC COURSE   UNIT 9

The names for the days known in English as Tuesday through Friday illustrate the ordinal numeral construction /ya/ + number, which is, of course, exactly parallel to the general adjectival construction with /ya/. Recall the comparison between /ya fioti/ 'small' and /fioti/ 'few'. This ordinal construction occurred also in the sentence:

| Tala kuna, luta babalabala tatu, ina[1] ya iya ke Balumbu. | Look there, cross three streets the fourth is Balumbu. |

The concept of 'first' is expressed by /ntete/ rather than by an ordinal numeral construction.

The months of the year are popularly called by their French names although ordinal numeral construction is also used.

Drill 9.3 Grammar Drill - Ordinal Numerals

a) Progressive Substitution Drill

Cue	Pattern
	Muntu ya <u>sambanu</u> ke kwiza kana ya tanu me kwenda.
zole	Muntu ya zole ke <u>kwiza</u> kana ya tanu me kwenda.
kuzaula	Muntu ya zole ke zaula kana ya <u>tanu</u> me kwenda.
mosi	Muntu ya zole ke zaula kana ya ntete me <u>kwenda</u>.
kutuba	Muntu ya <u>zole</u> ke zaula kana ya ntete me tuba.
nana	Muntu ya nana ke <u>zaula</u> kana ya ntete me tuba.

---

[1] Note here the use of /ina/ functioning like a definite article 'the'.

	Muntu ya nana ke <u>zaula</u> kana ya ntete me tuba.
kuyobila	Muntu ya nana ke yobila kana ya <u>ntete</u> me tuba.
nsambodia	Muntu ya nana ke yobila kana ya nsambodia me <u>tuba</u>.
kumanisa	Muntu ya <u>nana</u> ke yobila kana ya nsambodia me manisa.
tatu	Muntu ya tatu ke <u>yobila</u> kana ya nsambodia me manisa.
kudia yau	Muntu ya tatu ke kudia yau kana ya <u>nsambodia</u> me manisa.
zole	Muntu ya tatu ke kudia yau kana ya zole me <u>manisa</u>.
kuzola	Muntu ya <u>tatu</u> ke kudia yau kana ya zole me zola.
sambanu	Muntu ya sambanu ke <u>kudia</u> yau kana ya zole me zola.
kwiza	Muntu ya sambanu ke kwiza kana ya <u>zole</u> me zola.
tanu	Muntu ya sambanu ke kwiza kana ya tanu me <u>zola</u>.
kwenda	Muntu ya sambanu ke kwiza kana ya tanu me kwenda.

Note 9.4 Some Further Verbal Extensions

1. The 'Causative' Extension, /is-/:

We have previously noted that, while /kusala/ is 'to work, to do', /ku-sad.is-a/ is 'to help (to do).' This extension is usually called a 'causative' and it does often carry a sense of 'having someone do the action'. In effect this form denotes that the subject has added his efforts to those of the object, either as a casual agent or as a supplementary agent. Note these examples:

Mu ke monisa nge.   I'll show you. ('Help you to see' or 'Cause you to see.')

Nge ke sukudisa munu malonga. Will you help me wash the dishes?

Note also /ku-ped.is-a/ 'to ignite, to cause to burn', and /ku-man.is-a/ 'to finish, to cause to come to an end' which are examples of the causative extension to intransitive verbs making corresponding transitive ones.

One further example has occurred -/ku-vut.uk.is-a/ 'to return from' which seems to be idiomatic. Compare:

Yandi vutukaka na kisalu.   He returned to work.

Yandi vutukisaka na kisalu.   He returned from work.

2. 'Reversive' Extensions /.uk-/ and /.ul-/

Note the forms

1.	ku-long-a	to teach
2.	ku-long.uk-a	to learn
3.	ku-kang-a	to tie, to wrap
4.	ku-kang.uk-a	to be untied, to be opened
5.	ku-kang-ul-a	to untie, to unwrap
6.	ku-vut.uk-a	to return, to come/go back
7.	ku-vut.ul-a	to return, to make restitution, to answer
8.	ku-bal.uk-a	to turn (of oneself)
9.	ku-bal.ul-a	to turn (something)

These forms illustrate the verbal extensions /.uk-/ which commonly have the effect of reversing the action of the verb and of producing respectively an intransitive and a transitive verb. The examples above illustrate a variety of distribution of these suffixes:

In 1 and 2 we see the verb without extension and with the /.uk-/ reversive extension but no member of the set with /.ul-/ extension. Note that /ku-long.uk-a/ 'to learn' is not really a reversive of /ku-long-a/ 'to teach' and is not intransitive since it can have a direct object. This illustrates the element of unpredictability which is characteristic of derived forms in Kituba as in many languages. Often the student will find it simpler to learn an extended verb as a new word rather than try to rely on analysis of its elements. It is, however, generally useful to be aware of the extensions which occur and their most general functions.

In 3, 4, and 5 we see all three - the root and both transitive and intransitive reversive extensions.

In 6, 7, 8, and 9 we note that transitive and intransitive forms may occur with these extensions when there is no verb extant illustrating the root alone.

3. The 'Potential' Extension /.akan-/

In the clause:

    ina ke bulakanaka   which are able to be broken

we see an extension indicating the potentiality to undergo the action of the verb. The resultant verb is always intransitive (takes no direct object). Another example is:

    bana ya kuzolakana   lovable children

This extension is quite restricted.

Note 9.5 The Indefinite-Passive Construction with Subject /bau/

Note the sentence:

Na inki kima bau ke sukudilaka malonga...?

> What does one ('do they') use to wash dishes...? What are dishes washed in?

In this sentence we see an example of /bau/ 'they', used as an indefinite subject much as we use 'one' or 'you' in English sentences like:

How do you fold this map?

Where does one get an application form?

As in English (with 'you') the Kituba is capable of two interpretations. This is a favorite form in Kituba for the avoidance of a passive form of the verb. The pronoun used is invariably /bau/. The form of the main verb or auxiliary in such a sentence is commonly in the habitual form, but other forms occur:

Bau ke na kukomba inzo.	'They are sweeping the house', or 'The house is being swept.'
Bau lenda komba inzo.	'They can sweep the house.' or 'The house can be swept.'

If a past or future form is used the impersonal passive construction is normally signalled by putting the 'object' first in the sentences as a topic for emphasis:

Inzo, bau ke komba yau.	'The house will be swept.' or 'They'll sweep the house.'

UNIT 9   KITUBA   PRIMER

In contrast to the English analogy this construction sometimes occurs with a statement of the person performing the action, preceded by /na/ (here translatable 'by'):

    Mukanda, bau tangaka yau na mpangi na munu.   The book was read by my brother. ('Book, they read it by my brother.')

This latter construction has a decidedly novel ring to a speaker of English and, as it is not very common, the drills below contain few examples of it.

Drill 9.4   Grammar Drills on Verbal Extensions

a) Progressive Substitution Drill

<u>Cue</u>   <u>Pattern</u>

          Kisadi ke zengisa nge matiti ya <u>inda</u>.

            The worker will help you cut up long grass.

ngolo   Kisadi ke zengisa nge <u>matiti</u> ya ngolo.

bilele   Kisadi ke zengisa <u>nge</u> bilele ya ngolo.

Madi   Kisadi ke <u>zengisa</u> Madi bilele ya ngolo.

kumona   <u>Kisadi</u> ke monisa Madi bilele ya ngolo.

Polo   Polo ke monisa Madi bilele ya <u>ngolo</u>.

nene   Polo ke monisa Madi <u>bilele</u> ya nene.

fidigo   Polo ke monisa <u>Madi</u> fidigo ya nene.

benu   Polo <u>ke monisa</u> benu fidigo ya nene.

nataka   <u>Polo</u> natisaka benu fidigo ya nene.

nani   Nani natisaka benu fidigo ya <u>nene</u>?

	Nani natisaka benu fidigo ya <u>nene</u>?
inda	Nani natisaka benu <u>fidigo</u> ya inda?
matiti	Nani natisaka <u>benu</u> matiti ya inda?
nge	Nani <u>natisaka</u> nge matiti ya inda?
ke zenga	<u>Nani</u> ke zengisa nge matiti ya inda?
kisadi	Kisadi ke zengisa nge matiti ya inda.

b) Simple Substitution Drill

Na bilumbu lutaka	tiya pelaka na inzo.
	Piele pedisaka tiya na inzo.
	maza manaka na kisangala.
	nge manisaka maza na kisangala.

A fire burned in the house in past days.

Peter lit a fire...

the water in the demijohn ran out.

You finished the water...

c) Sample Sentence Drill: (The verbs here illustrated do not easily lend themselves to substitution one for the other. The sentences, therefore, are offered merely as examples of the use of these verbs):

1. kulonga, kulonguka, kulongulula, kulongakana:

Nani ke longa munu Kituba?	Who will teach me Kituba?
Nani zona longuka Kituba?	Who wants to learn Kituba?
Nani ke longulula munu Kituba?	Who will reteach me Kituba?
Polo ke zoba, yandi ke longakanaka ve.	Paul is stupid, he can't be taught.

2. kukanga, kukanguka, kukangula, kukangulula:

Kwenda kanga fidigo yina.	Go and shut that refrigerator.
Kwenda kanga nsinga yina.	Go and tie that rope.
Fidigo me kanguka diaka.	The refrigerator has gotten opened again.
Nsinga me kanguka diaka.	The rope has gotten untied again.
Meka kangula yau ve.	Don't try to untie it/open it.
Kwenda kangulula yau.	Go and tie/shut it again.

3. kuvutuka, kuvutula:

Vutuka kuna diaka ve.	Don't return there again.
Kwenda vutula yau ve.	Don't go give it back.

4. kutambula, kutambusa, kutambudisa:

Mu ke na kutambula.	I am walking.
Za ke tambudisaka kamio yai.	John starts this automobile.
Za ke tambusa kamio yai.	John will drive this truck.

d) The 'impersonal' <u>bau</u> with the 'instrumental' extension /.il-/in-/

Minimal Dialogue Drill: (The student is to respond to the (A) utterances below with a question about the instrument or the place of the action):

Stimulus	Response
A. Za, kwenda tekila munu maza.	B. Na inki kima bau ke tekilaka maza?
A. Bosi betu ke kwenda sakana.	B. Na inki palasi bau ke sakaninaka?

PRIMER   BASIC COURSE   UNIT 9

A. Nge zona sukula malonga ve?

B. Na inki kima bau ke sukudilaka malonga?

A. Kwenda zengila munu sabuni.

B. Na inki kima bau ke zengilaka sabuni?

A. Bosi nge kwenda na maza.

B. Na inki kima bau ke kwendilaka na maza?

A. Mu ke na kusonika mukanda.

B. Na inki kima bau ke sonikinaka mukanda?

A. Vingila, mu ke monisa nge kulamba mampa.

B. Na inki kima bau ke lambilaka mampa?

Drill 9.5 Controlled Dialogue Drill (The Student takes part A): *unrecorded*

(You meet your friend, Zile:) You have been looking for him from Saturday until now and wonder where he has been.

A. Zile, mu vwandaka sosa nge katuka kilumbu ya sabala ti malumalu yai, inki ndambu nge vwendaka?

B. Mu vwandaka vwanda na inzo ya mpangi $_n$a munu Zozefu.

Remind him that his brother's house is near the house of your maternal uncle and that during the whole past week you have been visiting (seeing) his family. You wonder why you didn't see him (Zile).

A. Inzo ya mpangi $_n$a nge ikele penepene na inzo ya ngwankazi $_n$a munu; bosi mpe na lumingu yonso lutaka mu vwandaka kwenda tala famili $_n$a yandi. Samu na inki mu monaka nge ve?

211

UNIT 9   KITUBA   PRIMER

                     B. Mu zaba ve. Inki nge vwandaka sala kuna?

You have been teaching your uncle's three daughters the numbers and cutting the grass in his yard while your uncle has been making a bed for one of his daughters. His wife also has been planting some flowers.

                     A. Mu vwandaka longa bantalu na bana na yandi tatu ya bakento, kuzenga matiti na lupangu ntangu ngwankazi vwandaka sala mfulu ya mwana na yandi mosi ya nkento. Mpe nkento na yandi vwandaka kuna bafololo yankaka.

                     B. Samu na inki nge vwandaka sosa munu?

You have been looking for him in order to go fishing because you (both) have vacation. You wonder if he doesn't enjoy (like) to fish.

                     A. Mu vwandaka sosa nge samu mu kuyufusa nge betu kwenda loba bambisi samu betu ikele na congé. Nge ke zonaka kuloba ve?

                     B. Ve, mu ke zonaka kuloba mingi. Kansi mu ke na bima ya kulobila ve.

| PRIMER | BASIC COURSE | UNIT 9 |

That is not a big matter. First you will seek a good day for both of you and then you will think about the fishing equipment (thing). If he is not too tired now, you can talk (about) a day and a place to fish. Ask him what day he wants and where he wants you (both) to go.

A. Ina ke diambu yanene ve. Ntete betu ke sosa kilumbu ya mbote na betu zole, bosi betu ke banza samu ya bima ya kulobila.

Kana nge me lemba mingi ve malumalu yai betu lenda solula kilumbu na palasi ya kulobila. Inki kilumbu nge zola? Na inki palasi nge zola betu kwenda?

B. Kilumbu ya lumingu ke kwiza ke vwanda kilumbu ya mbote na munu samu mu ke kwendaka na Inzo ya Nzambi ve. Samu ya kifulu mu zaba na ndambu yai ve. Kana nge lenda zaba kifulu ya mbote, mu ke kwenda.

You are sorry (but) you regularly go to worship in church on Sunday. If he has no other day [when he can go] you will ask your family about going to fish on Sunday. As for a place, you don't know any place in this area.

A. Kiadi, mu ke kwendaka sambila na Inzo ya Nzambi na kilumbu ya lumingu. Kana nge ke na kilumbu yankaka ve, mu ke yufusa famili na munu samu ya kwenda loba na kilumbu ya lumingu. Samu ya kifulu ya kulobila, mu zaba palasi ve na ndambu yai.

DIALOGUE: A FABLE

Mimi

di-săpu (ma-)	fable, story
kitoko (ba-)	beauty

Mama, nlongi ₙa betu tubilaka betu disapu mosi ya kitoko. — Mama, our teacher told us one lovely tale.

Mama

Yau vwandaka na kati ya nani na nani? — Between whom (and whom) did it take place ('was it')?

Mimi

m.fwenge (ba-)	a small civet-like predatory animal
Na.m.fwenge (ba-)	Mr. Civet
koko (ba-)	cock, rooster
Na.koko (ba-)	Mr. Rooster

Yau vwandaka na kati ya Na-mfwenge na Nakoko. — It was between Mr. Civet and Mr. Rooster.

Mama

ku-w-a	to listen, hear; to sense, understand

Nge kuwaka yau mbote? — Did you understand it well?

Mimi

E, mu kuwaka yau yonso. — Yes, I got it all.

Mama

Betu ke tala kana ina ke ya tieleka.

We shall see if that is true.

kamaladi (ba-)

Fr: camarade; friend

Na ntete Namfwenge na Nakoko vwandaka kamaladi?

At first were Mr. Civet and Mr. Rooster friends?

Mimi

Ve, bau vwandaka kamaladi ve. Namfwenge vwandaka tina Nakoko.

No, they weren't friends. Mr. Civet was afraid of Mr. Rooster.

ku-tub.an-a

to talk together

Kasi kilumbu mosi Nakoko zonaka ke bau tubana.

But one day, Mr. Rooster wanted them to talk together.

Mama

Inki Nakoko tubilaka Namfwenge?

What did Mr. Rooster say to Mr. Civet?

Mimi

Nakoko tubaka: 'Mpangi na munu Namfwenge, samu na inki nge ke tinaka munu?'

Mr. Rooster said: 'My brother Civet, why do you avoid me?'

Mama

Inki Namfwenge vutulaka?

What did Mr. Civet reply?

Mimi

intu (ba-) — head

Yandi vutulaka: 'Kima ke tini-saka munu ke tiya ina nge ke nataka na yulu ya intu na nge.'

He answered (replied): 'What scares me is that fire which you carry on top of your head.'

Mama

Inki Nakoko tubilaka yandi?

What did Mr. Rooster say to him?

Mimi

Nakoko tubilaka yandi: 'Nge ke zoba. Yau ke tiya ve.

He told him: 'You're stupid. That's not a fire.'

lwinda (ba-) — cockscomb
ku-simb-a — to touch
ku-yok.am-a — to be burned

Yau ike lwinda na munu ya mbwaki. Kwiza simba yau; nge ke yokama ve.'

That's my red comb. Come touch it; you won't get burned.'

Mama

Namfwenge kwendaka?

Did Mr. Civet go?

Mimi

E, yandi kwendaka simba yau, bosi yandi tubaka: 'Melesi mingi. Mu ke tina nge diaka ve.'

Yes he went and touched it, then he said: 'Thanks a lot. I won't fear you anymore.'

UNIT 10   KITUBA   PRIMER

Mama

Bosi inki diambu Namfwenge zonaka Nakoko sadila yandi?

Then what (matter) did Mr. Civet want Mr. Rooster to do for him?

Mimi

ku-yimb-a — to sing

mu-yimbu (mi-) — song

Yandi yufusaka Nakoko: 'Nge lenda yimbidila munu mu-yimbu?'

He asked him: 'Can you sing me a song?'

Mama

Na ntangu Nakoko manisaka yimbila, inki mayele Namfwenge monisaka yandi?

When Mr. Rooster finished singing, what smart trick did Mr. Civet play on ('show') him?

Mimi

mu-n.gŏngo (mi-) — voice, throat

Yandi tubilaka yandi: 'Nge ke na mungongo ya kitoko mingi.

He told him; 'You have a lovely voice.

di-(i)so (ma-) — eye
[ma+iso - meso]

ku-w.am-a — to be heard

n.toto (ba-) — world, earth, ground, soil

m.vimba ( ) — whole entire

| PRIMER | BASIC COURSE | UNIT 10 |

Kana nge ke kanga meso na ntangu ya kuyimbila, nge ke kuwama na ntoto ya mvimba.'

If you will close [your] eyes when singing, you will be heard by the whole world.'

Mama

Ntangu Nakoko mekaka yimbidila mpidina inki Namfwenge salaka?

When Mr. Rooster tried to sing like that what did Mr. Civet do?

Mimi

    n.singu (ba-)   neck

Yandi kangaka Nakoko na nsingu mpe nataka yandi na inzo n'andi. Kuna yandi kudiaka yandi.

He took ('bound') Mr. Rooster by the neck and carried him to his house. There he ate him.

Mama

    balavo!   bravo!

Balavo! Nge ke na mayele mingi; nge zaba yau mbote mbote.

Bravo! You're very smart; you know it very well.

GRAMMAR NOTES AND DRILLS

Note 10.1 The Extension /.am-/ 'Passive'

Note these sentences from the dialogue of this unit:

Nge ke <u>yokama</u> ve.	You will not be burned.
Nge ke <u>kuwama</u> na ntoto ya mvimba.	You will be heard by the whole world.

The extension /.am-/ forms a passive verb stem. Note that /ku-yok-a/ 'to burn' is intransitive and that the passive extension forms /ku-yok.am-a/ 'to be burned' also intransitive, while /ku-w-a/ 'to hear' is transitive and the passive stem /ku-w.am-a/ 'to be heard' is intransitive.

In certain parts of the Kituba speaking area an extension /.w-/ is heard making a passive. The equivalent form with this extension is /ku-yok.w-a/ but /ku-w-a/ does not occur with /.w-/ extension.

Actually in areas where both passives occur there is a shade of difference. Thus /ku-yok.am-a/ means 'to get burned' from no clear cause while /ku-yok.w-a/ means 'to be burned' by some active agent. For example, /ku-yok.w-a/ is used of brick which has been burned but /ku-yok.am-a/ is not. The brick didn't just get burned it <u>was</u> burned by somebody. This subtle distinction probably does not apply equally throughout the Kituba area.

PRIMER   BASIC COURSE   UNIT 10

Examples of this extension are:

/ku-sos.am-a/   to be looked for   /ku-sos.w-a/

/ku-mon.am-a/   to be seen   /ku-mon.w-a/

Further examples appear in the drills below.

Drill 10.1 Grammar Drill on the Extension /.am/

a) Progressive Substitution-Correlation Drill

Cue	Pattern
	Kana **nge** simba tiya nge ke yokama.
	If you touch fire you'll get burned.
Namfwenge	Kana Namfwenge **simba tiya** yandi ke yokama.
kwenda penepene	Kana Namfwenge kwenda penepene yandi ke **yokama**.
bulama	Kana **Namfwenge** kwenda penepene yandi ke bulama.
Sofi	Kana Sofi **kwenda penepene** yandi ke bulama.
zaula	Kana Sofi zaula yandi ke **bulama**.
monama	Kana **Sofi** zaula yandi ke monama.
benu	Kana benu **zaula** benu ke monama.
lamuka	Kana benu lamuka benu ke **monama**.
kangama	Kana **benu** lamuka benu ke kangama.
nge	Kana nge **lamuka** nge ke kangama.
simba tiya	Kana nge simba tiya nge ke **kangama**.
yokama	Kana nge simba tiya nge ke yokama.

221

UNIT 10　　　　　　　　　　KITUBA　　　　　　　　　　PRIMER

Note 10.2　The Extension /.an-/ 'Reciprocal', /.asan-/
　　　　　　'continuous reciprocal'

Note the sentence:

　　Nakoko zonaka ke bau tubana.　　Mr. Rooster wished that they
　　　　　　　　　　　　　　　　　　　　talk together.

This sentence illustrates the extension /.an-/ which forms a stem denoting that the action of the verb took place reciprocally or mutually among the subjects (the grammatical subject is usually plural or compound). It often translates 'each other'   Other examples:

　　ku-sad.is.an-a　　　　to help one another

　　ku-zon.an-a　　　　　 to love one another

　　ku-tal.an-a　　　　　 to look at one another

　　ku-pes.an-a (kima)　 to give each other (something)

A singular subject is possible in some cases:

　　Yandi ke na kutubana na Polo.　　He is talking (together)
　　　　　　　　　　　　　　　　　　　　with Paul.

The extension /.asan-/ is also reciprocal and carries the additional denotation of 'continuously'.

　　Za na Madi ke zolasanaka.　　John and Mary love one
　　　　　　　　　　　　　　　　　　another always.

Drill 10.2 Reciprocal Extensions /.an-/ and /.asan-/

a) Progressive Substitution Drill

Cue	Pattern
	<u>Nzambi</u> zona ke bantu yonso zolasana.
	God wants all men to love one another (always).
nani	Nani <u>zona</u> ke bantu yonso zolasana?
tubaka	Nani tubaka ke <u>bantu yonso</u> zolasana?
	Who said that we love one another?
benu	Nani tubaka ke benu <u>zolasana</u>?
sadisana	<u>Nani</u> tubaka ke benu sadisana?
	Who said that you help one another?
nlongi	Nlongi <u>tubaka</u> ke benu sadisana.
zengaka	Nlongi zengaka ke <u>benu</u> sadisana.
	Teacher decided that you help one another.[1]
bau	Nlongi zengaka ke bau <u>sadisana</u>.

---

[1] A smooth English translation here after a verb like "decide" requires 'are to help', 'ought to help' or some such. However, there is nothing in the Kituba to express any concept of necessity or compulsion. This is merely 'Teacher decided that your helping each other was appropriate.'

	Nlongi zengaka ke bau <u>sadisana</u>.
landana	<u>Nlongi</u> zengaka ke bau landana.
	Teacher decided that they follow one another.
bapodisi	Bapodisi <u>zengaka</u> ke bau landana.
tubaka	Bapodisi tubaka ke <u>bau</u> landana.
Za na Zile	Bapodisi tubaka ke Za na Zile <u>landana</u>.
yufusana	<u>Bapodisi</u> tubaka ke Za na Zile yufusana.
	The police said that John and Julius question one another.
Nzambi	Nzambi <u>tubaka</u> ke Za na Zile yufusana.
zona	Nzambi zona ke <u>Za na Zile</u> yufusana.
bantu yonso	Nzambi zona ke bantu yonso <u>yufusana</u>.
zolasana	Nzambi zona ke bantu yonso zolasana.

b) Progressive Substitution-Correlation Drill

<u>Cue</u>   <u>Pattern</u>

	<u>Mbasi</u> Nakoko na Namfwenge ke tubana.
	Tomorrow Mr. Rooster and Mr. Civet are going to talk together.
mazono	Mazono <u>Nakoko na Namfwenge</u> tubanaka.
nani na nani?	Mazono nani na nani <u>tubanaka</u>?
kutala	<u>Mazono</u> nani na nani talanaka?
	Who (and who) saw one another yesterday?
ntangu yonso	Ntangu yonso <u>nani na nani</u> ke talanaka?
Za na Madi	Ntangu yonso Za na Madi ke <u>talanaka</u>.

	Ntangu yonso Za na Madi ke talanaka.
kukuta	Ntangu yonso Za na Madi ke kutanaka.
	John and Mary always meet (one another).
na nkokila yai	Na nkokila yai Za na Madi ke kutana.
	John and Mary will meet (one another) this evening.
benu na betu	Na nkokila yai benu na betu ke kutana.
kutina	Na nkokila yai benu na betu ke tinana.
	You and we will avoid each other this evening.
mbasi	Mbasi benu na betu ke tinana.
Nakoko na Namfwenge	Mbasi Nakoko na Namfwenge ke tinana.
kutuba	Mbasi Nakoko na Namfwenge ke tubana.

UNIT 11   KITUBA   FRIENDS AND RELATIVES

GROUP A: VISITING FRIENDS AND RELATIVES (Home, Family and Work)

DIALOGUE: A FAMILY

Polo

ku-sans-a	to raise, bring up, care for
Nani ke sansaka nge?	Who takes care of you?

Zile

Mu ke na tata na munu.[1]   I am with my father.

Polo

Bantu ikwa ke vwandaka na inzo na benu?   How many people live in your home?

Zile

ku-vwam-a	to get rich
m.vwama (ba-)	a rich one, a wealthy person

Samu tata na betu ke mvwama, yandi ke sansaka bantu mingi.   Since our father is wealthy, he takes care of a lot of people.

Polo

nani na nani?   who and who? (i.e. who is included?)

---

[1] From this point on the special conventions commonly employed in the Primer to represent elisions are abandoned in favor of standard orthography. In the Primer this phrase was /tat$_a$ $_n$a munu/.

FRIENDS AND RELATIVES — BASIC COURSE — UNIT 11

Nani na nani yandi ke sansaka?   Whom does he take care of?

Zile

leke/leki (ba-)   younger sibling

Mu ke na leke mosi ya bakala,   I have a younger brother and two
na baleke zole ya bakento.   younger sisters.

Polo

Bantu yankaka ikele?   Are there other people?

Zile

tata ya bakala   paternal uncle

tata ya nkento   paternal aunt

E, bau ke mingi; betu ke na   Yes, lots; we have my uncles and
batata na munu ya babakala,   my aunts.
mpe ya bakento.

ku-kat.ul-a   to remove, subtract

katula   less, besides ('subtracting')

n.kazi (ba-)   brother (used by female of her own brothers - a term denoting a special relationship and rôle in the family)

mwana nkazi / mwana ya nkazi/   child of the sister of a male

Katula tata, bampangi n'andi,   Besides Father, his brothers and
mama na betu bana, betu ke   sisters, Mother and us children
mpe na mwana nkazi mosi ya   we have also a nephew (or niece)
tata.   of Father's.

UNIT 11   KITUBA   FRIENDS AND RELATIVES

Polo

Benu ke na muntu ve na ndambu   Don't you have anybody from your
ya mama na benu?   mother's side?

Zile

Ikele ve; kasi ntangu yankaka   There aren't; but sometimes our
bangwankazi na bamama ke   maternal uncles and aunts come
kwizaka tala betu.   to see us.

Polo

   n.kaka (ba-) [nk'aaka][1]   grandparent, relative of
                                            older generation

Nge ke na nkaka ve?   Haven't you anyone from the
                                       older generation?

Zile

Mu ke na bankaka mingi kasi   I have lots of relatives in the
mu zaba bau ve.   older generation but I don't
                                       know them.

Polo

     lau (ma-)   luck

Nge ke na malau ya kuvwanda   You're lucky to belong to a
na famili ya nene.   large family.

---

[1] For the distinction between the /nk/ of this word and that of /yankaka/ see Note 1.7.

FRIENDS AND RELATIVES BASIC COURSE UNIT 11

Note 11.1 Kinship Terminology: (Reference Note)

Supplementary Vocabulary

kuluntu (ba-)	older sibling
ya kuluntu	older
n.kwezi (ba-) semeki (ba-)	sibling in-law in one's own generation
n.sanga (ba-)	sister (term used by male to his own sisters)
n.tekolo (ba-)	grandchild

In the dialogue of this unit occur a variety of kinship terms. Others have appeared in various units of the primer. The list above gives some other useful ones.

In the absence of detailed ethnographic information concerning the relationship terminology of Kituba speakers, and in the face of the probability that there is no consistent usage, since speakers of Kituba come from various tribal backgrounds, it is not the intention at this time to do more than point up certain useful facts about the kinship terms used by the Congolese collaborator in this text, whose usage probably reflects aspects of his Bakongo tribal affinity.

He calls and addresses all his siblings /mpangi/ (plural /bampangi/) and applies the same term to his cousins in his own generation. Younger siblings and cousins are also called but not addressed as /leke/ and older ones /kuluntu/ with /ya bakala/ or

/ya nkento/ appended when sex designation is appropriate. His own sisters are called but not addressed directly as /nsanga/ which is a term reflecting his special protective rôle relative to his sisters. The spouse of /mpangi/ is /nkwezi/ or /semeki/.

Sisters and female cousins of his mother are called /mama/ with /leke/ and /kuluntu/ added as modifiers where appropriate to indicate that the relative is younger or older than his own mother. The wives of his father's brothers (no biological relation to him) are called by the same terms.

Siblings and cousins of his father, of either sex, are called /tata/ with /ya nkento/ or /ya bakala/ added to distinguish sex where appropriate. Their children, as mentioned above, are his cousins and are called /mpangi/. In some Bakongo tribes, however, these cousins are also called /tata/. This seems to reflect variety in the incest taboo - marriages with /tata/ is possible but not with /mpangi/. The same tribes seem to apply the term /tata/ to the wives of fathers' brothers whom our informant calls, as mentioned above, /mama/.

A girl calls her brother but does not address him directly /nkazi/ reflecting the special rôle which a girls' brother plays. A maternal uncle is thus the /nkazi/ of /mama/ and this individual bears to his sister's children a special rôle relationship. They call and address him /ngwankazi/ which means /nkazi ya mama/. Our informant also applies this term to the husbands of paternal aunts but this is apparently a term of respect and implies no special rôle or relationship. It varies in usage with /tata ya bakala/.

A man calls and addresses as /bana/ his own children, those of his brothers and sisters (/bampangi/ - however far he extends that term among his cousins). His sister's children are in a special rôle relationship to him (he is their /ngwankazi/) and he calls them but does not often address them /mwana nkazi/. The children of all /bana/ are called /ntekolo/.

All relatives of the generation older than the father and mother are /nkaka/[1] whether grandparents, granduncles or grandaunts by English usage. /ya nkento/ and /ya bakala/ distinguish sex when appropriate.

---

[1] The pronunciation of /nkaka/ in isolation is, in the speech of the Congolese collaborator, different from the 'same' syllables of /yankaka/ 'other'. He gives the first /-ka-/ syllable more length in /nkaka/ and subordinates the /n-/ more. The resultant pronunciation is approximately [ŋkáːka]; compare [yaŋkáka].

UNIT 11 — KITUBA — FRIENDS AND RELATIVES

In summary, the system of kinship reflects a matrilineal system with the brothers of one's mother bearing a special relationship to one (and also being looked to as the source of one's inheritance). The terminology applied to the relative of one's father is much less diverse and seems to vary a great deal - with conservative usage favoring /tata/ for all the father's side and more modern practice using /mama/, /ngwankazi/ and /mpangi/ to refer to the appropriate relatives.

NARRATIVE

Polo vwandaka yufusa Zile samu ya famili n'andi. Yandi tubilaka yandi ke tata n'andi ke mvwama. Samu na ina, yandi ke sansaka bantu mingi. Katula leke n'andi mosi ya bakala na zole ya bakento, tata n'andi ke sansaka batata n'andi ya babakala mpe ya bakento. Bosi mpe, mwana nkazi mosi ya tata n'andi ke vwandaka na bau. Muntu mosi ve na ndambu ya mama n'andi ke vwandaka na bau; bangwankazi na bamama n'andi ke kaka kwizaka talu bau. Yandi ke na bankaka mingi, kasi yandi zaba bau ve. Polo tubilaka yandi ke, yandi ke na malau ya kuvwanda na famili ya nene.

FRIENDS AND RELATIVES   BASIC COURSE   UNIT 12

DIALOGUE: A WEDDING INVITATION

Maligeliti

nsuka (ba-)	end, final part
ku-kwel-a	to get married

Piele, bakala ya munu, nge zaba ke leke ya munu ya nkento ke na kukwela na nsuka ya imvu yai?

Pierre, my husband, do you know that my younger sister is getting married at the end of this year?

Piele

talatala (ma-)	glass; spectacle(s); mirror

Ina ke nsangu ya kiese mingi.

That's good news.

Inki leke na nge, yina ke vwataka matalatala kana yankaka?

Which younger sister of yours, the one who wears glasses or another?

Maligeliti

Ve, ina ve. Mu banza ke nge zaba yandi mbote mbote ve; yandi ke vwandaka kuna mingi ve.

No, not that one. I think you don't know her very well; she doesn't stay there very much.

Piele

Inki ndambu yandi ke kwendaka ntangu betu ke kwendaka tala famili ya nge?

Where does she go when we go to visit your family?

233

Maligeliti

Yandi ke vwandaka na mama n'andi mu banza.	She stays with her mother, I suppose.

Piele

na ndambu	apart; away; on the side
O? Nge zona tuba ke mu ke na bankwezi yankaka na ndambu ina mu zaba ve?	Oh? You mean to say that I have other in-laws (apart) that I don't know?

Maligeliti

E, nge ke zabaka ve ke nge ke na bankwezi mingi?	Yes, don't you know you have a lot of in-laws?

Piele

mapasa (ba-)	twins
Mu zaba kaka bampangi ya nge tatu ya bakento: ina ke vwataka matalatala, na zole ina ya mapasa.	I know only your three sisters: the one who wears glasses, and the two who are twins (those two (of) twins).

Maligeliti

ku-bok-a	to shout, cry out, scream
ku-bok.il-a	to address, call someone, invite
Kató	(a street name)

Kasi inki nge ke bokidilaka bana ya mama leke ina ke vwandaka na balabala ya Kato.	But what do you call ('what you use to call') the children of the aunt ('younger maternal aunt') who lives on Kato street?

Piele

Kasi mu zaba ata yandi?	But do I even know her?

Maligeliti

awa	when, while, as
Inki mutindu nge lenda zabila yandi, awa nge ke zonaka kwenda tala bantu yankaka ya famili ve?	How can you know her, when you don't like to go see other people of the family?

Piele

di-kulu (ma-)	leg
Nani zengaka yandi makulu ya kwizila kwaku?	Who cut off her legs for coming here?

Maligeliti

lu.zitu (ba-)	respect, worth, value
m.pamba	nothingness, uselessness
toko (ma-/bama-)	young man, youth
n.dumba (ba-)	young woman, unmarried woman, maiden; prostitute

UNIT 12 KITUBA FRIENDS AND RELATIVES

Ata muntu zengaka yandi makulu ve; nge zaba ve ke bakuluntu ya luzitu ke kwendaka mpamba mpamba ve na bainzo ya bamatoko na bandumba?

Although nobody cut off her legs; don't you know that respected elders don't come for nothing at all to the homes of young gentlemen and ladies?

Piele

ku-fwand-a	to suffice
fwanda	must, should, ought to, have to
fwanda vwanda	to have to be
ku-zit-a	to be heavy, carry weight
ku-zit.is-a	to respect, give weight to
kana...ve	if not, unless

E, kasi betu mpe, bamatoko na bandumba, betu fwanda kwenda kuna ve kana diambu me kubwa ve; betu fwanda vwanda mpe kukizitisa.

Yes, but we too, young men and women, we don't have to go there unless something occurs; we have to keep our self-respect too ('we have to be also respecting ourselves').

Maligeliti

nie	quiet, still

Bika betu vwanda nie malumalu yai.

Let's be quiet now.

FRIENDS AND RELATIVES — BASIC COURSE — UNIT 12

ku-komase — Fr: commencer; start, begin

ma.kwele (ba-) — wedding, marriage

Mu ke tala kana nge ke kwenda ntangu bau ke komase mambu ya makwele na ngonda ke kwiza. — I'm going to watch whether you will go when they start the wedding celebrations ('affairs') next month.

Piele

ku-zab.is-a — to inform, let (one) know

silitú — Fr: surtout; above all, especially

bague (ba-) — (fr:) ring

Betu ke kwenda kana bau ke zabisa betu; silitu ntangu mwana ya bakala ke pesa bague. — We'll go when they let us know; especially the time when the boy gives the ring.

Maligeliti

feti (ba-) — Fr: fête; celebration

fasó (ba-) — Fr: façon; manner, way

mu-săpi (mi-) — finger, thumb, toe

Nge zona kwenda na feti ina samu nge mona faso nge tudilaka bague na musapí na munu? — Do you want to go to the celebration so you [can] see how you placed the ring on my finger?

237

Piele

ki-uvu (bi-)	question

E, nkento munu, ina ke kiuvu ya mbote. Nge ke na mayele. — Yes, my wife that's a good question. You're smart.

mu-tima (mi-/bami-)	heart
n.tinu (ba-)	speed

Nge zaba ke ata mu vwandaka na kiese, mutima na munu vwandaka tambula na ntinu yonso? — Do you know that, although I was happy, my heart was beating ('walking') at great speed?

Maligeliti

e-lŏngi (bi-)	face
ku-basik-a	to get out, come out, go out
ku-tŏk-a	to perspire
mu-tŏki (mi-/bami-)	perspiration
kubasika mutoki	to break out in a sweat

Mu zabaka; samu elongi ya nge vwandaka basika mutoki. — I know because your face broke out in perspiration.

FRIENDS AND RELATIVES — BASIC COURSE — UNIT 12

Note 12.1 'Indirect Discourse' following ke 'that'

Note the following sentences from dialogues to date:

Yandi tubilaka yandi ke tata n'andi ke mvwama.

> He told him that his father is rich.

Polo tubilaka yandi ke yandi ke na malau ya kuvwanda na famili ya nene.

> Polo told him that he was lucky to belong to a large family.

Mu banza ke nge zaba yandi mbote mbote ve.

> I don't think that you know her very well.

Nge zona tuba ke mu ke na bankwezi yankaka na ndambu ina mu zaba ve?

> You mean to say that I have other in-laws (apart) that I don't know?

E, nge ke zabaka ve ke nge ke na bankwezi mingi?

> Yes, don't you know that you have a lot of in-laws?

Nge zaba ve ke bakuluntu ya luzitu ke kwendaka mpamba mpamba ve na bainzo ya bamatoko na bandumba?

> Don't you know that respected elders don't come for nothing at all to the homes of young gentlemen and ladies.

Nge zaba ke ata mu vwandaka na kiese, mutima munu vwandaka tambula na ntinu yonso?

> Do you know that, although I was happy, my heart was beating at great speed?

Maligeliti monisaka yandi ke ina ke kwela ke mwana ya mama na yandi ya leke ina ke vwandaka na Kato.

> Margaret explained to him that [the one] who was going to get married was the child of her younger maternal aunt who lived in Kato.

UNIT 12 KITUBA FRIENDS AND RELATIVES

Maligeliti zonaka <u>ke bau vwanda nie</u>.

Margaret wanted that they become quiet!

Note that the conjunction <u>ke</u> in these sentences follows immediately or often the object of the verbs: /kuzona/, /kutubila/, /kuzaba/, /kutuba/, /kumonisa/, /kubanza/, all of which have to do with the words, the thoughts, the ideas, the understandings of the actors or speakers. Other verbs, like /kulongisa/ 'to instruct', /kuvutula/ 'to reply' and the like may also occur with this structure.

The conjunction <u>ti</u> which has not yet been introduced in these units varies freely with <u>ke</u> in this construction with the same meaning. It is mainly used in the Eastern region.

In all the examples given <u>ke</u> is followed by a clause with subject and verb. This is the commonest pattern although it is not impossible for <u>ke</u> to be followed by a noun phrase, in which case the context makes clear that <u>yau ke</u> 'it is' could be inserted preceding such phrase.

Note that <u>ke</u> in these sentences, although it has the same shape as the auxiliary verb <u>ke</u> 'be', is clearly identified by the intonation pattern and its syntactic environment as a conjunction and there is no confusion caused by this identity of form.

FRIENDS AND RELATIVES   BASIC COURSE   UNIT 12

NARRATIVE

Maligeliti tubilaka bakala na yandi Piele ke leke na yandi mosi ya nkento ke kwela na nsuka ya imvu yau. Piele zaba yandi ve. Yandi zaba kaka bankwezi na yandi tatu ya bakento: mosi ke vwataka matalatala, mpe zole ke bamapasa. Maligeliti monisaka yandi ke, ina ke kwela, ke mwana ya mama na yandi ya leke, ina ke vwandaka na Kato. Piele zaba ata yandi ve; samu yandi ke kwendaka tala bantu yankaka ya famili ve. Ata yandi zaba ke bakuluntu ya luzitu ke kwendaka mpamba mpamba na bainzo ya bamatoko to ya bandumba ve, yandi ke zonaka mpe ke bamatoko na bandumba kukizitisa.

Maligeliti zonaka ke bau vwanda nie, mpe zonaka tala kana bakala na yandi ke kwenda ntangu bau ke komase mambu ya makwela. Piele tubilaka yandi ke bau ke kwenda, silitu na ntangu mwana bakala ke pesa bague. Yandi ke zonaka kwenda na feti yina samu ya kumona diaka faso yandi tudilaka bague na musapi ya Maligeliti. Na ntangu ina, ata yandi vwandaka na kiese mingi, mutima na yandi vwandaka tambula na ntinu yonso. Maligeliti tubilaka yandi ke, yandi zabaka samu elongi na yandi vwandaka basika mutoki.

UNIT 13   KITUBA   FRIENDS AND RELATIVES

DIALOGUE: A VISIT TO A CONGOLESE HOME

Andele

Ko...ko...ko...ko...   Knock, knock...

Samiele

   paladó (ba-)   pardon

Palado...Benu vingila fioti,   Pardon...Wait a bit, we're
betu ke na kwiza kotisa   coming to let you in.
benu.

Benu kota ya benu. Betu   Come in please ('You enter of
vwandaka vingila benu na   you' i.e. at your pleasure).
kiese yonso.   We have been awaiting you with
                                   great pleasure ('all joy').

Yai ke nkento na munu Lucie...   This is my wife, Lucy. Lucy,
Lucie, yai ke Tata Andele   this is Mr. Andrew Dadié and
Dadié na nkento n'andi.   his wife.

Andele

   nsoni (ba-)   shyness, reticence

Melesi mingi. Yai ke nkento   Thank you very much. This is my
ya munu, Odette; yandi ke na   wife Odette; she is quite re-
nsoni mingi.   tiring.

242

FRIENDS AND RELATIVES — BASIC COURSE — UNIT 13

Lucie

vwanda na nge	pay no attention
meso ya ngolo	bold eyed, wide awake, aware, outgoing, extroverted
ki-fu (bi-)	habit, custom
ku-sok.us-a	to tease

Vwanda na nge mpangi ya munu Odette, nge ke na meso ya ngolo; yau ke kifu ya babakala ya kusokusa bakento.

Pay no attention my sister Odette. You're outgoing (i.e. not shy). It is a custom of men to tease women.

Odette

lezó (ba-)	Fr: raison · right
ku-sěk-a	to laugh
ku-sěk.is-a	to make laugh, amuse

Nge ke na lezo. Bakala na munu ke zonaka sekisa bantu ntangu yonso.

You're right. My husband always likes to amuse people.

ku-bumb-a	to hide, secrete

Yandi tubilaka munu ke benu ke na bana. Na inki kifulu benu me bumbila bau?

He told me you have children. Where have you hidden them?

243

UNIT 13 KITUBA FRIENDS AND RELATIVES

Lucie

ku-kos-a	to lie, fib
Vana yandi kosaka nge ve.	There he didn't lie [to] you.
Betu ke na bana zole ya ba-bakala, kasi bau me kwenda-ka na conge na bwala ya kamaladi ya betu mosi.	We have two boys but they have gone (some time ago) for vacation in the village of a friend of ours.

Odette

menga (ba-)	blood
menga ya mbote	good luck
Bau ke na menga ya mbote ya kwenda vundila kuna.	They are lucky to go rest there.
n.gonda (ba-)	month
ki-ozi (bi-~baki-)	coldness, a cold, fever
ku-kos.ul-a	to cough
kosúkosu (ba-)	cough
Betu mpe ke na bana zole, bakala na nkento, kasi banda ngonda lutaka bau vwandaka vwanda na kiozi, mpe malumalu yai, bau ke na kosukosu.	We too have two children, boy and girl, but since last month they have had ('been with') colds, and now they have coughs.
Yau ina betu bikaka bau na inzo.	That's why we left them at home.

244

FRIENDS AND RELATIVES — BASIC COURSE — UNIT 13

Samiele

Betu ke na kiadi mingi ya kuwa nsangu yina.	We're very sorry to hear that.
kaka mpila ina/ kaka mpidina	always thus ('that way only')
n.sungi (ba-)	season
ki-sivu (bi-)	winter, dry season
Yau ke kaka mpidina na nsungi yai ya kisivu.	It is always like that in this season of winter.
mu-tima (mi-)	heart
kutula mutima	to hope ('place heart')
kumona mbote	to recover ('see goodness'), get well, be well
Betu ke na kutula mutima ke, bau ke mona mbote malu-malu.	We hope that they recover quickly.

Lucie

ku-tel.am-a	to get up, stand up, be standing
ku-ted.im.is-a	to have/help/make get up, keep (one) standing
Mu zona tedimisa benu mingi ve. Benu vwanda ya benu.	I don't want to keep you standing longer. Please be seated ('You sit of you' i.e. as you please)

245

UNIT 13   KITUBA   FRIENDS AND RELATIVES

    ku-kubik-a   to put in order, arrange

    n.guba (ba-)   peanuts

    ki-sikiti (bi-babi-)   Fr: biscuit; pastry, biscuit, cookie

    gató (ba-)   Fr: gâteau; cake

    fonó (ba-)   phonograph

    kubula fono   to play the phonograph

Na ntangu mu ke na kumanisa kubika bima, benu lenda banda kunwa coca cola, limonadi...kudia nguba, bisikiti, gato...na kubula fono.   While I'm finishing arranging things, you may begin to drink coca cola [or] lemonade; to eat peanuts, cookies, cake [and] to play the phonograph.

Odette

    di-boko (ma-)   hand, arm

    kupesa maboko   give hands i.e. help

Melesi mingi...Kasi kana nge zona mu lenda kwiza pesa nge maboko, ntangu babakala ya betu ke vwanda solula.   Thank you very much...But if you wish, I can come give you a hand while our husbands are chatting ('will be talking').

Lucie

Mambu ve.   OK.

FRIENDS AND RELATIVES — BASIC COURSE — UNIT 13

NARRATIVE

Andele na nkento n'andi Odette, vwandaka na inzo ya Samiele na nkento n'andi, Lucie. Samu ya kusekisa bau, yandi tubilaka bau ke Odette ke na nsoni mingi; kasi Lucie tubaka ke yandi ke na meso ya ngolo.

Samu Odette zaba kifu ya bakala n'andi ya kusokusa bantu, yandi zonaka zaba kana baSamiele ke na hana, kome Andele tubilaka yandi. Awa, yandi kosaka yandi ve. Bana babakala zole ya Samiele na Lucie, kwendaka na congé na bwala ya kamaladi ya bau mosi; bau ke na menga ya mbote ya kwenda vundila kuna; samu, bana ya Andele na Odette vwandaka ntete na kiozi pe malumalu yai, bau ke na kosukosu; yau ina, bau bikaka bau na inzo.

Samiele na nkento n'andi, vwandaka na kiadi ya kuwa mambu ina. Kasi, ata yau ke kaka mpidina na nsungi ya kisivu, bau tubilaka bau ke, bau tulaka mutima ke bau ke mona mbote malumalu.

Lucie zonaka mona bau kutelama ntangu ya inda ve. Yandi vwandisaka bau. Yandi tubilaka mpe bau kubanda kunwa coca cola, limonadi...kudia nguba, bisikiti, gato...na kubula fono; ntangu yina yandi zonaka manisa kukubika bima. Kasi Odette zonaka pesa yandi maboko, ntangu babakala na bau vwandaka banda solula. Lucie zonaka ngindu ina.

UNIT 14 KITUBA FRIENDS AND RELATIVES

DIALOGUE: TALK ABOUT THE HOUSE

Andele

e-sĕngo (bi-)	joy, happiness
Mu ke na esengo mingi ya ku-mona inzo na benu.	I'm very happy to see your house.
penzá	very, extremely
Yau ke kitoko penza. Bau tungaka yau ntama mingi?	It's very lovely. Was it built a long time ago?

Samiele

wapi!	No! Not at all.
Wapi! Ntama mingi ve.	No! Not very long.
dayele	Fr: d'ailleurs; besides
ku-tom.is-a	to beautify, decorate
velandá (ba-)	Fr: véranda; porch
Dayele bau me manisa kutomisa velanda kaka na nsuka ya ngonda lutaka.	Besides, they finished decorating the porch only at the end of last month.

Andele

mongo (ba-)	mountain
fimongo mongo (ba-)	little hill
mu-pĕpe (mi-)	breeze, wind

248

FRIENDS AND RELATIVES BASIC COURSE UNIT 14

Samu ya fimongo mongo yai, | Don't the winds blow ('come')
mupepe ke vwandaka ngolo | strongly in the rainy season
ve na ntangu ya bamvula? | ('time of rains') on account
 | of this little hill?

Samiele

Ve, yau ke vwandaka ngolo ve. | No, they're not strong.

   m.finda (ba-) | woods, forest

Kome yau ke katukaka na nima | As they are from the back of the
ya inzo na ndambu ke velanda | house on the side [where] is
bainti ya mfinda ina ke | the veranda, the trees of the
na ndambu ina ke sadisaka | woods which are on that side
betu. | help us.

Andele

   molŭnge (ba-) | heat

Mu banza ke na ntangu ya | I imagine that in hot times that
molunge, velanda ina ke | porch is a good place to get
palasi ya mbote ya kuba- | cool breezes.
kila mupepe ya kiozi. |

Samiele

Ata na ntangu ya molunge ve. | Not only in times of heat.

   ku-pem-a | to rest, relax, breathe
   mw.ini (ba-) | sunlight, daylight, light
   nuni (ba-) | bird

UNIT 14   KITUBA   FRIENDS AND RELATIVES

Mu ke zonaka pemina kuna, silitu na mwini, samu ya kuwa banuni kuyimbila.

I like to rest there especially in the daytime to hear the birds sing.

Andele

    n.ganda (ba-)   outside

    ku-mon.ik-a   to appear, seem

Na ntangu betu vwandaka na nganda, inzo ya benu vwandaka monika nene penza.

When we were outside your house looked ('was appearing') very large.

    étage (ba-)   (Fr.) upstairs

Benu ke na masuku ikwa na étage?

How many rooms have you upstairs?

Samiele

Na étage betu ke na masuku iya.

On the upper floor we have four rooms.

    kabiné (ba-)   Fr: cabinet; water closet, toilet

Masuku tatu ke na kabine, kifulu ya kusukudila elongi, na kifulu ya kuyobidila.

Three rooms have toilets, wash basins, and bathtubs. ('places to wash the face and places to bathe').

Andele

Masuku ina yonso ke ya inki?   What are all those rooms for?

FRIENDS AND RELATIVES — BASIC COURSE — UNIT 14

Samiele

n.zenza (ba-)	guest, stranger

Disuku mosi ke ya betu, mosi ya bana, mpe mosi ya banzenza. — One room is for us, one for the children, and one for guests.

ku-lund-a	to store, keep

Bosi betu ke na disuku mosi ya kulundila mikanda, yau ke mpe bilo. — Then we have a room for storing books, it is also the study.

Andele

Yau ke mbote na kuvwanda na masuku mingi. — It's good to live in many rooms.

n.dé	then, in that case
sikalie (ba-)	Fr: escalier; stairs
ku-tomb.uk-a	to rise, go up

Ina nde ke sikalie ya kutombukila kuna? — That then is the stairs to go up there?

Samiele

ku-sol.ul-a	to find

E, yau ike ina. Kusolula yau ke mpasi. — Yes, that's it. It's hard to find it.

Bantu ke banzaka ke yau ke kaka mwelo ya disuku. — People think that it's only the door of a room.

Andele

benu mosi	you yourselves
ku-mes.ăn-a (na)	to be used to

Mu banza ke ata benu mosi, fwanda mesana na yau, samu ya kuzaba ke yau ke kuna.

I suppose that even you yourselves must be used to it to know that it is there.

Samiele

ku-kĭt-a	to go down, descend

Ina ke ya tieleka...Kuna mpe betu ke na sikalie ya ku-kitila na insi.

That's true...There also we have a staircase to go down to the ground.

ku-yum-a	to get dry
ku-yum.is-a	to dry, make dry
ku-wom-a	to iron, press
ki-seng-wa (bi-)	steel, tool

Na ndambu ina, betu ke sukudilaka, kuyumisa, na kuwoma bilele; mpe betu ke lundilaka bisengwa yankaka kuna.

There we wash, dry and iron clothes; we also store some tools there.

Andele

ku-kab.ul-a	to divide, share
to /too/	or

FRIENDS AND RELATIVES — BASIC COURSE — UNIT 14

Bau kabulaka yau na masuku to yau ke kaka disuku mosi? — Is it divided into rooms or is it only one room?

Samiele

    fi.ki.fulu (ba-) — little place

    imbwa (ba-) — dog

    ku-but-a — to give birth

    n.ganzi (ba-) — anger

Yau ke kaka disuku mosi; kasi betu tungaka fikifulu ya kukangila imbwa; samu banda yandi butilaka, yandi ke na nganzi mingi. — It is only one room but we made a little place to tie the dog; because since she had puppies, she is very touchy.

    ku-tatik-a — to bite

Yandi ke zonaka tatika ata munu. — She wants to bite even me.

Andele

    makelele (ba-) — noise

Ina ke kifu ya imbwa ya nkento;[1] yau ina nkento na munu ke zonaka kuwa ata makelele ya imbwa ve. — That's the habit of female dogs, that's why my wife doesn't like even the noise of dogs.

---

[1] For the pronunciation of this form referring to animals see Note 1.7.

UNIT 14 KITUBA FRIENDS AND RELATIVES

    n.kutu   even, besides, in addition

    m.bumba (ba-)   cat

    ku-zak.am.is-a   to cause to tremble

Ata nkutu bambumba yai lenda zakamisa yandi.   Even these cats can set her trembling.

Samiele

    wonga (ba-)   fear

Lezo ya ngolo ikele ve ya kuvwanda na wonga ya mpidina.   There's no strong reason to have fear like that.

    saló (ba-)   Fr: salon; large room

Kwaku betu ke na masuku iya; salo ya kusoludila, disuku ya kudila, kikuku, na kifulu ya kusukudila maboko.   Here we have four rooms: a living room ('parlour for conversation'), a dining room, a kitchen and a place to wash up ('place to wash hands').

    m.baimbai   after awhile

Kana nge zona, mbaimbai mu ke monisa nge inzo yonso.   If you like, after awhile I'll show you the whole house.

FRIENDS AND RELATIVES — BASIC COURSE — UNIT 14

NARRATIVE

Samiele na Andele vwandaka solula. Na nganda ti na kati inzo ya Samiele ke monikaka nene mpe kitoko mingi. Andele vwandaka na esengo mingi ya kumona yau.

Bau tungaka yau ntama mingi ve. Dayele, bau manisaka kutomisa velanda na nsuka ya ngonda lutaka. Ata inzo ya Samiele ke na zulu ya fimongo mongo, mupepe ke vwandaka ngolo ve na ntangu ya bamvula, samu ya bainti ya mfinda ina ke na ndambu ya velanda, kuna mupepe ke katukaka.

Na ntangu ya molunge, velanda ina ke palasi ya mbote ya kubakila mupepe ya kiozi. Ntangu yankaka Samiele ke zonaka pemina kuna, silitu na mwini, samu ya kuwa banuni kuyimbila.

Andele yufusaka yandi ntalu ya masuku vwandaka na étage. Kuna bau ke na masuku iya: ya bau, ya bana, ya banzenza mpe ya kulundila mikanda - yau ina ke mpe bilo. Masuku tatu ke na kabine, kifulu ya kusukudila elongi na kifulu ya kuyobidila.

Yau ke mpasi ya kusolula sikalie ya kutombukila na zulu. Yau ke na mwelo mpila mosi ya disuku; kuna mpe ke sikalie ya kukitila na insi. Kuna na insi ke palasi ya kusukudila, kuyumisa, na kuwomina bilele mpe ya kubumbila bisengwa yankaka.

Bau kabulaka ndambu ina na masuku yankaka ve, kasi bau tungilaka imbwa na bau fikifulu ya kukangila yandi; samu banda yandi butilaka, yandi ke na nganzi mingi. Yandi ke zonaka tatika ata Samiele.

Andele tubilaka yandi ke, ina ke kifu ya imbwa ya nkento; nkento n'andi ke zonaka kuwa ata makelele ya imbwa ve; ata nkutu bambumba yai ke zakamisaka yandi.

Samiele tubilaka Andele ke Odette vwandaka na lezo mingi ve ya kuvwanda na wonga ya mpidina.

Na nsuka yandi tubilaka mpe yandi ke, kuna bau vwandaka vwanda ke masuku iya: salo ya kusoludila, disuku ya kudila, kikuku mpe kifulu ya kusukudila maboko.

FRIENDS AND RELATIVES   BASIC COURSE   UNIT 15

DIALOGUE: TO BUY OR TO RENT

Andele

Samiele, mpangi na munu, nge salaka diambu ya mbote ya kusumba inzo yai.	Samuel, my good friend ('brother'), you did a good thing ('matter') in buying this house.
lu.zingu (ba-)	life
ku-los-a	to throw away, waste, reject
ata...kasi	even though...still
kasi...ve	but...not, and...not, than
Ata yau ke ntalu, kasi na luzingu yau kuluta mbote ya kusumba kima ya luzitu na mbongo mingi, kasi kulosa mbongo fioti na kima ya mpamba ve.	Even though it is expensive, still it is better in life to buy a worthy thing with much money than to waste a little money on a useless thing.

Samiele

di-banza (ma-)	thought, idea
ku-lung-a	to suffice, fit, be enough
bosi mpe	besides (= nkutu), then too

Melesi mingi. Mu ke na mabanza ya kusumba inzo yankaka ve; yai me lunga, bosi mpe betu ke zonaka yau mingi.	Thank you. I haven't any thought of again buying another house; this is suitable ('has sufficed'), besides we like it very very much.

Andele

Inki mutindu nge soludilaka inzo yai?	How did you find this house?

ku-zing-a   to live, live long, last

Samu mu mpe mu ke na kubanza sumba inzo mosi ya nene, kuna betu lenda zingila baimvu mingi.	Because I too am thinking of buying a big house where we can live for many years.

Samiele

Ina ke diambu ya mpasi mingi mingi ve.	That's not a very difficult matter.
kompani (ba-)	Fr: compagnie; firm, company, corporation
keledí (ba-)	Fr: crédit; terms, installations
Muntu mosi pesaka munu nkumbu ya kompani mosi ya nene, ina ke tungaka bainzo, mpe kuteka yau na keledi.	Somebody gave me the name of a big company which builds houses and sells then on credit.

FRIENDS AND RELATIVES   BASIC COURSE   UNIT 15

Andele

    di-baya (ma-)   board, lumber, wood

Nge banza ke bau lenda vwanda na bainzo ya mabaya?   Do you think they might have frame houses ('houses of wood').

Samiele

Mu banza ke yau ke mpasi fioti ya kumona bainzo ya mpidina; samu bainzo ya mutindu yina ke zingaka baimvu mingi kwaku ve.   I think that it is a bit difficult to find ('see') houses like that; because houses of that type don't last here very many years.

Andele

    kuluta zona   to like better, prefer

Mu ke lutaka zona inzo ya mabaya, samu mu me mesanaka na bainzo ya mutindu ina na Amelike.   I prefer a house of wood because I got used to houses like that in America.

    n.sunga (ba-)   aroma, fragrance

    kuwa nsunga   to smell (transitive)('to sense odor')

Bosi mpe diaka, mu ke zonaka kuwa nsunga ya mabaya.   Besides I like (to sense) the aroma of wood.

Samiele

Mu me mona.   I see ('I have seen').

UNIT 15   KITUBA   FRIENDS AND RELATIVES

    ti   that (conjunction)

    ku-tung.w-a   to be built

    bidiki (ba-)   Fr: brique; brick

    simé (ba-)   Fr: ciment; cement, concrete

Mu banza ti kana nge ke na menga ya mbote, nge lenda solula inzo ya kutungwa na mabaya, na bidiki to sime.   I think that if you're lucky you can find a house built of wood and brick or concrete.

Andele

Ina ke vwanda diambu ya mbote.   That would be (a) good (thing).

    ku-yok.w-a   to be burnt

Kasi banda betu kwizilaka kwaku, betu vwandaka mona kaka bainzo ya bidiki ya kuyokwa, to ya bidiki ya sime, to ya bidiki ya ntoto.   But since we came here, we've been seeing only houses built of burnt brick or of concrete blocks or of bricks of earth [unburnt].

Samiele

E, yau ke mpidina.   Yes, it's like that.

    nianga (ba-)   thatch

Bosi mpe na babwala nge lenda mona bainzo ya matiti mpe ya nianga.   Then, too, in the villages you can see houses of grass and of thatch.

    ku-fut.il-a   to rent

FRIENDS AND RELATIVES BASIC COURSE UNIT 15

Inki ntalu benu ke futilaka inzo ina benu ke na yau? | For how much do you rent the house which you have (it)?

Andele

    mile (ba-) | Fr: mille; thousand
    n.kama (ba-) | hundred

Betu ke futilaka yau na mile zole katula nkama tanu ya falanka na ngonda. | We rent it for 1500 francs ('two thousand less five hundred of francs') per month.

    ekonomí (ba-) | Fr: économie; saving

Betu zona vwanda na inzo ya betu mosi, kasi ntete betu ke na kusala baekonomi fioti. | We want to have a house of our own but first we are saving a little ('effecting a few economies').

Samiele

    ku-def-a | to borrow

Kasi kana benu zona vingila ntama mingi ve, benu lenda baka inzo ya keledi mpila mosi betu salaka, to kudefa mbongo. | But if you don't want to wait a very long time, you can get a house on credit as we did or borrow money.

Andele

    ku-zeng-a (mambu) | to decide (matters)

Betu vwandaka banza mpila mosi, kasi betu ke ntete na mambu yankaka ya ku-zenga.	We've been thinking like that but we have first some matters to decide.

NARRATIVE

Samiele salaka diambu ya mbote ya kusumba inzo ina. Na luzingu, yau kuluta mbote ya kusumba kima ya luzitu na mbongo mingi, kasi ya kulosa mbongo fioti na kima ya mpamba ve. Yandi ke mpe na mabanza ya kusumba inzo yankaka ve: ina me lunga. Yandi sumbaka yau na kompani mosi ya nene, ina ke tungaka bainzo mpe kuteka yau na keledi.

Yau ke mpasi fioti ya kumona bainzo ya kutungwa na mabaya, samu yau ke zingaka baimvu mingi kwaku ve. Andele ke zonaka mutindu ya bainzo ina. Yandi me mesanaka na yau na Amelike. Yandi ke mpe zonaka kuwa nsunga ya mabaya. Samiele banzaka ke, kana yandi ke vwanda na menga ya mbote, yandi lenda solula inzo ya kutungwa na mabaya na bidiki to sime.

Banda Andele na famili n'andi kwizilaka, bau vwandaka mona kaka bainzo ya kutungwa na bidiki ya kuyokwa, to ya bidiki ya sime, to ya bidiki ya ntoto. Samiele mpe tubilaka yandi ke, na babwala bau lenda mona bainzo ya matiti mpe ya mianga.

Malumalu yai, baAndele ke futilaka inzo na mile zole katula

nkama tanu ya falanka na ngonda. Kasi bau zona sumba inzo ya bau mosi: bau ke na kusala baekonomi fioti. Samiele longisaka yandi ke, bau lenda baka inzo ya keledi mpila mosi bau salaka, to kudefa mbongo. Andele na nkento n'andi vwandaka banza mpila mosi, kasi bau ke na mambu yankaka ya kuzenga.

UNIT 16   KITUBA   FRIENDS AND RELATIVES

DIALOGUE: IN THE KITCHEN

Odette

Kongolé (ba-)	Fr: Congolais; Congolese
Yai ke kilumbu ya munu ya ntete ya kukota na kikuku ya Kongole.	This is the first time ('day') for me to enter a Congolese kitchen.

Lucie

O? Yau ke mpidina?	Oh, is that so ('is it thus')?

Odette

restaurant (ba-) /restorã/	restaurant
E, samu banda betu kwizilaka kwaku, baKongole ina vwandaka bokila betu, vwandaka nata betu na ba-restaurants.	Yes, because since we came here, Congolese who have been inviting us have been taking us to restaurants.

Lucie

petétele	Fr: peut-être; perhaps
Kasi samu na inki bau vwandaka sala mpidina? Petetele bau ke na mbongo mingi.	But why have they been behaving like that? Perhaps they have a lot of money.

Odette

Wapi, yau ke samu ya mbongo ve.	No, it's not on account of money.

FRIENDS AND RELATIVES — BASIC COURSE — UNIT 16

    m.bǎla (ba-)   occasion, time

    mbǎla mosi   once

    leponse (ba-)   Fr: réponse; response, answer

Mbala mosi betu yufusaka famili mosi; kasi leponse bau pesaka betu salaka betu kiadi mingi.   Once we asked a family; but the answer they gave us caused us much sorrow.

Lucie

Ina ke diambu ya kiadi. Inki bau tubilaka benu?   That's too bad. What did they tell you?

Odette

    mu-n.dele (mi-)   white person

Bau vwandaka banza ke, samu betu ke mindele, na mpe banzenza kwaku, petetele betu vwandaka zona kudia madia ya bau ve.   They thought that because we are white people and also strangers here perhaps we wouldn't want to eat their food.

Lucie

Mu zaba mbote ina bau tubilaka benu.   I know well that which they told you.

Ntama, betu mpe vwandaka sala mpidina; kasi na manima betu banzaka ke, muntu ya nzenza   Formerly we also were behaving like that; but afterwards we thought that a stranger should

265

fwanda mesana kudia madia ya insi, kana yandi zona kuzaba insi ina, mpe kuzona yau.	get used to eating the food of the country if he wants to know that country and like it.

Odette

na zula ya ina	on top of that, in addition to that
ku-sob-a	to change, differ
peléseke	Fr: presque; nearly, almost
Ina ke ya tieleka; bosi na zulu ya ina, madia na bainsi mingi ke peleseke mutindu mosi; mutindu ya kulambila yau kaka ke sobaka.	That's true; then in addition to that, the food of many countries is almost the same ('one kind'); only the ways of cooking it differ.

Lucie

Ina ke ya tieleka penza; mu zaba ke ntangu mosi, tata na mama ya kamaladi ya nkwezi na munu ya bakala, zonaka meka kudia madia ya insi.	That's very true. I remember ('know') that one time the father and mother of a friend of my brother-in-law wished to try to eat native food.
sakasaka	manioc leaves

FRIENDS AND RELATIVES — BASIC COURSE — UNIT 16

fŭfu (ba-) — manioc flour (and various staple dishes)

Betu lambilaka bau madia ya mutindu na mutindu; na kati ya bima ina yonso, bau lutaka zona madezo, sakasaka na fufu. — We cooked them all kinds of food; among all those things they liked best ('exceeded to like') beans, manioc leaves and fufu.

Odette

nzo! — Oh! So! Aha!

Nzo, mpidina? — Is that so?

Lucie

Bika mama! — And how! Boy oh boy!, etc. (exclamation - to a lady)

Bika mama! Banda ntangu ina betu ke soludilaka kaka madia ina. — And how! Since that time we discuss only that food.

Mu monisaka nkutu nkento mutindu ya kulambila yau. — Besides, I've shown the lady how to cook ('manner of cooking') it.

Odette

Yau ke mpasi ve na kulamba? — Isn't it hard to cook?

Lucie

lu-zolo (ba-) — will, desire, motivation; love

UNIT 16 KITUBA FRIENDS AND RELATIVES

Ata fioti ve, kana nge ke na luzolo.   Not at all ('even a little not') if you have the desire to.

Odette

Inki ntangu nge lenda longisa munu yau?   When can you teach it to me?

Lucie

konso   every, any

Konso ntangu nge zona.   Any time you wish.

NARRATIVE

Odette na Lucie vwandaka solula na kikuku. Yau vwandaka kilumbu ya ntete ya Odette ya kukota na kikuku ya Kongole. Ba-Kongole ina vwandaka bokila famili n'andi, vwandaka nata bau na ba-restaurants.

Mbala mosi bau yufusaka famili mosi, samu na inki bau vwandaka sala mpidina. Mvutu ya bau pesaka bau kiadi mingi. Bau banzaka ke, samu bau ke bamindele na banzenza, petetele bau vwandaka zona kudia madia ya bau ve.

Lucie zabaka mbote ina bau tubilaka bau. Yandi mpe na bakala n'andi vwandaka sala pidina; kasi na manima bau sobaka samu bau banzaka ke muntu ya nzenza fwanda mesana kudia madia ya insi, kana yandi zona zaba insi ina mpe kuzola yau. Ina ke ya tieleka. Bosi mpe na zulu ya ina, madia ya bainsi mingi ke peleseke mutindu mosi; mutindu ya kulambila yau kaka ke sobaka.

Nkwezi ya Lucie vwandaka na kamaladi n'andi. Ntangu mosi tata na mama ya kamaladi ina zonaka meka kudia madia ya insi. Lucie lambilaka bau madia ya mutindu na mutindu. Na kati ya bima ina yonso bau lutaka zona madezo, sakasaka na fufu. Yandi monisaka nkutu nkento mutindu ya kulambila yau.

Odette zonaka zaba kana yau ke mpasi ve na kulamba. Ve, yau ke mpasi ve kana yandi ke na luzolo. Lucie tubilaka yandi ke yandi lenda longisa yandi konso ntangu yandi zona.

UNIT 17   KITUBA   FRIENDS AND RELATIVES

DIALOGUE: DINNER IS SERVED

Samiele

di-sŏlo (ma-) — chat, conversation, discussion

ku-bw-a tiya — to become animated, to get warm ('fall fire')

Palado. Mu zaba ke disolo na benu me kubwa tiya, kasi benu lenda tubila betu inki betu lenda sadila benu, samu ya kudia malumalu? — Excuse me. I know that your conversation has gotten interesting but can you tell us what we can [do to] help you in order to eat as soon as possible?

Lucie

ti (ba-) — Fr: thé; tea

ku-tok-a — to boil (intransitive)

ku-bak-a kiozi — to get cold, take cold

Maza ya ti pe ya kafe ka na kutoka; bosi mpe mu banza ke madia ke na kubaka kiozi. — The water for tea and coffee is boiling; then too I think that the food is getting cool.

Benu lenda tula bima ya kudila na meza? — Can you put the things to eat with onto the table?

Samiele

Ina ke diambu ya mpasi ve. — That's not a difficult matter.

FRIENDS AND RELATIVES   BASIC COURSE   UNIT 17

    propre(s)   (fr.) clean

Na inki palasi ke malonga ya propres?   Where are the clean dishes?

Lucie

    tiliwale (ba-)   Fr: tiroire; drawer

    lalemwale (ba-)   Fr: l'armoire; cupboard

    kwe (ba-)   Fr: coin; corner

Yau ke na tiliwale ya lalemwale ina ke na kwe ina.   They're in the drawer of the cupboard which is in that corner.

Samiele

Melesi. Mu banza ke Andele ke zona kwiza sadisa munu kutula malonga na meza. Yau ke mpidina ve, Odette?   Thanks. I think Andrew will want to come help me put the dishes on the table. Isn't that so, Odette?

Odette

    ina mpe   there!

E, yau ke pidina. Yandi ina mpe ke na kwiza.   Yes, that's so. There - he's coming.

Samiele

Andele, nge zaba ke na ntama kwaku kisalu ya kutula bima ya kudila na meza   Andrew, did you know that in the past here the job of setting the table ('putting

271

vwandaka kisalu ya bakento?	the things to eat with on the table') was woman's work?

Andele

E, mu zaba; ata na Amelike yau vwandaka mpe pidina.	Yes, I know; even in America it was also like that.

Lucie

Ata ti malumalu yai, babakala mingi ke zonaka sadisa bakento ya bau ve. ku-sal.asan-a	Even up to now many men don't like to help their wives. to help one another
Mu banza ke, yau ke mbote ya kusalasana; samu tala malumalu yai, ntangu betu vwandaka nata banzungu ya madia na meza, benu vwandaka tula bima ya kudila. Ina ke mbote ve?	I think that it's good to work together; because look! now, while we're bringing the pots of food to the table you are setting - isn't that good?

Odette

nzalu (ba-)	spoon
nsoma (ba-)	fork
kopo (ba-)	cup

FRIENDS AND RELATIVES BASIC COURSE UNIT 17

Ina ke mbote kana bau zabaka bapalasi ya kutula banzalu, bansoma, bambele na bakopo.

That would be good, if they knew the places to put the spoons, forks, knives, and cups.

Andele

potopoto — confusion, disorder, mud

Mu banza ke potopoto me kubwa, samu benu monisaka betu mutindu ya kutudila yau ve.

I suspect the confusion has occurred because you didn't show us how to set them.

Lucie

foti (ba-) — Fr: faute; fault

Yau ke kaka kisalu ya babakala ya kupesa foti na bakento.

It's always the way ('work') of men to attribute the fault to the ladies.

mungwa (ba-) — salt

sukadi (ba-) — sugar

Samiele, na ntangu mu ke sosa mungwa, pidipidi na sukadi, nge lenda natina betu ti na kafe?

Samuel, while I look for the salt, pepper and sugar, can you bring us tea and coffee?

Samiele

E, mambu ve. Benu vwanda ya benu na meza, bampangi ya betu.

Yes, sure. Sit yourselves down at the table, friends ('siblings of us').

UNIT 17   KITUBA   FRIENDS AND RELATIVES

Lucie

Mpangi na munu Odette, nge lenda sambila samu ya madia?	(My sister) Odette, could you offer grace? ('prayer about food').
lu.sambu (ba-)	prayer, blessing
ku-tomb.ul-a	to raise
ku-ki.tomb.ud.il-a (madia)	to serve yourself (food)
Na manima ya lusambu, Samiele ke tula mbisi na malonga ntangu betu ke kukitombudila madia yankaka.	After the prayer, Samm will put meat on the plates, while we help ourselves to the other food.

NARRATIVE

Samiele zabaka ke disolo ya Lucie na Odette na kikuku kubwaka tiya. Kasi yandi zonaka ke bau kudia malumalu; yau ina, yandi zonaka sadisa bau. Bau vwandaka tokisa maza ya ti pe ya kafe. Na ntangu madia vwandaka baka kiozi, bau zonaka babakala kutula bima ya kudila na meza.

Na lalemwale na kwe vwandaka tiliwale ya malonga ya propres. Samiele vwandaka tula yau na meza. Andele kwizaka sadisa yandi.

Na ntama kuna, kisalu ya kutula malonga na meza, vwandaka kisalu ya bakento. Yau vwandaka mpila mosi ata na Amelike.

FRIENDS AND RELATIVES — BASIC COURSE — UNIT 17

Lucie tubaka ke yau ke mbote ya kusalasana; ntangu bau vwandaka nata banzungu ya madia na meza, babakala na bau vwandaka tula bima ya kudila.

Ina vwandaka mbote; kasi bau zabaka bapalasi ya kutula banzalu, bansoma, bambele na bakopo ve. Andele tubaka ke poto-poto ina kubwaka, samu bakento monisaka bau mutindu ya kutudila yau ve. Ina ke kisalu ya babakala ve ya kupesa foti na bakento?

Na ntangu Lucie zonaka sosa mungwa, pidipidi na sukadi, yandi yufusaka bakala na yandi kunatina bau ti na kafe. Na meza yandi yufusaka mpe Odette kusambila samu ya madia. Na manima ya lusambu, Samiele vwandaka tula mbisi na malonga, ntangu bau vwandaka kukitombudila madia yankaka.

UNIT 18   KITUBA   FRIENDS AND RELATIVES

DIALOGUE: TABLE TALK

Odette

Andele, nge zaba ke yai ke kilumbu ya betu ya ntete ya kudia fufu na sakasaka?

Andrew, do you know that this is our first time to eat fufu and sakasaka [manioc leaves]?

Andele

ki-lěngi (bi-)   flavor, taste

E, yau ke mpidina ata madezo... samu yai ke na elengi ya mutindu yankaka.

Yes, it's the same even with the beans...since they have a different sort of flavor.

Odette

Lucie me tubila munu ke, yandi ke longisa munu mutindu ya kulambila yau.

Lucy just told me that she will teach me how to cook it.

Lucie

E, konso ntangu nge zona, mama, kwiza kaka.

Yes, anytime you wish, madame, just come.

Samiele

Kana yandi zona kaka ve, kasi mpe kana yandi ke vwanda na ntangu, samu na kisalu n'andi.

Not just when she wants but rather if she has ('will have') time on account of her job.

276

FRIENDS AND RELATIVES BASIC COURSE UNIT 18

Lucie

Nge ke salaka, Odette? | Do you work Odette? Sam didn't
Samiele tubilaka munu ve. | tell me.

Odette

ndinga (ba-)	language
Angelé	Fr: Anglais; English
sodá (ba-)	Fr: soldat; soldier
avió (ba-)	Fr: avion; airplane

E, mu ke longisaka ndinga ya Angele na basoda ina ke na kulonguka kutambusa baavio. | Yes, I teach the English language to the soldiers who are learning to pilot planes.

Andele

| ku-tat.am.an-a | to continue |

Kasi betu zaba ntete ve, kana yandi ke tatamana kulonga na bangonda ke na kwiza. | But we don't know yet if she will continue to teach in the months ahead.

Samiele

Samu na inki? Yandi ke kuzonaka kisalu ina ve? | Why? Doesn't she like that job?

UNIT 18 — KITUBA — FRIENDS AND RELATIVES

Andele

Yandi ke zonaka yau, kasi katuka na kisalu, yandi ke vwandaka na ntangu mingi ya kutala mambu ya famili, mpe ya kuvunda ve.

She likes it but after work ('from at work') she hasn't much time to look after the affairs of the family and to rest.

Odette

sekeletele (ba-)   Fr: secretaire; secretary

E, ina ke ya tieleka. Mu ke na kubanza kwenda vwanda sekeletele na kompani ya bakala na munu; samu mu ke fwanda sala na inzo ve mpila mosi nlongi.

Yes, that's true. I am thinking of going to be a secretary in my husband's company; because I won't have to work at home like a teacher.

Samiele

lesanse   Fr: l'essence; gasoline

Andele, bilo ya kompani ya nge ya lesanse ke kaka vana na zulu ya mongo ina?

Andrew, is the office of your oil company still there on top of that hill?

Andele

tanki (ba-)   Fr: tank; tank
kubaka tiya   to catch fire
ya impa   new

FRIENDS AND RELATIVES — BASIC COURSE — UNIT 18

    talié / tadié (ba-)   Fr: atelier; shop, factory

    Chanic   Chanic (Chantier Naval de l'Intérieur du Congo = a Company)

Ve, banda batanki bakilaka tiya, mu tungisaka biko ya impa penepene na talie ya Chanic.   No, since the tanks caught fire, I had a new office built near the shop of Chanic.

Lucie

    masuwa (ba-)   ship, river boat

    di-bĕnde (bi-/ba-)   metal, steel

Inki talie ya Chanic? Ina ya kutunga masuwa to ina ya kuzenga bibende?   Which shop of Chanic? The ship yard or that which fabricates ('cuts') metals?

Andele

Ina ya masuwa. Penepene vana mpe bau ke na kutunga inzo mosi ya nene.   The shipyard ('that for ship'). Near there they're building a large building.

Kasi mu zaba ntete ve kana yau ke ya inki.   But I don't know yet what it is for ('if it is for what').

    mfumu (ba-)   chief

    sántela (ba-)   Fr: centre; center

Lucie

Mu banza ke yau ke inzo ina mfumu ya kompani na betu tubilaka betu, ke vwanda santele ya kulundila bilongo.

I think that it's that building which our company manager told us will be a center for storing medicine.

Odette

falamasí (ba-) — Fr: pharmacie; drug store

Nge ke salaka na falamasi? — Do you work for a drug company?

Lucie

infirmiele, infirmière (ba-) — Fr: infirmière; nurse

E; kasi kisalu ya munu ke penza infirmière ya bana ya fioti. — Yes, but my profession is actually ('more') a nurse of little children.

Odette

Kasi samu na inki nge sobaka kisalu? — But why did you change jobs?

Lucie

ku-dil-a — to cry

Samu mu ke monaka kiadi mingi ya kumona bana ke na kudila. — I experienced a lot of grief in seeing crying children.

FRIENDS AND RELATIVES   BASIC COURSE   UNIT 18

NARRATIVE

Madia vwandaka mingi mpe ya mutindu na mutindu. Ina vwandaka kilumbu ya ntete ya Odette na Andele ya kudia fufu na sakasaka. Yau vwandaka mpe pila ina samu na madezo: elengi na yau vwandaka ya mutindu yankaka. Konso ntangu Odette ke zona, yandi lenda kwenda longuka mutindu ya kulambila madia ina na Lucie.

Na Odette ina ke diambu ya luzolo kaka ve, kasi mpe ya ntangu. Yandi ke longisaka ndinga ya Angele na basoda ina ke na kulonguka kutambusa baavio. Katuka na kisalu, yandi ke vwandaka na ntangu mingi ya kutala mambu ya famili mpe ya kuvunda ve. Petetele na ntangu ke kwiza, yandi ke vwanda sekeletele na kompani ya bakala n'andi. Mpidina, yandi ke fwanda vwanda sala na inzo ve mpila mosi nlongi.

Bakala n'andi, Andele, ke na kompani ya lesanse. Bilo n'andi vwandaka na zulu ya mongo; kasi banda batanki bakilaka tiya, yandi tungisaka bilo ya impa penepene na talie ya Chanic, ina ya bibende ve, kasi ya masuwa.

Penepene na Chanic ina mpe bau ke na kutunga inzo mosi ya nene. Yau ke vwanda santele ya kulundila bilongo. Bau tubilaka Lucie mpidina na mfumu n'andi ya kompani. Ntete yandi vwandaka infirmière ya bana ya fioti kasi malumalu yai yandi ke salaka na falamasi. Yandi ke monaka kiadi mingi ya kumona bana ke na kudila; yau ina, yandi sobilaka kisalu.

UNIT 19　　　　　　　　　KITUBA　　　　　FRIENDS AND RELATIVES

DIALOGUE: THE END OF THE EVENING

Odette

Samiele, nge ke kaka na ku-sadila na palasi ina Andele monisaka munu?

Samuel, are you still working at the place which Andy showed me?

Samiele

Juillet — Fr: Juillet; July

E, kasi na ngonda ya Juillet betu ke basika na inzo ina.

Yes, but in July we're going to move out of that building.

finances /finans/ — Fr: finances; finance

ku-fut.is-a — to make (someone) pay, collect

buludingi (ba-) — building

mpaku (ba-) — tax

Bau zona ke bantu yonso ke salaka na bilo ya Finances, fwanda vwanda na buludingi mosi na bantu ya bilo ya kufutisa mpaku.

They want all the people who work in the Finance office to be in the same building with the people of the tax collection office.

Lucie

Benu ke monaka imbi ya ku-sadila na inzo ina ve?

Don't you feel ('see') bad(ness) to work in that building?

boloko (ba-) — Fr: bloc; jail, prison

282

fenêtele (ba-)	Fr: fenêtre; window
na zulu zulu	high up
ki-baka (bi-)	wall
ku-pas.uk-a	to crack (intransitive)
ma-lembe ( )	slowness
malembe malembe	slowly, gradually, softly

Yau ke mpila mosi boloko; bafenetele yonso na zulu zulu mpidina; bosi pe bibaka ke na kupasuka malembe malembe.

It's just like a jail; all the windows high up like that; and then the walls are cracking gradually.

Samiele

E, ina ke ya tieleka.

Yes, that's true.

ku-la.uk-a	to go crazy
ki-lau (bi-)	crazy one, insane person; foolish one

Bantu yankaka ke sokusaka betu ke betu ke bilau, yau yina bau kangilaka betu kuna.

Other people tease us that we're crazy and for that reason they shut us up there.

kuna na kati	inside there

Benu zaba inki betu ke tubilaka bau? Bau ke mpe bilau,

Do you know what we tell them? They're crazy too because they

UNIT 19　　　　　　　　KITUBA　　　　FRIENDS AND RELATIVES

samu bau ke kwizaka kuna na kati.　　come inside there.

Lucie

Nani ke na nsatu ya kima yankaka ya kudia?　　Who wants something more to eat?

　　ku-los.am-a　　　　　　　　to be thrown away

Kana betu ke manisa madia yai ve, yau ke kaka losama, samu bantu ya kudia yau ke vwanda ve.　　If we don't finish this food, it will just be thrown away because there will be nobody to eat it.

Odette

Ina ke kiadi mingi; madia ya elengi mpila yai.　　That's too bad - such delicious food ('food of this kind of flavor').

　　ki-vumu (bi-)　　　　　　stomach, abdomen, pregnancy

　　zole zole　　　　　　　　to be filled up

　　ku-ful.us-a　　　　　　　to fill up, cause to be full

Kiadi ke betu ke na bivumu zole zole ve...melesi mingi, mu me fuluka mingi.　　Too bad that we don't have two stomachs apiece...thanks a lot, I am very full ('have gotten very full').

284

FRIENDS AND RELATIVES   BASIC COURSE   UNIT 19

Lucie

   desele (ba-)   Fr: dessert; dessert

Ata gato ya desele?   Even cake for dessert?

Odette

Mu banza ke mu ke diaka na   I'm afraid ('I think') that I

   kifulu ve. Melesi mingi.   have no more room. Thanks a

                                         lot.

Andele

   vela (ba-)   Fr: verre; glass, tumbler

Mu zona kaka vela mosi diaka   I just want another glass of

   ya maza.   water.

Samiele

Konso ntangu benu zona kwenda,   Any time you wish to go (then)

   bosi benu tubila betu; samu   tell us because we know you

   betu zaba ke benu bikaka   left sick children at home.

   bana ya maladi na inzo.

Andele

Ina ke ya tieleka.   That's right.

   suka suka   early in the morning

Mu banza ke, betu fwanda kwenda   I think that we must go right

   malumalu yai, samu mpe   now also because I'll go to

   mbasi mu ke kwenda na   work very early in the morning

   kisalu na suka suka.   tomorrow.

UNIT 19   KITUBA   FRIENDS AND RELATIVES

Odette

Betu ke na kiadi ke betu lenda solula mingi mingi ve; bosi mpe, betu fwanda kwenda vutuka na ntinu; kasi melesi mingi na mambu yonso.

    ki-vuvu (bi-)

    wikende (ba-)

Betu ke na kivuvu ke betu ke monana na wikende ke kwiza.

We're sorry that we couldn't chat very much; also that we have to leave ('go to return') in a hurry; but thank you very much for everything.

    hope

    weekend

We hope that we will see each other next weekend.

Lucie

Betu ke mpe na kiese ya kuvwanda na benu. Benu kwenda lala mbote.

And we are happy to be with you. Go along and sleep well.

Andele

E, melesi mingi.

Thank you very much.

NARRATIVE

Samiele ke kaka na ku sadila na palasi Andele monisaka Odette. Kasi yandi tubilaka bau ke na ngonde ya Juillet, bau ke basika na inzo ina. Yau ke mpidina, samu bantu yonso ke salaka na bilo ya Finances, fwanda vwanda na buludingi mosi na bantu ya bilo ya kufutisa mpaku.

Bantu ke sadilaka na bilo ya Finances ke monaka imbi ya kusadila na inzo ina, samu yau ke kome boloko: bafenetele na zulu Zulu. Bosi mpe bibaka ke na kupasuka malembe malembe.

Bau ke sokusaka bau na bantu yankaka ke bau ke bilau, yau yina bau kangilaka bau kuna. Bau ke vutudilaka bau ke bau mpe ke bilau, samu bau ke kotaka na inzo ina.

Ata madia ke na elengi mingi, petetele yau ke losama, samu banzenza fulukaka mingi. Kiadi ke, bau vwandaka na bivumu zole zole ve, samu ya kudia ata gato ya desele. Andele kaka muntu zonaka vela mosi ya maza.

Banzenza fwanda kwenda malumalu, samu bau bikaka bana ya maladi na inzo; bosi pe Andele ke kwendaka na kisalu na suka suka.

Ata ke bau fwanda kwenda vutuka na ntinu, bau ke na kiese mingi na mambu yonso. Bau ke mpe na kivuvu ke bau ke monana na wikende ke kwiza.

Lucie na bakala n'andi vwandaka na kiese mingi ya kuvwanda na bau.

UNIT 20   KITUBA   COUNTING AND BARGAINING

GROUP B: MONEY, COUNTING AND BARGAINING

DIALOGUE: BUYING CLOTHES

-A-

pantaló (ba-)	Fr: pantalon; trousers
ndombe (ba-)	blackness, Negro
Ntalu ikwa na pantalo ina ya ndombe?	How much for those black trousers?

-B-

Yau ke pata makumi zole na tanu.	It's 125 francs (25 five franc units).
mezile (ba-)	Fr: mesure; size
Nge zona mu pesa nge ina ke na mezile ya nge?	Do you want me to give you [one] which is your size?

-A-

bulé (ba-)	Fr: fleu; blue
Vingila fioti. Mu banza ke mu zona ina ya bule. Yau ke ntalu mosi?	Wait a bit. I think I want [one] which [is] blue. Is it the same price?

-B-

E, yonso ke ntalu mosi.	Yes, all are the same price.
ata...ata	either...or
Ata ya ndombe ata ya bule, ke kaka pata makumi zole na tanu.	Either the black or the blue is only 125 francs.

COUNTING AND BARGAINING — BASIC COURSE — UNIT 20

-A-

ku-kĭt-a — descend, go down, diminish

Nge ke na bapantalo yankaka ve ina ya kukita na ntalu? — Don't you have other pants which are lower in price?

-B-

ki-baka (bi-) — wall

ku-sol.ul-a — to find

E, kuna na kibaka ina, nge lenda solula ya pata kumi na ivwa. — Yes, there on that wall you can find 95 franc [ones].

-A-

kalité (ba-) — Fr: qualité; quality

Mu banza ke ina ke ya kalite ya mbote mingi ve; monisa munu pantalo mosi ya bule, ya pata makumi zole na tanu. — I think those are not of very good quality; show me a blue one [at] 125 francs.

-B-

nimeló (ba-) — Fr: numero; number, size

Nge zaba nimelo nge ke vwataka? — Do you know the number you wear?

-A-

Sosila munu ntete nimelo ya kumi na sambanu. — Find me first size sixteen.

UNIT 20   KITUBA   COUNTING AND BARGAINING

-B-

ku-fwand-a	to suffice
fwanda	must, have to, should
ku-kŭk-a	to fit
lu.keto (ba-)	waist

Kiadi nimelo ina me manisa. Kasi ata kumi na nsambodia, ata kumi na nana, ke fwanda kuka nge na luketo.

Sorry, that size is out of stock ('has finished'). But either seventeen or eighteen should fit you in the waist.

-A-

Mambu ve; pesa munu nimelo kumi na nsambodia.

Never mind, give me size seventeen.

simisi — Fr: chemise; shirt

Pesa munu mpe simisi ya bule, nimelo makumi tatu na zole na singu.

Give me also a blue shirt, size 32 neck.

-B-

Nge zona diaka kima yankaka?

Do you want something else besides?

sentile (ba-)	Fr: ceinture; belt
soseti (ba-)	Fr: chausette; socks
impu (ba-)	hat
fétele (ba-)	Fr: feutre; felt

COUNTING AND BARGAINING — BASIC COURSE — UNIT 20

sengelé (ba-) — Eng: singlet; undershirt

kalesó (ba-) — Fr: caleçon; underdrawers

Betu ke na basentile, basoseti, basampatu, baimpu ya fetele, basengele, bakaleso na bima yankaka nkaka. — We have belts, socks, shoes, felt hats, undershirts, underpants and various other things.

-A-

ku-bǐm-a — to come out

ku-bǐm.is-a — to withdraw, take out

banki (ba-) — Fr: banque; bank

Kiadi ke mu bimisaka mbongo mingi na banki ve. — Too bad I didn't take a lot of money out of the bank.

totale (ba-) — Fr: totale; sum total

Pesa munu totale. — Give me the total amount.

-B-

na...na — both...and

ku-kat.ul-a — to remove, subtract, less

katula — less; besides, in addition to ('subtracting')

Na simisi na pantalo, ke pata makumi iya katula pata mosi. — Both shirt and pants [together] are 195 francs ('forty five franc units minus one').

UNIT 20   KITUBA   COUNTING AND BARGAINING

-A-

sanzé (ba-)   Fr: échange; change

mile / midi (ba-)   Fr: mille; thousand

falá (= falanka)   franc

Nge ke na sanze ya mile fala?   Have you change of a thousand francs?

-B-

fwete   must, should (fwanda)

kiliyá / kidiyá (ba-)   Fr: client; customer

E, betu fwete vwanda na yau.   Yes, we should have it. We

Betu ke na bakidiya mingi.   have lots of customers.

nkama (ba-)   100

Yai ke mbongo na nge: nkama zole, tatu, iya na tanu.   Here's your money: two hundred, three, four and five.

-A-

lu.kaya (ba-)   banknote, bill, leaf

Mu pesaka nge lukaya ya mile fala ve!   I didn't give you a thousand franc note!!!!?

-B-

ku-zimb.an-a   to make a mistake, get lost or mixed up

E, palado, mu me zimbana.   Yes, excuse me, I made a mistake.

yai nde   here then

COUNTING AND BARGAINING BASIC COURSE   UNIT 20

    biye (ba-)   Fr: billet; bill

Yai nde biye ya nkama mosi   Here then, a five hundred franc

  ya pata.   bill ('bill of one hundred

                                                                                                    five franc units').

-A-

    matabisi (ba-)   Port: matabiche; gratuity,
                                                                                                   tip, thirteenth of the
                                                                                                   baker's dozen, bonus

Nge ke pesaka ata matabisi   Don't you even give a bonus?

  ve?

-B-

Kwiza diaka mbasi kamaladi;   Come back again tomorrow,

  mu ke pesa nge matabisi ya   friend, [and] I'll give a big

  nene.   bonus.

NARRATIVE

    Muntu mosi kwendaka na magazini. Kalaka tubilaka yandi ke,
bapantalo ina yandi yufusaka, ata ya ndombe ata ya bule, vwandaka
pata makumi zole na tanu. Yandi monisaka mpe yandi bapantalo
yankaka ya pata kumi na ivwa. Yau vwandaka ya kukita na ntalu
samu kalite vwandaka ya imbi.

    Yau ina kidiya zonaka sumba pantalo ya bule ya mutindu ina
yandi yufusaka ntete. Nimelo ya mezile n'andi vwandaka kumi na
sambanu; kasi kiadi yau manisaka. Kasi ata nimelo kumi na

nsambodia ata kumi na nana, zonaka vwanda kuka yandi na luketo. Yau ina yandi bakaka nimelo ya kumi na nsambodia. Yandi sumbaka mpe simisi ya bule, ya nimelo makumi tatu na zole na singu.

Kalaka ya magazini, zonaka mpe tekila yandi basentile, basoseti, basampatu, baimpu ya fetele, basengele, bakaleso na bima yankaka nkaka. Kasi yandi sumbaka kima mosi diaka ve samu, kome yandi tubaka, yandi bimisaka mbongo mingi na banki ve.

Totale ya simisi na pantalo vwandaka pata makumi iya, katula pata mosi. Yandi pesaka lukaya ya mile fala na kalaka. Kome sanze, yandi vutudilaka yandi biye mosi ya pata na biye tatu ya nkama nkama. Kiadi yandi zimbanaka, na manima, yandi pesaka yandi diaka biye mosi ya nkama mosi ya pata.

Kidiya yufusaka matabisi na kalaka ya magazini. Kasi yandi pesaka yandi kima mosi ve; yandi tubilaka yandi kwenda diaka kilumbu vwandaka landa samu ya kubaka matabisi ya mbote.

COUNTING AND BARGAINING BASIC COURSE — UNIT 21

DIALOGUE: GETTING SOME CURIOS

Kidiya

Mbote mbuta muntu!	Greetings sir!

Muteki [mu-teki (mi-/bami-) 'seller']

Mbote kidiya!	Greetings customer!
komande (ba-)	Fr: commande; order
Nge zona sumba malumalu yai, kana nge zona pesa komande?	Do you wish to buy now or do you wish to place an order?

Kidiya

Mu ke lutaka zona pesa komande, kasi mu ke na ntangu ve.	I prefer to place orders but I don't have time.
e-kěko (bi-/babi-)	sculpture, statue, carving
n.zau (ba-)	elephant
m.pembe ya nzau (ba-)	ivory, tusk
Ntalu ikwa na ekeko yina ya mpembe ya nzau?	How much for that ivory sculpture?

Muteki

Yau ke kaka nkama mosi na pata kumi.	That's just 150 [francs].

Kidiya

ku-tamb.ul-a	to accept; walk

UNIT 21   KITUBA   COUNTING AND BARGAINING

Nge lenda tambula nkama na pata tanu? | Can you accept 125?

Muteki

Mu lenda ve. Kasi kana nge ke sumba mpe bima yankaka, mu lenda baka ntalu ina. | I cannot. But if you will buy other things I can take that price.

Kidiya

touriste (ba-) — tourist

souvenir (ba-) — souvenir

kwenda mvimba — to go for good, go permanently

Mu ke touriste ve, kasi mu zona sumba basouvenirs mingi ya Congo; samu mu ke na kwenda mvimba na Mputu. | I'm not a tourist, but I want to buy lots of souvenirs from the Congo, because I am going for good to Europe.

Muteki

Kana mpidina mu lenda kakudila nge mingi. | In that case ('If thus') I can discount a lot for you.

Bima ya ntalu ikwa nge zona sumba? | What price things do you want to buy?

Kidiya

Mu zaba ntete mbote mbote ve. | I don't yet know very well.

ki-kunku (bi-) — group

COUNTING AND BARGAINING BASIC COURSE — UNIT 21

Kasi kana nge zona mu lenda sumbila na bikunku.

    n.deke (ba-)

    n.goma (ba-)

    cendrier (ba-)

    nioka (ba-)

But if you like I can buy in groups.

    bird

    tom-tom, drum

    (fr.) ash tray

    snake

Ntete bikeko: pesa munu ndeke ina ya mpembe ya nzau, intu ya nkento ina ya inti, muntu ina ke na kubula ngoma, na cendrier ina ya intu ya nioka.

First sculptures: give me that ivory bird, that wooden head of a woman, that man who is beating a drum and that ash tray [in the shape] of the head of a snake.

Muteki

    ki-timba (bi-)   pipe

Mu ke mpe na kitimba mosi ya kitoko ya mpembe ya nzau.

I have also a lovely ivory pipe.

Yai kaka me bikala.

It's all that's left ('it only has remained').

Nge zona sumbila yau ata tat'a nge ve?

Don't you want to buy it perhaps ('even') for your father?

Kidiya

    tabaka (ba-)   Fr: tabac; tobacco

    sigaleti (ba-)   cigarette

UNIT 21   KITUBA   COUNTING AND BARGAINING

Tat'a munu ke kunwaka tabaka ve, kasi sigaleti.
    My father doesn't smoke ('drink') [a pipe] ('tobacco') but cigarettes.

Muteki

ku-n.gěng-a   to shine

Kana mpidina, nge zona kitimba yai ya sigaleti? Tala yau ke na kungenga.
    In that case do you want this cigarette holder? Look, it is shining.

Kidiya

Mambu ve, pesa munu yau. Nge lenda pesa munu totale?
    O.K., give it to me. Can you give me the total (for these things)?

Muteki

wonga (ba-)   fear

ku-yib-a   to steal, cheat

Mona wonga ve kidiya, mu ke yiba nge ve.
    Have no fear, [sir] ('customer'), I won't cheat you.

ku-sol-a   to choose

Inki bima yankaka nge zona sola?
    What else do you want to choose?

Kidiya

sakosi (ba-)   Fr: sacoche; handbag

m.pusu (ba-)   raffia, palmetto, palm fiber

COUNTING AND BARGAINING BASIC COURSE   UNIT 21

    kulele (ba-)   Fr: couleur; color

Mu zona basakosi ina, samu ya   I want those handbags for my
   mwan'a munu ya nkento, ina   daughter who is twelve years
   ke mvula kumi na zole, impu   old, that palmetto hat and
   ina ya bampusu, mpe kitunga   that basket with strings of
   ina ya basinga ya kulele ya   different colors.
   mutindu na mutindu.

               Muteki

    di-kulu (ma-)   leg, foot

    di-papa (ma-)   sandals

    samó (ba-)   Fr: chameau; camel

Mu ke mpe na makulu ya mapapa,   I also have pairs ('feet') of
   ya mikanda ya ngombe mpe ya   sandals of calf leather ('skin')
   samo. Nge zona tala yau?   and of camel. Do you wish to
                                       see them?

               Kidiya

    dwani (ba-)   Fr: douane; customs duty

Ve, melesi. Mu zona sumba   No, thanks. I don't want to buy
   bima ina mu lenda sumbila na   things I can buy in Europe
   Mputu ve, samu ntalu ya dwani   because the customs are
   ke mingi.   high.

    po (ba-)   Fr: pot; pot

    ku-men-a   to grow

UNIT 21 — KITUBA — COUNTING AND BARGAINING

Nge ke na bapo ya kumenisina bafololo ve? — Don't you have pots for growing flowers in?

Muteki

Kiadi mu ke na yau ve, samu mu vwandaka na ntoto ya kusadila yau ve. — Sorry, I don't have because I didn't have clay to make them with.

ntwala — front

Hotel Regina — (a hotel in Leopoldville)

Kana nge zona, nge lenda sumbila yau na ntwala ya Hotel Regina. — If you wish you can buy them in front of the Hotel Regina.

Kidiya

Melesi mingi penza. Ntalu ikwa mu ke futa nge na bima yonso? — Thank you very much. How much must I pay you for all the things?

Muteki

Vingila fioti...Samu na nge, pesa munu mile zole na nkama tanu. — Just a moment...Since it's you, give me 2500 francs.

Kidiya

ku-beb-a — to spoil, turn bad

ku-beb.is-a — to waste, spend, spoil (tr.)

300

COUNTING AND BARGAINING   BASIC COURSE   UNIT 21

Kuwa kamaladi: nge zaba ke mu ke bebisa mbongo mingi na dwani.

 avió (ba-)

 ku-n.dím-a

 kilo (ba-)

Bonso nge zaba kwendila na avio, bau ke ndimaka kaka bima ya bakilo makumi zole na muntu muntu. *per person*

Katudila munu nkama tanu ina: mu me sumba mingi.

Listen friend: you know that I will spend a lot of money for customs.

 Fr: avion; airplane

 to permit

 kilogram

Similarly you are permitted only things of twenty kilograms per person.

Discount those five hundred for me: I've bought a great deal.

Muteki

 kukangila (muntu) mutima

Mambu ve, mu zona kangila nge mutima ve.

Pesa munu mile zole, nkama zole na pata kumi.

 to be hard on someone ('to close for someone the heart')

O.K., I don't want to be hard on you.

Give me 2250 francs.

Kidiya

Melesi. Wapi matabisi ya munu?

Thanks. Where's my bonus?

UNIT 21　　　　　　　　KITUBA　　　　COUNTING AND BARGAINING

Muteki

Matabasi diaka?　　　　　　　Bonus too?

    ku-pas.ul-a　　　　　　　to split, divide, crack
                              (c.f. ku-pas.uk-a)

    n.suki (ba-)　　　　　　　hair

    ki-sanu / ki-sanunu　　　　comb
      (bi-)

Inki nge zona - nsoma ya　　　What do you want - a hair parter
kupasudila nsuki to kisanu?　　('fork for parting the hair' -
                              a single pronged device) or
                              a comb?

Kidiya

Pesa munu yonso zole.　　　　Give me both.

Muteki

    di-băndi (ma-)　　　　　　baldness

Kasi nge ke na dibandi ve?　　But aren't you bald? What are
Inki nge ke sadila yau?　　　you going to do with them?

Kidiya

Mu ke pesa yau na mwan'a munu　I'm going to give [them] to my
ya bakala, ina ke na imvu　　fifteen year old son.
kumi na tanu.

Muteki

Baka yau.　　　　　　　　　　Take them.

COUNTING AND BARGAINING — BASIC COURSE — UNIT 21

Kidiya

Melesi kamaladi. Mbongo ya nge yau yai.	Thanks, friend. Here's your money.

NARRATIVE

Muntu mosi kwendaka sumba basouvenirs mingi ya Congo. Yandi vwandaka touriste ve. Yandi vwandaka kwenda mvimba na Mputu. Yandi vwandaka ata na ntangu mingi, samu ya kupesa komande ve.

Ntalu ya ekeko mosi ya mpembe ya nzau yandi zonaka sumba vwandaka nkama mosi na pata kumi. Yandi zonaka pesa nkama mosi na pata tanu. Muteki tubilaka yandi ke, kana yandi zonaka sumba bima yankaka, yandi zonaka tambula ntalu ina. Ina vwandaka ngindu ya mbote na kidiya; yandi zonaka sumbila na bikunku.

Na kikunku ya ntete, yandi solaka bikeko na bikeko: ndeke ya mpembe na nzau, intu ya nkento, muntu ke na kubula ngoma, na cendrier ya intu ya nioka ya inti. Muteki sumbisaka yandi mpe kitimba mosi ya sigaleti; yau vwandaka ngenga.

Yandi yufusaka totale, kasi muteki tubilaka yandi kumona wonga ve; yandi zonaka vwanda kuyiba yandi ve.

Na kikunku ya zole, yandi sumbaka basakosi samu ya mwan'andi ya nkento ina ke na mvula kumi na zole. Yandi sumbaka mpe impu ya bampusu, na kitunga ya basinga ya bakulele ya mutindu na mutindu.

Samu ya ntalu ya dwani ke mingi, yandi zonaka sumba bima ina yandi lendaka sumbila na Mputu ve; bonso makulu ya mapapa, ya mikanda ya ngombe, mpe ya samo. Yandi zonaka mpe sumba bapo ya kumenisina bafololo, kasi muteki vwandaka na yau ve; samu yandi vwandaka na ntoto ya kusadila yau ve: yandi tubilaka yandi kwenda na ntwala ya Hotel Regina.

Na totale muteki yufusaka mile zole na nkama tanu. Kasi kidiya monisaka yandi ke, yandi vwandaka kwenda babisa mbongo mingi na dwani; bosi mpe, kwendila na avio, bau ke ndimaka kaka bakilo makumi zole na muntu muntu. Yandi zonaka yandi katudila yandi nkama tanu. Muteki zonaka kangila yandi mutima ve: yandi yufusaka yandi mile zole na nkama zole na pata kumi.

Kome matabisi, muteki zonaka pesa yandi ata nsoma ya kupasudila nsuki, to kisanunu. Kidiya ata yandi vwandaka na dibandi, yandi zonaka baka yonso zole: samu na yandi mosi ve, kasi samu na mwana na yandi ya bakala, ina ke na imvu kumi na tanu.

COUNTING AND BARGAINING BASIC COURSE   UNIT 22

DIALOGUE: TALKING SHOP

                      Mingiedi

Nge zaba, Luvwalu?	You know [something], Luvwalu?

                      Luvwalu

E.	Yeah [what?]

                      Mingiedi

lekenzi (ba-)	Fr: la quinzaine; fifteenth of the month
ku-kit-a	to trade, stock up
Thysville	(City SW of Leopoldville)
Mu banza ke na kati ya lekenzi ti na nsuku ya ngonda ke kwiza, mu ke kwenda kitila na Thysville.	I think that between the fifteenth of the month (until) [and] the end of next month I'll go to trade in Thysville.

                      Luvwalu

m.fuka (ba-)	debt
wěnze (ba-)	small market, village market
Nge banza ke bantu mingi ya mfuka ke futa nge bubu na wenze?	Do you think that a lot of debtors are going to pay you today in the small market?

                      Mingiedi

ku-def-a	to borrow
ku-def.is-a	to lend, cause to borrow, sell on credit

UNIT 22   KITUBA   COUNTING AND BARGAINING

n.gonda (ba-)	month

E mu ke na kubanza mpidina; bosi mpe mu defisaka bantu mingi ve na ngonda lutaka. E nge?

Yes, I think so; besides I didn't lend to many people ('cause many people to borrow') last month. And you?

Luvwalu

depi	Fr: depuis; since
ku-komase	Fr: commencer; begin
paké (ba-)	Fr: paquet; package
bulé (ba-)	Fr: bleu; bluing (for laundry use)
twaleti (ba-)	Fr: toilette; grooming
ku-bend-a	to pull, attract

Depi mu komaseneke tekila kuna bima ya fioti fioti, kome bapake ya sigaleti, ya mafofolo, ya bule na bima ya twaleti, mu ke bendaka diaka bantu ke zonaka defa ve.

Since I started to sell there little things like packages of cigarettes, of matches, of bluing and toilet articles, I no longer attract people [who] want to borrow.

Mingiedi

avant /avã/, ava	(Fr.): before

306

COUNTING AND BARGAINING — BASIC COURSE — UNIT 22

Kasi ava, inki nge vwandaka tekila kuna ina vwandaka benda bau?	But what were you selling there before which was attracting them?

Luvwalu

Bika!	(an exclamation) Let be! Don't ask! stop!
Bika mpangi'a munu Mingiedi!	Oh boy, my friend Mingiedi!
métele (ba-)	Fr: mètre; meter, length of cloth
ki-m.bundi (bi-)	dress-length of cloth for woman's dress
pantúfule (ba-)	Fr: pantoufle; tennis shoe
di-boko (ma-)	hand, arm
buteye (ba-)	Fr: bouteille; bottle
mananasi (ba-)	perfume
púdele (ba-)	Fr: poudre; powder
Na ntangu ina mu vwandaka tekisa bametele ya bapantalo, basimisi, bimbundi, bapantufule; ntangu yankaka, kana mu ke na muntu ya kupesa munu maboko, mu vwandaka nata mpe babuteye ya mananasi, bapake ya pudele, na bima yankaka ya twaleti.	At that time I was selling trouser goods, shirts, dress goods, tennis shoes; other times when I had a man to help me I used to take also bottles of perfume, packages of powder and other toilet goods.

UNIT 22   KITUBA   COUNTING AND BARGAINING

Mingiedi

pélete (ba-)   Fr: perte; loss

kubaka pelete   to take a loss

Nge vwandaka baka pelete ve ya kudefisa bau bima yina?   Weren't you taking a loss to trust them for things like that?

Luvwalu

Ata fioti ve.   Not a bit.

kudia mfuka   to go into debt

Malumalu yai yau ikeke ve ke, mu ke nataka kaka bima ina, samu ya kutina bantu ke kudiaka mfuka.   Now it is not the case that I take those things in order to avoid people who get into debt.

Mingiedi

Kasi samu na inki?   But why?

Luvwalu

butiki (ba-)   Fr: boutique; shop

Samu mu me bakaka muntu ya kubika na butiki, ntangu mu ke na zandu to na wenze.   Because I have hired ('gotten') a man to leave in the shop when I am in the big market or the village market.

komelesa (ba-)   Fr: commerçant; business man

COUNTING AND BARGAINING   BASIC COURSE   UNIT 22

mu-n.kita (mi-) — business, trade

kusala munkita — to carry on business

Yandi vwandaka ntete komelesa; kasi banda yandi bwilaka, yandi zona sala fioti, ava ya kukomase diaka kusala munkita. — He was originally a business man; but since he failed ('fell'), he wants to work a little before starting again to carry on a business.

Mingiedi

lítele (ba-) — Fr: litre; liter

peteló (ba-) — Fr: pétrole; kerosene

mafuta (ba-) — oil, fat, grease

sans — (Fr.): without

potopoto (ba-) — confusion, disorder, mud

konti (ba-) — Fr: compte; accounts

Ina ke mayele ya mbote; samu kana nge me kwenda na babwala samu ya kukita, nge ke vwanda na muntu ya kutekila nge, ata balitele ya petelo, ya mafuta, sans kusala nge potopoto na konti. — That's very smart because when you go to the villages to stock up you'll have a man to sell for you even liters of kerosene [or] of oil without making you any trouble in [your] accounts.

Luvwalu

Putuluké (ba-) — Fr: Portuguais; Portuguese

dese (ba-)	Fr: dessin; embroidery
má.m.vwemvwe/ ma.m.vwemvwe	cheap, inexpensive
Mu tubilaka nge ke mu kwendaka na magazini ya Putuluke ina tekilaka nge basinga ya dese ya mamvwemvwe?	Did I tell you I went to that Portuguese store which sold you embroidery thread so cheaply?

Mingiedi

Ve, nge tubilaka munu ve. Nge kutaka yau?	No, you didn't tell me. Did you find ('encounter') it?

Luvwalu

ku-pŏl-a	to get wet
ku-pŏd.is-a	to wet, dampen, soak
E, kasi basinga ya mbote kukimanisinaka; ina bikalaka, vwandaka kome bau podisaka yau na maza.	Yes, but the good thread has all been sold ('finished itself'); that which remained was as if it had been soaked in water.
Yau ina mu bakaka kima mosi ve.	That's why I didn't get a thing.

Mingiedi

ku-pŏn-a	to choose

COUNTING AND BARGAINING BASIC COURSE   UNIT 22

Nge ke na lezo. Ntangu mu sumbaka ya munu, mu zabaka ve ke mu ponaka mpe yankaka ya imbi.

You're right. When I bought mine I didn't know that I also chose some of the bad.

    ku-sob-a   to differ

    ku-sob.is-a   to change (transitive), exchange

    meya (ba-)   Port: meya; half franc

Kasi samu mu vwandaka na ntangu ya kwenda sobisa yau ve, mu ke na kutekila yau, katuka falanka zole na meya, ti na pata mosi.

But because I didn't have time to go change it, I am selling it from two and a half francs to five francs.

Luvwalu

    ku-funt-a   be thrown out, be unable to be sold, go to waste

Kasi kana yau ke funta, nge ke baka pelete ve?

But won't you take a loss if it can't be sold ('goes to waste')?

Mingiedi

    deja   (Fr): already

Yau ke vwanda mingi ve, samu mu me tekaka deja mingi...

It won't be very much because I have already sold a lot...

    ku-kos-a   to lie, cheat, take advantage of

UNIT 22   KITUBA   COUNTING AND BARGAINING

kuzibula meso — open [ones] eyes, be smart, watch out

Yau ina, kana komelesa zona kosama ve, yandi fwenda zibula meso na kusumba bima ya mamvwemvwe. — That's why if a trader doesn't want to be cheated he must look sharp in buying cheap things.

NARRATIVE

Petetele na kati ya lekenzi ti na nsuka ya ngonda ke kwiza, Mingiedi ke kwenda kitila na Thysville. Yandi ke na kubanze ke, bubu na wenze, bantu mingi ya mfuka ke futa yandi; bosi mpe yandi defisaka bantu mingi ve na ngonda lutaka.

Kasi Luvwalu defisaka bantu mingi? Ikele ve. Depi yandi komaseke tekila bima ya fioti na wenze, yandi ke bendaka diaka bantu ke zonaka kudefa ve. Malumalu yai, yandi ke tekaka kaka kome bapake ya sigaleti, ya mafofolo, ya bule na bima ya twaleti.

Na ntama, yandi vwandaka benda bantu, samu yandi vwandaka tekisa bametele ya bapantalo, basimisi, bimbundi, bapantufele; na ntangu yankaka kana yandi ke na muntu ya kupesa yandi maboko, yandi vwandaka nata mpe babuteye ya mananasi, bapake ya pudele na bima yankaka ya twaleti.

Yandi vwandaka baka ata pelete fioti ve na kudefisa bantu ina. Malumalu yai, ikele ve ke yandi ke nataka diaka bima ina ve samu ya kutina bantu ke zonaka kudia mfuka, kasi samu yandi ke na muntu ya kubika na butiki ntangu yandi ke na zandu to na wenze. Muntu ina ke komelesa ya kubwa; yandi zona sala fioti, ava ya kukomase kusala diaka munkita.

Mingiedi zaba ke ina ke mayele ya mbote; Luvwalu lenda kwenda kitila na babwala, yandi ke vwanda na muntu ya kutekila yandi ata balitele ya petelo, ya mafuta, sans kusala yandi potopoto na konti.

Ntangu mosi Mingiedi monisaka Luvwalu magazini ya Putuluke mosi, ina tekilaka yandi basinga ya dese ya mamvwemvwe. Luvwalu kwendaka kuna, kasi basinga ya mbote kukimanisinaka; yandi kutaka yau ve. Ina bikalaka, vwandaka kome bau podisaka yau na maza. Yandi bakaka kima mosi ve.

Luvwalu ke na lezo. Ntangu Mingiedi sumbaka ya yandi, yandi zabaka ve ke yandi ponaka mpe yankaka ya imbi. Yandi vwandaka na ntangu ya kwenda sobisa yau ve. Kana yau me funta, yandi ke baka pelete ve, samu yandi me tekaka deja mingi; malumalu yai, yandi ke na kutekila yau katuka falanka zole na meya, ti na pata mosi.

Komelesa fwanda zibula meso, ntangu ya kusumba bima ya mamvwemvwe, kana yandi zona kosama ve.

UNIT 23 KITUBA GETTING ABOUT

GROUP C: GETTING ABOUT: DIRECTIONS, GEOGRAPHY AND CAR TROUBLES

DIALOGUE: DIRECTIONS IN TOWN

Anderson

dit	Fr: dite; say! (polite prelude to a request)
ku-kum-a	to reach, arrive
Ambassade Américaine	(Fr.): American Embassy

Dit, mbuta muntu, inki nzila ya nkufi ya kukumina na Ambassade Americaine? — Say, sir, which [is] the short road to reach the American Embassy?

Lutete

fasó (ba-)	Fr: façon; means, method

Na inki faso nge ke kwendila kuna? — How are you going to go there?

Anderson

di-kulu (ma-)	leg, foot

Mu ke na makulu. Yau ke ntama? — I'm on foot. Is it far?

Lutete

Ve, yau ke ntama mingi ve. — No, it's not very far.

posita	Post Office (= posita ya mikanda)

314

GETTING ABOUT — BASIC COURSE — UNIT 23

Katuka kwaku na Posita, landa kaka Boulevard Albert Premier. | From here to the post office just follow Albert First Boulevard.

    monima — Fr: monument; monument

Nge zaba monima ya Albert Premier? | Do you know the Albert First monument?

Anderson

    n.kulu — age, oldness

E. Ina ke penepene na gale ya nene ya nkulu? | Yes. That [which] is near the large old station?

Lutete

E, kwenda na ndambu ina. | Yes, go there ('to that side').

    ava — Fr: avant; before

    kubwa na (balabala...) — to run into (encounter) a street or place (not a person)

    ku-zimb.is-a — to forget, confuse (with)

Ava ya kukima kuna, nge ke kubwa na balabala ya... Kiadi mu me zimbisa nkumbu na yau...Vingila. | Before reaching there you will run into the street...Sorry I've forgotten its name...Wait.

Anderson

    n.twala (ba-) — front

Yau ke lutaka na ntwala ya inki? | It passes the front of what?

UNIT 23   KITUBA   GETTING ABOUT

Lutete

lotele (ba-)	Fr: l'hôtel; hotel
buludingi (ba-)	building
Otraco	Fr: Office de Transports du Congo

Yau ke lutaka na kati kati ya lotele Regina na buludingi ya Otraco.

It passes between the Hotel Regina and the Otraco Building.

Anderson

Fima	a company operating on the Congo River

Mu me mona. Yau ke kwendaka ti na dibungu ya Fima?

I see. It goes all the way to the Fima wharf?

Lutete

Inki ke 'dibungu ya Fima'?

What's the Fima wharf?

Anderson

masuwa (ba-)	boat, ship
Balazavile, Brazzaville	Brazzaville

Dibungu ya masuwa ke nataka bantu na Balazavile.

The port of the boat which takes people to Brazzaville.

Lutete

O? Mu zabila yau kaka na nkumbu ya 'dibungu ya Balazavile'.

Oh? I know it only by the name of 'Brazzaville Wharf'.

| GETTING ABOUT | BASIC COURSE | UNIT 23 |

Mambu ve; landa kaka balabala ina ti nge ke kuma na Avenue des Aviateurs. Nge zaba yau? | Anyway; follow that very street until you reach the Avenue des Aviateurs. Do you know it?

Anderson

    wi, oui | (Fr.); yes

    modidi, molili (ba-) | shade, shadow, obscurity, darkness

    ku-kab.ul-a | to divide

E, mu banza ke wi. Ina ke molili fioti samu ya bainti ke kabulaka badalakisio? | Yes, I think so. That which is a little shaded on account of the trees which divide the lanes?

Lutete

    ku-sab.uk-a | to cross (intransitive)

E, yau ina. Sabuka yau. | Yes, that's it. Cross it.

    kwe (ba-) | Fr: coin; corner

    di-boko (ma-) | hand

    diboko ya bakala | right hand

Na kwe ya diboko ya bakala, nge ke mona inzo mosi ya nene; yau ke Ambassade Americaine. | On the right hand corner you'll see a large building: it's the American Embassy.

317

| UNIT 23 | KITUBA | GETTING ABOUT |

Anderson

ya impa | new

Yau ke kome ya impa to kome ya nkulu? | Is it like new or old?

Lutete

Yau ke kome ya impa. | It's like new.

dalapó (ba-) | Fr: drapeau; flag

ku-pĕp-a | to flap, wave (intr.) in the wind

n.ganda (ba-) | outside

Nge ke mona mpe dalapo ya Amelike kupepa na nganda. | You'll also see the American flag waving outside.

Anderson

donc | (Fr.); therefore, thus, so

diboko ya nkento | left hand

Donc: katuka kwaku, luta Regina, baluka na diboko ya nkento, sabuka Avenue des Aviateurs, na kwe ya diboko ya bakala ke Ambassade Americaine. | So: from here, pass the Regina, turn left, cross the Avenue des Aviateurs, on the right hand corner is the American Embassy.

Lutete

juste | (Fr.); exactly

GETTING ABOUT — BASIC COURSE — UNIT 23

E; nge ke kuma juste vana.   Yes; you will arrive exactly there.

Anderson

penzá   very, extremely

Melesi mingi penza mbuta muntu.   Thank you very very much, sir.

Lutete

Mambu ve, mwana.   You're welcome, my boy.

NARRATIVE

Kilumbu mosi, Anderson vwandaka na Posita. Samu ya kubaka nzila ya nkufi ya kukumina na Ambassade Américaine, yandi yufusaka Lutete.

Mbuta muntu Lutete tubilaka yandi kulanda kaka Boulevard Albert Premier, kwenda na ndambu ya monima Albert Premier, ina ke penepene na gale ya nkulu. Avant ya kukuma na palasi ina, yandi vwandaka vwanda kubwa na balabala mosi. Kasi, kiadi! Lutete zimbisaka nkumbu na yau, Anderson mpe zabaka nkumbu na yau ve. Diambu ya kiese vwandaka ke bau zole zabaka ke balabala ina ke lutaka na kati kati ya lotele ya Regina, na buludingi ya Otraco.

Anderson zabaka ke balabala ina vwandaka kwenda na ndambu ya 'dibungu ya Fima'; Lutete zabilaka yau na nkumbu ya 'dibungu ya

Balazavile', samu masuwa ke nataka bantu na Balazavile, ke katukaka kuna.

Kulanda balabala ina, kome Lutete tubilaka yandi, Anderson vwandaka kwenda kubwa na Avenue des Aviateurs; yau ke molili fioti samu ya bainti ke kabulaka badalakisio ke na kati. Kusabuka yau na kwe ya diboko ya bakala, ke Ambassade Americaine: yau ke inzo mosi ya nene kome ya nkulu ve kasi kome ya impa; dalapo ya Amelike ke pepaka na nganda na yau.

Lutete monisaka yandi nzila ya mbote, mpe ya nkufi na makulu; katuka na Posita, luta Regina, baluka na diboko ya nkento, sabuka Avenue des Aviateurs, na kwe ya diboko ya bakala ke Ambassade Americaine. Anderson vwandaka kwenda kuma juste vana.

GETTING ABOUT — BASIC COURSE — UNIT 24

DIALOGUE: ON THE TRAIN

Anderson

Mu banza ke lukalu ya bubu ke na letale fioti. — I suppose today's train is a bit late.

Kontololele (conductor)

Fioti ve kasi mingi. — Not a little, a lot.

Anderson

ku-bak-a — to get, obtain, take

takisí (ba-) — taxi

Yau ke vwanda mpasi ya kubaka takisi na gale? — Is it going to be hard to get a taxi at the station?

Kontololele

silitú — Fr: surtout; especially

Petetele yau ke vwanda mpasi, silitu kome lukalu ke na letale mingi. — Perhaps it will be, especially as the train is very late.

Bantu ke mwanina takisi samu ya mpimpa. — People fight for taxis on account of the darkness.

Anderson

mwayé (ba-) — Fr: moyen; means

Mwaye yankaka ikele ve ya kwendila? — Isn't there another way to go?

321

UNIT 24　　　　　　　　　KITUBA　　　　　　　　GETTING ABOUT

Kontololele

    otobisi (ba-)　　　　　　　　bus

Kana nge zona nge lenda baka　　If you wish you can take a bus.
    otobisi.

Yai ke nkumbu ya nge ya ntete　　Is this your first time in Leo?
    na Léo?

Anderson

Ve, kasi na nkumbu ya ntete　　No, but the first time people
    bantu kwizaka kuta munu　　 came to meet me at the station.
    na gale.

    ku-sung-a　　　　　　　　to aim

    ku-sung.am-a　　　　　　to be straight, go
    　　　　　　　　　　　　　　straight

    ku-sung.am.an-a　　　　　　to remember

Mu lenda sungamana diaka　　I can't remember the way anymore.
    nzila ve.

Kontololele

    pelesé　　　　　　　　　　Fr: pressé; rushed, in a
    　　　　　　　　　　　　　　hurry

Kiadi ke mu ke vwanda pelese,　　Too bad that I'm going to be in
    mpe mu ke kwendila na　　 a hurry and that I'll go on
    otobisi ya bakontololele.　　 the conductors' bus.

Inki ndambu nge ke zona　　What direction will you want to
    kwenda?　　　　　　　　 go?

| GETTING ABOUT | BASIC COURSE | UNIT 24 |

Anderson

Yolo Sud	(a section of Leopoldville)
simitiele (ba-)	Fr: cimetière; cemetery
Wando	(a street name)
nimeló (ba-)	Fr: numero; number

Mu zona kwenda na Yolo Sud, ina ke penepene na simitiele ya nkulu, balabala Wando, nimelo 39 (makumi tatu na ivwa).

I want to go to Yolo Sud, which is near (to) the old cemetery, Wando street, number 39.

Kontololele

ku-kɪt-a	to get down, descend, get off
ku-bɪm-a	to get out, come out
pólote (ba-)	Fr: porte; door

Kana nge ke zona vingila takisi ve, ntangu nge ke kita na lukalu, bimina na polote ya ndambu ya Prince Baudouin.

If you don't want to wait for a taxi, when you get off the train, go out the door on the Prince Baudouin side.

Anderson

| tiké (ba-) | ticket |
| tiké deké (ba-) | Fr: ticket de quai; platform pass |

Na ndambu ina bau ke tekilaka batike na batike deke?	On the side where they sell tickets and platform passes?

Kontololele

Isoki	(name of a street)
E, na ndambu ina. Baluka na diboko ya nkento kwenda ti na balabala Isoki.	Yes, on that side. Turn left and go to Isoki street.

Anderson

ku-tel.am-a	to stand, remain
Vana bantu ke bakaka batakisi ke telamaka?	Where people who get taxis stand?

Kontololele

E; kuma vana, baluka na Isoki, kwenda na balabala Prince Baudouin.	Yes; arrive there, turn into Isoki and go to Prince Baudouin street.

Anderson

simé (ba-)	Fr: ciment; concrete
	or
gudoló (ba-)	Fr: goudron; asphalt
Prince Baudouin ke ya sime to ya gudolo?	Is Prince Baudouin concrete or asphalt?

GETTING ABOUT BASIC COURSE UNIT 24

Kontololele

Yau ke ya sime. Nge ke zimbala ve. — It's concrete. You won't get lost.

    dayele — Fr: d'ailleurs; besides

Dayele nge ke zenga to kuluta balabala yankaka ve. — Besides you won't cross or pass any other street.

Anderson

    minda (ba-) — lamp, light

Yau ke na minda? — Does it have lights?

Kontololele

E, yau ke na minda mingi. — Yes, it has lots of lights.

    aré (ba-) — Fr: arret; stop

    ku-măt-a — to climb, get in

Na kwe ya diboko ya bakala, ke are nge ke matina na otobisi. — On the right hand corner is a stop [where] you will get on the bus.

Anderson

    línie / línye / (ba-) — Fr: ligne; line

Inki linie ke kwendaka na Yolo Sud? — Which line goes to Yolo Sud?

| UNIT 24 | KITUBA | GETTING ABOUT |

Kontololele

Linie 4 to 5 ke nata nge ti na Yolo.

    pont (ba-)

    Pont Cabu

Kana nge zona vingila balinie ina ve, baka nimelo 6, 7 to 10; yau ke nata nge ti na Pont Cabu.

Line 4 or 5 will take you to Yolo.

    (Fr.); bridge

    (a place name)

If you don't want to wait for those lines, take number 6, 7 or 10. They will take you to Pont Cabu.

Anderson

Inki ke vana na Pont Cabu?

What is there at Pont Cabu?

Kontololele

    Ki.n.sasa (also spelled Kinshasa)

    M.boka ya Sika

Yau ke kaka pont ya nene ina ke kabulaka Kinsasa ya nkulu, na Mboko ya Sika, to Nouvelle Cite.

    Leopoldville

    new town (Lingala)

That's just the big bridge which divides old Leopoldville and the new town, or Nouvelle Cité.

Anderson

Palado, vingila fioti, mu zona sonika mambu ina yonso na fipapie...

Pardon, wait a little, I wish to write all those things on a scrap of paper.

GETTING ABOUT | BASIC COURSE | UNIT 24

    papié (ba-)   Fr: papier; paper

    ku-tat.am.an-a   to continue

Tatamana ya nge tata kontolo-   [Please] continue Mr. Conductor.
lele.

Kontololele

Kana nge me kita na Pont Cabu,   When you have gotten off at
    baka linie 4 to 5 samu ya   Pont Cabu, take line 4 or 5 to
    kwenda na Yolo.   go to Yolo.

Nge lenda zaba nzila ya   Do you know the road to take in
    kulanda na Yolo?   Yolo?

Anderson

    di-baya (ma-)   board, signboard

Ve; kasi mu ke meka yufusa   No, but I'll try to ask people
    bantu, to mu ke tanga kaka   or I'll just read the signs.
    mabaya.

    tólosi (ba-)   Fr: torche; flashlight

Kana bau me tula ntete minda   If they haven't installed lights
    na balabala ve, mu ke na   yet on the street, I have my
    tolosi ya munu.   flashlight.

Kontololele

    zielo (ba-)   sand

Nge zaba kana Wando ke na   Do you know whether Wando is
    gudolo to yau ke kaka na   asphalted or still sand?
    zielo?

UNIT 24 — KITUBA — GETTING ABOUT

Anderson

ku-komas-é	Fr: commencer; to begin
Na ntangu mu vwandaka kuna, bau vwandaka komase kutula gudolo.	When I was there, they were going to start to put down asphalt.

Kontololele

sofele (ba-)	Fr: chauffeur; driver
Kana yau ke na gudolo, yau lenda vwanda ke baotobisi ke lutilaka na ndambu ina.	If it's asphalt it could be that buses go on to that place.
ku-kit.ĭs-a	to let out, send down
Yufusa sofele yandi kitisa nge na are ke penepene na Wando.	Ask the driver to let you out at the stop nearest to Wando.

Anderson

Melesi mingi, m̩buta muntu.	Thank you very much, sir.

Kontololele

mu-tima (mi-)(bamu-)	heart
ku-kit.ĭs-a mutima	to relax, cease worrying ('to put down the heart')
Mambu ve. Kitisa mutima; nge ke simbana ve.	You're welcome. Don't worry; you won't get lost.

GETTING ABOUT   BASIC COURSE   UNIT 24

NARRATIVE

Anderson ke na lukalu. Yandi ke na kwenda na Leopoldville. Na nkumbu n'andi ya ntete ya kwenda kuna, bantu kwendaka kuta yandi na gale. Malumalu yai, yandi lenda sungamana diaka nzila ata fioti ve.

Samu lukalu ya bubu ke na letale mingi, yandi yufusaka kontololele kana yau ke vwanda mpasi ya kubaka takisi na gale. Kontololele tubilaka yandi ke, yau ke vwanda mpasi, samu bantu ke nwanina takisi na mpimpa; kasi mwaye yankaka ikele: kubaka otobisi.

Anderson zona kwenda na Yolo Sud na balabala Wando nimelo 39; yau ke penepene na simetiele ya nkulu. Na gale, kontololele ke vwanda pelesi, mpe yandi ke kwendila na otobisi ya bakontololele. Kasi malumalu yai, yandi lenda monisa yandi nzila ya kulanda ti na Yole.

Kontololele tubilaka Anderson ke kana yandi ke zona vingila takisi ve, yandi lenda bimina na polote ya ndambu ya Prince Baudoin, na ndambu ina bau ke tekilaka batike, na batike deke.

Bima kuna, yandi ke kwenda na balabala Isoki, vana ke telamaka bantu ke bakaka batakisi. Katuka Isoki, yandi ke kwenda na balabala ya Prince Baudoin; balabala yai ke ya gudolo ve kasi ya sime; yau ke na minda; yau ke mpasi ve ya kumona yau, samu balabala yankaka ya kuzenga to kuluta ikele ve.

Yandi ke matina na otobisi na are ina ke na kwe ya dibolo

ya bakala, na Prince Baudoin. Linie 4 to 5 ke nata yandi ti na Yolo. Kasi kana yandi ke zona vingila yau ve, yandi lenda baka linie 6, 7 to 10; yau ke nata yandi ti na Pont Cabu ina ke kabulaka Kinsasa ya nkulu, na Mboka ya Sika to Nouvelle Cité. Samu kontololele tubaka mambu mingi, Anderson zona ntete sonika yau na fipapie. Na manima kontololele tatamana ke yandi ke kita na Pont Cabu, samu ya kubaka linie 4 to 5 ya Yolo.

Ata Anderson zaba nzila ya kulanda na Yolo ve, yandi lenda yufusa bantu yankaka, to kutanga mabaya; kana minda ke vwanda ve, yandi ke na tolosi n'andi.

Balabala Wando ke diaka ya zielo ve. Na ntangu ya ntete Anderson vwandaka na Yolo, bau vwandaka komase kutula yau gudolo. Kana mpidina, yau lenda vwanda ke baotobisi ke lutilaka na ndambu ina; yandi lenda yufusa sofele, yandi kitisa yandi na are ina ke penepene na Wando.

Kontololele ke mbuta muntu ya mbote; yandi tubilaka Anderson: 'Kitisa mutima, nge ke zimbana ve.'

GETTING ABOUT — BASIC COURSE — UNIT 25

DIALOGUE: GETTING SET FOR A CAR TRIP

Anderson

litele (ba-)	Fr: litre; liter
lesanse (ba-)	Fr: l'essence; gasoline
bido / bidon (ba-)	Fr: bidon; gasoline or oil can
lezelevwale (ba-)	Fr: reservoir; storage tank

Tudila munu balitele 10 ya lesanse na lezelevwale, mpe 20 na bido yai.

Put 10 liters of gas in the tank for me and 20 in this can.

Alphonse

Inki diaka nge zona?

What else do you want?

Anderson

ku-tad.il-a	to look at/after for (someone), check
tiya (ba-)	fire, heat, electric power
bateli (ba-)	Fr: batterie; battery

Nge lenda tadila munu tiya ya bateli?

Can you check for me the power of the battery?

Alphonse

Kiadi, yau ke na ngolo mingi diaka ve.

Unfortunately it hasn't much power left ('has not much strength still').

| UNIT 25 | KITUBA | GETTING ABOUT |

Anderson

ku-lung-a — to suffice, be enough

voyage (ba-) — (Fr.); trip

Matadi — (name of a port city in Congo)

Inki nge banza; ngolo ina me lunga na voyage katuka kwaku na Matadi ti na Kinsasa? — What do you think; has it enough power for a trip from here to Matadi and on to Leopoldville. ('has that power sufficed for...')

Alphonse

matata (ba-) — trouble

ku-bŭt-a — to climb

monté (ba-) — Fr: montagne; mountain

Mu banza ke yau ke sala nge matata fioti, silitu na ku-buta bamonte. — I think that it will give you a little trouble, especially in climbing mountains.

Anderson

ku-charg-é — Fr: charger; to charge

ku-charg-el-é — to charge for (someone)

Mambu ve, chargele munu yau. — No matter, charge it for me.

yangó (ba-) — the one(s) referred to, that those

imbi (ba-) — badness, evil

GETTING ABOUT — BASIC COURSE — UNIT 25

Nzila yango ya Matadi - Leo ke imbi? — Is that Matadi-Leopoldville road bad?

Alphonse

   kwandi — fairly, quite

Ve, yau ke kwandi mbote malumaly yai, samu na gudolo. — No, it's fairly good now on account of the asphalt.

   lesole (ba-) — Fr: ressort; spring

   kiló (ba-) — kilogram, weight

Na ntama, samu yau vwandaka ya ntoto, mabulu vwandaka kufwa bakamio mingi, silitu kuzenga balesole, kana kilo me lutisa. — Formerly, because it was (of) earth, the holes used to destroy ('kill') a lot of trucks especially to break ('cut') the springs if the weight was too great ('has exceeded').

Anderson

   déja — (Fr.); already

Kome nge mona deja, mu zona kwendila na Leo na vwatile ya munu. — As you already see, I'm about to go to Leo in my own car.

   sanduku (ba-) — box

   valise (ba-) — (Fr.); suitcase

Nge banza ke mu ke mona mpasi samu ya kunata bima na munu yonso - basanduku, na bavalises, na bima yankaka nkaka?

Do you think that I'll have difficulty on account of taking all my things - boxes, suitcases and various other things?

Alphonse

Kome mu tubaka ntete, samu nzila ke na gudolo, yau ke vwanda mpasi ve.

As I said in the first place, because the road is asphalt ('has asphalt') it will not be difficult.

   ku-fwand-a   to suffice

   fwanda   must, should, ought to (auxiliary)

   felé (ba-)   Fr: frein; brake

   musielŏlo   slippery

Kasi nge fwanda vwanda na bafele ya ngolo, samu na bamonte yankaka, mpe bapalasi yankaka ke musielolo fioti.

But you should have strong brakes since some mountains and some places are a bit slippery.

Anderson

E, mu me mona; kana tiya me kufwa na kati ya monte,

Yes, I understand; if power gives out in the middle of a

kana bafele ke ngolo ve, nge lenda vutuka na manima.	slope, if the brakes are not strong, you can slip ('return') back.
accident (ba-)	(Fr.); accident
ku-bw-a	to fall, happen, befall
Baaccidents mingi ke kubwaka mpidina.	Many accidents have happened that way.
kuluta mbote	to be better, be best ('to exceed [in] goodness')
Kasi tubila munu, kamaladi, inki ntangu kuluta mbote ya kwendila na nzila ina?	But, tell me, friend, what time is best for travelling that road?

Alphonse

kuluta zona	to prefer
ku-zeng.ul.uk-a	to twist and turn
nzenguluka (ba-)	curve, bend
kúlube (ba-)	Fr: courbe; curve
Mu ke lutaka zona na mpimpa, samu kome banzenguluka to bakulube ke mingi, nge lenda mona baminda ya kamio yankaka ina ke na kwiza.	I prefer at night because, since bends or curves are numerous, you can see the lights of other vehicles which are coming.
bosi mpe	then too, in addition

| UNIT 25 | KITUBA | GETTING ABOUT |

    madidi (ba-)   coldness

    motele (ba-)   Fr: moteur; engine

Bosi mpe, na mpimpa samu ya madidi, motele ke tambulaka mbote mingi.   In addition in the evening, on account of the coolness, the engine runs much better.

Anderson

    ku-tampon-é   Fr: tamponner; to run into, run down

    ki-bulu (bi-)   animal, beast

    mfinda (ba-)   woods, forest

Mu kuwaka ke na mpimpa, nge lenda tampone bibulu ya mfinda, ina ke ya tieleka?   I heard that at night you can run into wild animals, is that correct?

Alphonse

E, ina ke ya tieleka.   Yes, that's true.

    mbulu (ba-)   jackal

    mbŏlŏko (ba-)   antelope

    ku-finam-a   to approach

    kufwa meso   to blind

Na ntangu yankaka, bibulu kome mbulu, mboloko, kana bau ke na nzila, ata kamio ke na kufinama, bau ke tinaka ve, samu minda ya kamio   Sometimes animals such as jackal and antelope, if they are on the road, won't get out of the way ('escaps, flee'), even though an auto-

GETTING ABOUT — BASIC COURSE — UNIT 25

ke kufwaka bau meso.	mobile is approaching because the auto's lights will blind them.

Anderson

kudia ntangu	to waste time; to take /use/ require time
Mu ke na kudia ntangu na nge ve?	Am I not taking up your time?
ki-uvu (bi-)	question
kufwa kisalu	to disturb [ones] work, spoil a job
Mu ke na biuvu yankaka ya kuyufusa, kasi mu zona kufwa kisalu na nge ve.	I have some other questions to ask, but I don't want to disturb your work.

Alphonse

wonga (ba-) *worry*	fear
kumona wonga	to have fear, be afraid
Mona wonga ve, mu ke na bantu yankaka ke sadilaka munu.	Don't worry, I have other people who work for me.
ku-bok-a	to shout, cry out, scream
ku-bok.il-a *worker*	to address, call (someone)
Kasi malumalu yai, kisadi na munu mosi ke na kubokila munu.	But right now one of my workmen is calling me.

| UNIT 25 | KITUBA | GETTING ABOUT |

    miniti (ba-)   Fr: minute; minute

Kana nge lenda vingila baminiti   If you can wait a few minutes
   fioti, mu ke vutuka.   I'll return.

                Anderson

Mambu ve. Mu ke vingila.   OK, I'll wait.

NARRATIVE

    Anderson zonaka kwendila na vwatile n'andi katuka Matadi ti na Kinsasa. Yandi kwendaka sumba lesanse na palasi ya Alphonse: balitele 10 na lezelevwale na 20 na bido.

    Alphonse tadilaka yandi tiya ya bateli. Ngolo ina lungaka ve samu ya kusala voyage ina; yau vwandaka zona sala matata fioti na nzila, silitu na kubuta bamonte. Anderson zabaka nzila ina ve. Yandi vwandaka yufusa Alphonse mambu yankaka ya nzila ina, ntangu yandi vwandaka chargele yandi bateli.

    Na ntama, nzila ya Matadi-Leo vwandaka ya ntoto. Yau vwandaka kufwa bakamio mingi, silitu kuzenga balesole kana kilo me lutisa. Kasi na manima samu na gudolo, yau kwizaka mbote. Ata mpidina, kome Anderson zonaka nata bima ya kilo mingi; basanduku, bavalises na bima yankaka nkaka, yau zonaka vwanda diambu ya imbi ya kuvwanda na bafele ya ngolo ve; bapalasi yankaka vwandaka na bamonte mpe na musielolo; baaccidents mingi ke kubwaka samu na yau.

    Ntangu kuluta mbote ya kwendila na nzila ina ke mpimpa,

samu na ntangu ina kome banzenguluka to bakulube ke mingi, muntu lenda mona minda ya kamio yankaka; bosi mpe, motele ke tambulaka mbote samu ya madidi.

Mambu ina Anderson kuwaka déja ke, yau ke mpasi ve ya kutampone bibulu ya mfinda na ntangu ina, vwandaka ya tieleka. Ata ke kamio ke na kufinama, bibulu kome mbulu, mboloko ke tinaka ve; minda ke kufwaka meso na bau.

Anderson vwandaka na biuvu yankaka ya kuyufusa. Kasi ata Alphonse vwandaka kamaladi ya mbote, yandi vwandaka mona wonga ya kufwa kisalu n'andi. Bau vwandaka bokila Alphonse na kisadi n'andi mosi. Yau yina, yandi tubilaka Anderson kuvingila yandi baminiti fioti.

UNIT 26   KITUBA   GETTING ABOUT

DIALOGUE: ADVICE FOR THE ROAD

Alphonse

Inki diaka nge zona zaba?   What else do you want to know?

Anderson

    ingo (ba-)   leopard

Diaka na mambu ina ya kuta-   More on those matters of running
mpone bibulu: bau ke   into animals: do bad animals
tamponeke mpe bibulu ya   like leopards get run into?
imbi kome ingo...?

Alphonse

Mu me kuwa ntete na ndambu   I haven't yet heard [of such]
yai ve.   in this place.

    petétele   Fr: peut être; perhaps

    esŏbe (ba-)   prairie, savanna, grass-
                                         land

Petetele, samu betu ke na   Perhaps because we have a lot
baesŏbe mingi, mpe bamfinda   of grasslands and our forests
ya betu ke nene mingi ve.   aren't very big.

Anderson

    koma   Fr: comment; how?

    ku-zing-a   to live

    n.kosi (ba-)   lion

    n.zau (ba-)   elephant

| GETTING ABOUT | BASIC COURSE | UNIT 26 |

m.pakasa (ba-) — buffalo

Koma samu ya bibulu ke zingaka na baesobe kome nkosi, nzau, mpakasa? — How about animals [which] live on the prairies like lions, elephants, buffaloes?

Alphonse

ma.kelele — noise

Yau ke mpila mosi; bosi mpe, bibulu ya imbi to ya nene ke zonaka zinga penepene na bifulu ya makelele ya bakamio ve. — It's the same; in addition the bad and large animals don't like to live near places [which have] the noises of vehicles.

ku-telam-a — to stand up, start

Nge ke telama bubu na mpimpa? — Are you going to start tonight?

Anderson

ku-pez-é — Fr: peser; to weigh

Ve, mu banza mbasi na nkokila, samu mbasi na suka, mu ke kwenda na gale kupezisa bima yankaka ina ke kwendila na lukalu. — No, I think tomorrow afternoon, because tomorrow morning I am going to the station to get some things weighed which are to go by train.

Alphonse

Bau me monisaka nge nzila ya kulanda? — Have you been shown the road to follow?

341

UNIT 26   KITUBA   GETTING ABOUT

Anderson

Ve, ntete ve; mu vwandaka zona yufusa nge yau.

    ku-zeng-a (mambu)

    kálati (ba-)

Na suka yai, ntangu mu zengaka ke mu ke kwendila na vwatile, mu vwandaka tala kalati ya Kongo, kasi bau monisaka nzila ya kulanda ve.

No, not yet. I was just about to ask you that.

    to decide

    Fr: carte; map, chart

This morning when I decided that I was going to go by car, I was looking at a map of the Congo but the road to follow is not shown.

Alphonse

Mu lenda pesa nge kalati na munu.

    kulele (ba-)

    n.kunzu

    verte

Tala: kome nge lenda mona, nzila ya kulanda ke na kulele ya dititi ya nkunzu, to verte.

    nord-est

Leopoldville ke na Nord-Est ya Matadi.

I can give you my map.

    Fr: couleur; color

    unripeness, greenness

    (Fr.); green

Look: as you can see the road to follow is the color of a green leaf (or green).

    (Fr.); northeast

Leopoldville is to the northeast of Matadi.

| GETTING ABOUT | BASIC COURSE | UNIT 26 |

Anderson

    besoin (ba-)   (Fr.); need, necessity

    boussole (ba-)   (Fr.); compass

Mu me mona. Donc mu ke na besoin ya boussole ve?   I see ('have seen'). Then don't I need a compass ('have need of a compass')?

Alphonse

Ata fioti ve. Dayele, ata nge ke mona banzila yankaka, nge ke mona mabaya ya kumonisa nge inki nzila nge fwanda landa.   Not at all. In addition even if you see ('will see') other roads, you will see signboards to show you which road you must follow.

Anderson

    lepalasió (ba-)   Fr: reparation; repairs

Kana mu zona lepalasio, bapalasi mingi ikele na nzila?   If I wish repairs, are there many places on the road?

Alphonse

    garage (ba-)   (Fr.); repair shop, garage

Mona wonga ve. Bagarages ke mingi.   Have no fear. Garages are plentiful.

    konso   every, any

    mafuta (ba-)   oil, grease, fat

UNIT 26 KITUBA GETTING ABOUT

lulu (ba-)	tire
pneu (ba-)	(Fr.); tire

Nge lenda sadisa kamio na nge to kusumba konso bima nge zona; lesanse, mafuta, balulu to bapneus, ata madia nge ke mona yau.

You can have your car fixed or buy anything you want: gasoline, oil, tires (or pneus), even food - you'll see them [all].

Anderson

laissez-passer (ba-)	(Fr.); pass, permit

Inki nge banza, mu fwanda baka laissez-passer to ve?

What do you think, should I get a pass or not?

Alphonse

lu.ye	permission
bulamatadi	government[1]

Yau ke vwanda diambu ya mayele ya kubaka luve ya bulamatadi, samu ya bapodisi na nzila.

It will be a smart thing to get the permission of the government on account of the police on the road.

Anderson

Inki mutindu ya luve?   What kind of permission?

---

[1] 'Rock breakers' - the first Europeans used dynamite to clear rocks for roads, hence this sobriquet for government.

Alphonse

Mukanda ya kumonisa ke nge ke na mambu ve, bima ina ke vwanda na nge ke ya nge.	A paper to show that you aren't in trouble ('have no affairs'), [and that] the things which are with you are yours.
ku-zimb.an-a	to forget, to get mixed up
permis de conduire (ba-)	(Fr.); driver's license
passeport (ba-)	(Fr.); passport
kalati ya identité (ba-)	Fr: carte d'identité; identification paper
Bosi mpe, zimbana vwanda na permis de conduire na nge na passeport na nge penepene ve; samu, kana diambu me kubwa, yau ke vwanda kome bakalati ya identite ya nge.	Then too don't forget to have your driver's license and your passport near because if something happens they can serve as your identification papers.

Anderson

Melesi mingi na lusadisu na nge yonso.	Thanks a lot for all your help.
yau yai	here it [is]
sanzé (ba-)	Fr: échange; change
matabisi (ba-)	Port: matabiche; tip gratuity, present to a buyer

| UNIT 26 | KITUBA | GETTING ABOUT |

| Mbongo na nge yau yai. Sanze ke matabisi na nge. | Here's your money. Keep the change. ('The change is your tip.') |

Alphonse

| bon voyage | (Fr.); good trip |
| Melesi mingi. Bon voyage, kamaladi. | Thanks a lot. Have a good trip, friend. |

NARRATIVE

Anderson zonaka zaba diaka mambu yankaka, samu ya bibulu na nzila Matadi-Leo. Alphonse lembaka tubila yandi yau ve.

Na ndambu ina ke nzila ina, bau ke tamponeke bibulu ya imbi, kome ingo ve; petetele samu baesobe ke mingi, mpe bamfinda ke nene mingi ve. Ata baesobe ke mingi, bibulu yankaka ya imbi; mpe ya nene kome nkosi, nzau, mpakasa, ke zonaka zinga penepene na bifulu ya makelele ya bakamio ve.

Anderson zonaka telama na mpimpa ya kilumbu ina yandi sumbaka lesanse ve. Na kilumbu landila ina, yandi vwandaka kwenda na gale, samu ya kupezisa bima na yandi yankaka, ina vwandaka kwendila na lukalu.

Samu ya kusadisa yandi, Alphonse pesaka yandi diaka kalati n'andi ya Kongo. Nzila ya kulanda, vwandaka na kulele ya dititi ya nkunzu to verte. Ata ke Leopoldville ke na Nord Est ya Matadi,

346

Anderson vwandaka na besoin ya boussole ve; na kalati bau monisaka nzila ina mbote mbote; dayele na nzila mpe, mabaya ke monisaka nzila ya kulanda ke vwandaka mingi.

Anderson fwanda mona wonga ve, samu ya lepalasio na nzila; bagarages ke mingi. Yandi lenda sadisa vwatile n'andi, to kusumba konso kima yandi zona: lesanse, mafuta, balulu to bapneus, madia...

Yau ke vwanda diambu ya mayele ya kubaka laissez-passer na bulamatadi, samu na bapodisi na nzila; yau ke luve ya kumonisa ke yandi ke na mambu ve. Yandi fwanda zimbana mpe kuvwanda na permis de conduire, na passeport penepene ve; samu yau ke vwanda kome bakalati ya identité kana diambu me kubwa.

Anderson pesaka Alphonse melesi mingi samu ya lusadisu yonso ina: Yandi bikilaka yandi sanze ya mbongo yandi pesaka, kome matabisi. Alphonse zodilaka yandi bon voyage.

UNIT 27 KITUBA HOME MANAGEMENT

GROUP D: HOME MANAGEMENT AND CHILD CARE

DIALOGUE: LOOKING FOR SERVANTS

Clemantine

Betu ke na kusosa kisadi ya inzo.	We are looking for a household servant ('worker').
ku-lweng-a	to be wise
ku-lweng.is-a	to advise
n.dwengoso (ba-)	advice
Benu lenda pesa betu bandwengoso?	Can you give us advice?

Pauline

Inki mutindu ya kisadi benu zona?	What sort of worker do you want?

Gautier

konso	every, any
m.băla (ba-)	time, occasion
mbala mosi	once
jardin (ba-)	(Fr.); garden
Konso kisadi ina lenda sala bisalu ya ngolo: kukomba inzo mpe kusukula yau mbala	Any worker who can do hard work: sweeping the house and washing it once a week; work in the

348

HOME MANAGEMENT　　BASIC COURSE　　UNIT 27

mosi na lumingu, kusala na
jardin kome kuzenga matiti,
kukuna bafololo na kutula
yau maza...na bisalu yankaka
ya mpidina.

garden like cutting grass,
planting flowers and watering
them ('putting them water')...
and other work of that kind.

Clemantine

ku-zenz.il-a — to watch, to look after

Mpe kwenda na zandu, kusukula
malonga na kuzenzila bana
ntangu yankaka.

And to go to market, to wash the
dishes and to look after the
children sometimes.

Pauline

kŭ-zw-a — to get, obtain, earn, locate

Yau lenda vwanda mpasi ya
kuzwa muntu ke sala bisalu
yonso ina.

It may be hard to find a person
who will do all that work.

presque — (Fr.); almost

Ata benu zwa yandi, benu ke
futa mbongo mingi samu
yandi ke sala presque ki-
lumbu ya mvimba.

Even if you locate him you'll
pay a lot of money because
he will [be] work[ing] almost
all week.

Gautier

Yau ke luta mbote ya kuvwanda
na bisadi ikwa? Zole kana
tatu?

How many workers is it better to
have? Two? or ('whether')
three?

UNIT 27   KITUBA   HOME MANAGEMENT

Pauline

Bantu yankaka ina ke na mbongo mingi ke vwandaka na konso ntalu bau zona.

     ku-kŭk-a

     n.ganda (ba-)

     pĕtepĕte

     ku-tănd-a

Kasi ya tieleka bisadi zole lenda kuka: mosi samu ya bisalu ya ngolo na kati ya inzo mpe na nganda, mosi samu ya bisalu ya petepete kome kusukula malonga, ku-tanda bamfulu, kutala bana...

Some people who have a lot of money have as many ('every number') as they wish.

     to fit, suit

     outside

     soft, easy

     to spread, set, make (bed)

But truly two workers is enough ('can suit'): one for the hard work inside the house and outdoors, one for the lighter work like dishwashing, bed making, looking after children...

Robert

E...Pauline, nge zaba kana Monsieur Classen me zwilaka bisadi na bau kisalu?

Yes...Pauline, do you know if M. Classen has found work of their servants?

Pauline

     idée (ba-)

     ku-telephoné

     (Fr.); idea

     (Fr.); to telephone

| HOME MANAGEMENT | BASIC COURSE | UNIT 27 |

Mu zaba ve. Ina ke idée ya mbote. Bika betu meka telephone bau.

I don't know. That's a good idea. Let's try to phone them.

Robert

Benu vingila fioti, mu meka yufusa bau. Mu ke na kwiza.

You wait a little, I'll try to ask them. I'll be right back. ('I'm coming.')

Clemantine

Samu na inki bau ke na kusosila bisadi na bau kisalu?

Why are they looking for work for their workers?

Bau zona kwenda na ndambu ya-nkaka?

Do they want to go to another place?

Pauline

E, bau ke kwenda na insi ya bau.

Yes, they're going to their country.

    kosúkosu (ba-)   cough

    ki-ozi (bi-)   coldness, a cold, fever

    ku-bel-a   to be sick

    ku-bel.uk-a   to get well, recover, be cured

Nkento ke na kosukosu mosi ya ngolo; dokotolo tubilaka bau kwenda vwanda na insi ya kiozi fioti, kana bau zona yau beluka.

The wife has a bad cough; the doctor told them to go live in a somewhat cold[er] country, if they want it to be cured.

UNIT 27 — KITUBA — HOME MANAGEMENT

Clemantine

Ina ke diambu ya kiadi mingi.	That's a very sad matter.

Pauline

penzá	very, extremely
ku-w-a	to hear, feel
silitú	Fr: surtout; especially
Kiadi mingi penza. Bakala, nkento ata bana ke na kuwa kiadi mingi ya kubika insi yai, silitu ya kubika bisadi na bau ina ke kome bampangi ya bau.	Very sad indeed. The man, the woman even the children are very sorry ('feel great distress') to leave this country, especially to leave their workers who are like their own relatives.
ku-vum.in-a	to respect, be polite
Bau ke bakala na nkento n'andi. Bau ke zolaka mpe kuvumina bau mingi.	They are a man and his wife. They love and respect them very much.
ku-bok-a	to shout, cry out
ku-bok.il-a	to call, address
Ata bau ke bisadi, bana na bau ke bokilaka bau tata na mama.	Even though they are servants their children call them aunt and uncle.

HOME MANAGEMENT   BASIC COURSE   UNIT 27

Gautier

Yau ina bau ke na kusosila bau kisalu? — Is that why they're looking for work for them?

Pauline

di-boko (ma-) — hand
ku-zit-a — to carry weight, be heavy
ku-zit.is-a — to respect, give weight to

E, silitu bau zona bika bau na maboko ya muntu ina lenda zitisa bau. — Yes, especially do they want to leave them in the hands of someone who will ('can') respect them.

Gautier

Kuzitisa bau na inki mutindu? — Respect them in what way?

Pauline

Kome benu zaba, bantu yankaka samu bau ke na mbongo mingi, bau ke tubaka konso mambu bau zona na bantu ke sadilaka bau. — As you know some people because they have a lot of money, (they) say anything they wish ('any matter they like') to the people who work for them.

Clemantine

ku-fing-a — to insult
ki-fingu (bi-) — insult

Tubila bau inki mutindu ya mambu? Kome bifingu...? — Say what kind of things to them? Like insults...?

UNIT 27　　　　　　　　　KITUBA　　　　　　　HOME MANAGEMENT

Pauline

m.pamba	nothing, uselessness
mu-n.gamba (ba-)	day laborer, unskilled dolt
ku-niokol-a	to mistreat
ku-zeng.am-a	to be cut

Kufinga bau kaka ve kome zoba, muntu ya mpamba, mungamba... kasi mpe kuniokola bau, kufwemina bau: ata diambu ya fioti mbongo me zengama.

Not only to insult them as stupid, worthless man, unskilled dolt...but also to mistreat them, to get angry at them. Even [for] a small matter wages ('money') have [been] cut.

Kisadi mosi ve ke zonaka mambu ya mpidina.

No worker likes things like that.

Clemantine

ki-m.beni (bi-)	hatred

Ina ke nataka kaka kimbeni na kati ya inzo. Mambu ina ke vwandaka mingi?

That just brings hatred inside the house. Are such things frequent ('many')?

Pauline

kizámpele (ba-)	Fr: exemple; example

E, mpangi na munu, yau ke vwandaka mingi; kasi

Yes, my friend ('sister') they are frequent ('many'); but

354

ntangu yonso ve, kome famili ya Classen ke kizampele ya mbote...	not always - as the Classen family is a good example...
Bakala na munu ke na kwiza. Mu banza ke yandi ke na nsangu ya kiese.	My husband is coming. I think that he has good news.

NARRATIVE

Clemantine na bakala n'andi Gautier vwandaka sosa kisadi ya inzo. Ntangu bau vwandaka na inzo ya Pauline na Robert, bau yufusaka bandwengoso na bau.

Nge zaba mutindu ya kisadi bau vwandaka sosa? Kisadi ya kusala konso kisalu kome kusukula inzo mbala mosi na lumingu, kusala bisalu ya mutindu na mutindu na jardin, kuzenzila bana na bisalu yankaka nkaka.

Kiadi! Yau vwandaka mpasi fioti ya kuzwa kisadi ina kusadila bau bisalu yonso ina kilumbu ya mvimba. Pauline lwengisaka bau kuvwanda na bisadi zole: mosi samu ya bisalu ya ngolo na kati ya inzo mpe na nganda; yankaka samu ya bisalu ya petepete kome kutanda bamfulu, kutala bana...

Na ntangu bau vwandaka solula, Robert zwaka idée mosi ya mbote. Yandi zonaka zaba kana M. Classen me zwilaka bisadi na yandi kisalu. Yandi kwendaka telephone yandi.

Pauline bikalaka tubila Clemantine na Gautier mambu ya famili ya M. Classen. Samu nkento na yandi ke na kosukosu ya ngolo, dokotolo mosi tubilaka bau kwenda na insi ya kiozi samu ya kubelula yau. Yau vwandaka diambu ya kiadi penza ya kubika insi yina bau vwandaka vwanda; silitu kubika bisadi na bau ina vwandaka na bau kome bampangi.

Bisadi ina zole ya baClassen vwandaka bakala na nkento n'andi. Ata bau vwandaka kaka bisadi bau vwandaka zola mpe kuvumina bau. Bana vwandaka bokila bau tata na mama.

BaClassen zonaka bika bau na maboko ya konso muntu ve, kasi na maboko ya muntu ina lenda zitisa bau. Bau zabaka ke bantu yankaka ke salaka na bisadi konso mambu bau zona; kufinga bau kome zoba, muntu ya mpamba, mungamba...kuniokola na kufwemina bau...ata diambu ya fioti mbongo me zengama.

Mambu yina ke nataka kimbeni na inzo, mpidina ve? Kiese ke famili ya Classen vwandaka kizampele ya mbote. Robert vwandaka natina bau nsangu ya kiese.

HOME MANAGEMENT — BASIC COURSE — UNIT 28

DIALOGUE: AN INTERVIEW

Robert

Mu me tubila M. Classen benu ke banani na betu.
I told M. Classen who you are to us.

    esengo (ba-)   contentment, happiness

Yau yina yandi ke na esengo mingi ya kubika bau na maboko na benu.
For that reason he is very pleased to leave them in your hands.

Yandi yufusaka munu kana benu lenda vwanda na ntangu ya kuyufusa mambu yankaka ina benu zona zaba na kisadi yina ya bakala.
He asked me if you might have time to ask things which you wish to know to that man servant.

Pauline

    ku-n.dím-a   to permit, accept

Nge ndimaka?   Did you accept [the suggestion].

Robert

E, mu ndimaka.

    bubu yai   this very day

Yandi ke na nzila malumalu yai; nkento n'andi ke kwiza ve samu yandi ke na bisalu mingi bubu yai.
He's on the way now; his wife isn't going to come because she has a lot of work today.

| UNIT 28 | KITUBA | HOME MANAGEMENT |

Gautier

ku-komase — Fr: commencer; to begin

Banda inki ntangu nge komaseke sadila na M. Classen? — How long have you worked for M. Classen? ('beginning what time you began to work with M. Classen?')

François

Mu komaseke sadila na yandi banda mu vwandaka kaka mvula 15. — I started working for him when I was only fifteen.

ku-tind-a — to send

Mu vwandaka na muntu ya ku-tinda munu na kalasi ntangu ya inda ve; mu longukaka kaka fioti. — I didn't have anyone to send me to school for a long time; I only learned a little.

Mu komeseke sala banda ntangu ina ti ntangu yai mu ke na imvu 34. — I started to work from ('beginning') that time until now [when] I am thirty four years old.

Gautier

Ntangu nge komaseke inki kisalu nge vwandaka sala? — What work were you doing when you started?

François

boyi (ba-) — houseboy

HOME MANAGEMENT — BASIC COURSE — UNIT 28

Mu vwandaka kaka kome boyi ya fioti.	I was just a minor houseboy.
propre	(Fr.); clean
ku-pŭp.ul-a	to wipe
putŭlu (ba-)	dust
mébele (ba-)	Fr: meuble; furniture
kiti (ba-)	chair
lalemwale (ba-)	Fr: l'armoire; chest of drawers
Mu vwandaka tala ke inzo ke propre: kusukula yau, kukombula yau na kupupula putulu na bamebele yonso- bakiti, balalemwale...	I was seeing that the house was clean: washing it, sweeping it and wiping the dust from all the furniture - the chairs, the chests...
n.gŭngi (ba-)	mosquito
insecte (ba-)	(Fr.); insect
n.zĭnzi (ba-)	fly
Mu vwandaka mpe kufwa bangungi na bainsectes yankaka ya imbi kome banzinzi.	I was also killing mosquitoes and other harmful ('bad') insects like flies.
ku-sung.ik-a	to straighten
ku-teng.am-a	to be crooked
Mu vwanda mpe sadila na jardin: kuzenga matiti,	I also was working in the garden: cutting grass, planting flowers

UNIT 28 KITUBA HOME MANAGEMENT

kukuna bafololo na bainti yankaka, kutula yau maza, kusungika bainti ya kutengama...

and other plants, watering them, straightening crooked plants...

Clemantine

Nge vwandaka sala na kikuku ve?

Weren't you working in the kitchen?

François

    di-kwanza (ma-)   scabies, the itch

    mu-săpi (mi-)   finger, toe

Na ntete yau vwandaka mpasi samu bisalu ya jardin vwandaka pesa munu makwanza na kati ya misapi ya maboko.

At first that was difficult because the garden work was giving me scabies between the fingers (of the hand).

    yandi mosi kaka   alone ('himself only')

    déjeuner (ba-)   (Fr.); breakfast, lunch

    ku-tŏk-a   to perspire; to boil (intransitive)

    ku-tŏk.is-a   to boil (transitive)

    ti (ba-)   Fr: thé; tea

    ku-kading-a   to fry

    di-ki (ma-)   egg

Na manima kome M. Classen vwandaka yandi mosi kaka

Later when ('as') M. Classen was alone I used to make him

| HOME MANAGEMENT | BASIC COURSE | UNIT 28 |

mu vwandaka sadila yandi madia ya déjeuner ya suka: tokisa maza ya ti, kadinga maki...

breakfast: boil water for tea, fry eggs...

    restaurant (ba-)   (Fr.); restaurant

Na midi na nkokila yandi vwandaka kudia na barestaurants.

At noon and at night he used to eat in restaurants.

Gautier

    ku-kum-a   to reach, become, arrive

    cuisinier (ba-)   (Fr.); cook, chef

Bau tubilaka betu ke malu-malu yai nge me kumaka cuisinier ya nene; nani longisaka nge kisalu yina?

They tell us that now you have become a grand chef; who taught you that work?

François

    pâtisserie (ba-)   (Fr.); bakery, pastry shop

Na ntangu M. Classen kwendaka na Mputu samu ya kwenda landa famili n'andi, yandi bikaka munu na pâtisserie mosi.

When M. Classen was in Europe in order to bring ('follow') his family he left me at a bakery.

    gato (ba-)   Fr: gateau; cake

ki-sikiti (bi-/babi-)	Fr: biscuit; pastry, biscuit
Kuna mu bandaka longuka kulamba mampa, bagato, bisikiti...	There I began to learn to bake ('cook') bread, cake, biscuit[s]...
kofitile (ba-)	Fr: confiture; preserves, jam
Na ntangu Mme. Classen kwizaka, yandi monisaka munu mutindu ya kulambila madia ya mutindu na mutindu ya insi n'andi, kusala bakofitile mpe bima yankaka nkaka.	When Mme. Classen came she showed me how to cook various kinds of foods of her country [and] to make jam and other things.
bosi mpe	then too, in addition
livre (ba-)	(Fr.); book
Bosi mpe kome mu zaba tanga, mu ke na balivres yankaka ya kulongukila kulamba bima yankaka nkaka.	Then too, since I know [how] to read, I have some books which teach [how] to cook various other things.

HOME MANAGEMENT — BASIC COURSE — UNIT 28

NARRATIVE

M. Classen vwandaka na esengo mingi ya kubika bisadi n'andi na maboko ya Gautier na Clemantine samu Robert tubilaka yandi bau ke banani na famili n'andi. Yandi yufusaka mpe Robert kana Ba-Gautier zonaka vwanda na ntangu ya kusolula fioti na kisadi ya bakala; Robert ndimaka.

François, nkumbu ya kisadi yina, komaseke sadila na M. Classen banda yandi vwandaka kaka mvula 15 samu muntu ya kutinda yandi ntangu ya inda na kalasi vwandaka ve. Yandi longukaka fioti. Yandi ke na imvu 34.

Na ntangu yandi komaseke sala, yandi vwandaka kaka kome boyi ya fioti. Yandi vwandaka tala kana inzo ke propre; kusukula yau, kukombula yau na kupupula putulu na bamebele yonso: bakiti, balalemwale...Yandi vwandaka mpe kufwa banzinzi na bainsects yankaka ya imbi kome bangungi.

Yandi vwandaka mpe sadila na jardin: kuzenga matiti, kukuna bafololo na bainti yankaka, kutula maza, kusungika bainti ya kutengama...

Kasi yandi vwandaka sadila na kikuku ve? E, kasi na ntete yau vwandaka mpasi samu bisalu ya jardin vwandaka pesa yandi makwanza na kati ya misapi ya maboko.

Na manima yandi vwandaka sadila M. Classen kaka madia ya déjeuner ya suka, tokisa maza ya ti, kadinga maki...Na midi na nkokila yandi vwandaka kudia na barestaurants.

Inki mutindu François kuminaka cuisinier ya nene? Na ntangu M. Classen kwendaka landa famili n'andi, yandi bikaka François na pâtisserie mosi. Kuna yandi bandaka longuka kulamba mampa, bagato, bisikiti.

Na ntangu Mme. Classen kwizaka, yandi monisaka yandi mutindu ya kulambila madia ya mutindu na mutindu ya insi n'andi; kusala bukofitile na bima yankaka nkaka. Bosi mpe kome yandi zaba tanga, yandi ke na balivres yankaka ya kulongukila kulamba bima yankaka.

HOME MANAGEMENT   BASIC COURSE   UNIT 29

DIALOGUE: ALL IN THE DAY'S WORK

Clémantine

Bau tubilaka mpe betu ke nkento na nge ke salaka na nge.	We were also told that your wife works with you.
Nge lenda tubila betu bisalu yandi ke salaka?	Can you tell us what work she does?

François

Yandi ke salaka silitu na bana.	She works mostly with the children.
Kome Mme. Classen ke kwendaka na kisalu katuka na suka ti na nkokila, yandi ke talaka mambu yonso ya bana.	Since Mme. Classen goes to work from morning till night, she looks after all the affairs of the children.
Yandi ke salaka mpe bisalu yankaka ya bakento na inzo.	She also does other women's jobs in the house.

Clémantine

Mpidina yandi ke mpila mosi mama na bau!	Then she's just like a mother to them!

Robert

E, yau ke mpidina.	Yes, that's the way it is.
mwaye (ba-)	Fr: moyen; means, way

UNIT 29 — KITUBA — HOME MANAGEMENT

Mu banza ke mbasi to kilumbu yankaka betu ke sosa mwaye samu benu solula na yandi.

I think tomorrow or another day we'll find a way so you [can] chat with her.

Gautier

programme (ba-)   (Fr.); schedule, program

Mbuta muntu, nge lenda tubila betu programme ya bisalu ya nge na inzo ya ba Classen?

Sir, can you tell us the schedule of your work at the Classens' house?

François

Bokidila munu kaka François; nkumbu na munu ke Mundonga François.

Call me just François; my name is Mundonga François.

Programme ya munu konso lumingu ke mpila yai:

My schedule each week is like this:

    ku-kat.ul-a   to subtract

    katula   besides, in addition to ('subtracting')

Mu ke lambaka katuka kilumbu ya lendi ti kilumbu ya tanu; kasi katula kisalu ya kulamba, ina mu ke salaka ntangu mingi na suka, kilumbu ya lendi mpe

I cook from Monday till Friday; but in addition to the cooking job, which I do mostly in the morning, I go to market on Monday and Friday to buy food.

366

HOME MANAGEMENT — BASIC COURSE — UNIT 29

kilumbu ya tanu me ke kwendaka

sumba madia na zandu.

Clémantine

Mme. Classen ke tubilaka nge bima ya kusumba?	Does Mme. tell you the things to buy?

François

liste (ba-)	(Fr.); list
sika (bi-)	place
sika mosi — *together*	together ✓
E, yandi ke tubilaka munu; kasi ntangu mingi betu ke salaka liste ya bima ya kusumba sika mosi. *together*	Yes, she tells me; but usually we make a list together of things to buy.
ku-wom-a	to press, iron ✓
Na kilumbu ya zole, mu ke sukulaka bilele mpe kuwoma yau na kilumbu ya iya.	On Tuesday I wash the laundry and press it on Thursday.

Clémantine

yangó	the one referred to, this, that
Inki bilele yango?	What laundry is that?

François

saleté (ba-)	(Fr.); soiled, dirty

367

UNIT 29   KITUBA   HOME MANAGEMENT

    rideau(x) (ba-)   (Fr.); curtain

    drap (ba-)   (Fr.); sheet

Bilele yonso ya salete na inzo: bilele ya kuvwata barideau, badraps na bilele yankaka nkaka.

All the soiled laundry in the house: clothing ('clothes to wear'); curtains, sheets and all sorts of linens.

Mpe kilumbu ya tatu mu ke salaka na jardin.

And on Wednesday I work in the garden.

                  Gautier

Ina ke kisalu mingi penza.

That's a great deal of work.

Inki ntangu benu ke manisaka kisalu?

When do you finish work?

                  François

    six heures   (Fr.); six o'clock

    n.zenza (ba-)   stranger, guest

Betu ke manisaka kisalu na six heures ya nkokila kana banzenza ikele ve.

We finish work at six o'clock in the evening if there are no guests.

    huit   (Fr.); eight

    dix   (Fr.); ten

    meza (ba-)   (Port.); table

Kasi kana bau ikele, ntangu yankaka na huit heures to

But when there are, sometimes at eight or ten o'clock in

| HOME MANAGEMENT | BASIC COURSE | UNIT 29 |

dix heures samu ya kusadisa Madame na meza. | order to help Madame at table.

Gautier

Benu ke salaka na kilumbu ya sabala ve? | Don't you work on Saturday?

François

Kana kisalu ikele mingi to banzenza ikele, betu ke salaka ata kilumbu ya lumingu. | If there's a lot of work or there are guests, we work even on Sunday.

Gautier

    n.gonda (ba-)   month

Mbala ikwa bau ke futaka benu na ngonda? | How many times do you get paid per month?

François

    lekenzi (ba-)   Fr: le quinzaine; the fifteenth of the month

    n.suka (ba-)   end

Betu ke bakaka mbongo na lekenzi mpe na nsuka ya ngonda. | We receive money on the fifteenth and at the end of the month.

    avance (ba-)   (Fr.); advance payment

    salele (ba-)   Fr: salaire; salary

UNIT 29   KITUBA   HOME MANAGEMENT

Kasi kana betu zona mbongo mingi yandi ke pesaka betu baavances ya salele.	But if we need ('want') a lot of money they guve us some advances on our wages.

Clémantine

Melesi mingi na mambu yonso.	Thanks a lot for everything.
Inki ntangu betu lenda solula na nkento na nge?	When can we chat with your wife?
Betu ke na mambu yankaka ya kuzaba.	We have some other things to find out ('know').

François

ku-fwand-a	to suffice
fwanda	must, should, have to
ava / avant	(Fr.); before
Mu fwanda yufusa yandi avànt ya kutubila benu.	I must ask her before telling you.
Kasi mu banza ke benu lenda solula avant nsuka ya lumingu yai.	But I think you may chat before the end of this week.

HOME MANAGEMENT — BASIC COURSE — UNIT 29

NARRATIVE

Gautier na nkento n'andi Clémantine mpe Robert na nkento n'andi Pauline vwandaka kaka soludisa Tata François Mundonga samu ya kisalu n'andi.

Bau zonaka zaba kisalu ya nkento n'andi. Kome Mme. Classen ke kwendaka na kisalu katuka na suka ti na nkokila, Mme. Mundonga ke talaka mambu yonso ya bana. Yandi ke kome mama na bau.

Konso lumingu programme ya François ke mpila yayi: Kulamba konso suka katuka kilumbu ya lendi ti kilumbu ya tanu. Kusumba madia na zandu kilumbu ya lendi mpe kilumbu ya tanu. Ntangu mingi Mme. Classen na yandi ke sonikaka liste ya bima ya kusumba sika mosi.

Na kilumbu ya zole yandi ke sukulaka bilele mpe kuwoma yau na kilumbu ya iya. Bilele yango ke bilele yonso ya saleté na inzo: bilele ya kuvwata, barideaux, badraps...Kilumbu ya tatu ke kilumbu ya kusala na jardin.

Yau ke kisalu mingi penza.

Inki ntangu François na nkento n'andi ke manisaka kisalu? Bau ke manisaka kusala na 6 heures kana banzenza ikele ve; kasi kana ba ikele, bau ke manisaka na 8 heures to 10 heures samu ya kusadisa Madame na meza.

Bau ke futaka bau mbala zole na ngonda: lekenzi mpe na nsuka ya ngonda. Ntangu yankaka kana bau zona mbongo mingi, bau ke bakaka baavances ya salele na bau.

François tubilaka bau ke samu ya kusolula na nkento n'andi, yandi zonaka ntete kuyufusa yandi avant ya kutubila bau.

HOME MANAGEMENT   BASIC COURSE   UNIT 30

DIALOGUE: CHILD CARE

Clémantine

Madame Antoinette, mazono betu solulaka na bakala na nge M. François Mundonga.

Madame Antoinette, yesterday we spoke with your husband M. François Mundonga.

Yandi tubilaka betu ke nge ke salaka silitu na bana ya M. Classen.

He said you worked especially with the children of M. Classen.

Nge lenda tubila betu ntalu ya bana na bau?

Can you tell us the ages of them?

Antoinette

Bau ke na bana iya.

They have four children.

Ya ntete ya bakala ke na imvu 12; ya zole, nkento, imvu 8; ya tatu nkento, imvu 6; na ya nsuka ke bakala, imvu 4.

The first boy is 12; the second, a girl, 8; the third, a girl, 6; and the last is a boy aged 4.

Clémantine

kuluntu (ba-)   older sibling

Bayina ya bakuluntu ke kwendaka na kalasi?

Do the older ones go to school?

Antoinette

Sainte Marie   (A school in Leopoldville)

373

E, tatu ke kwendaka na kalasi ya Sainte Marie.   Yes, three go to St. Mary's school.

Ya fioti ke bikalaka na munu na inzo, ntangu mama ya bau ke kwendaka na kisalu.   The little one stays at home with me while his mother goes to work.

Clémantine

Nge lenda tubila betu, Madame Antoinette, programme na nge ya kisalu?   Can you tell us, Mme. Antoinette, your work schedule?

Antoinette

   ku-bŏng-a   to be in order, be arranged

   ku-bong.ĭs-a   to arrange, put in order

Ntangu mu ke komaseke kisalu na huit heures, mu ke bandaka ntete kutanda bamfulu na kubongisa bima yankaka na masuku na bau.   When I start work at eight o'clock I begin first to make the beds and straighten up various things in their rooms.

   vers   (Fr.); toward

   ku-lam.us-a   to waken, arouse

   ku-yob.is-a   to wash (transitive)

Na vers dix heures mu ke lamusaka mwana ina ya fioti,   Along toward ten o'clock I get that little child up, wash

| HOME MANAGEMENT | BASIC COURSE | UNIT 30 |

kuyobisa yandi, na kupesa
yandi madia ya suka.

him and give him breakfast
('morning food').

Pauline

Inki nge ke pesaka yandi na
suka?

What do you give him in the
morning?

Antoinette

   kwakele (ba-)   Eng: Quaker; oatmeal

   kamwá (ba-)   a bit [of], a little one [of]

   biberón (ba-)   (Fr.); feeding cup, nursing bottle

Mu ke pesaka yandi maki,
kwakele, kamwa mampa, na
biberon ya midiki.

I give him eggs, oatmeal, a
bit of bread and a (feeding)
cup of milk.

   ku-měm-a   to conduct, bring

   park (ba-)   (Fr.); park

Na manima, mu ke memaka yandi
na park ya bana fioti, samu
ya kwenda sakana ti kana
yandi me lemba na ndambu
ya deux heures.

Afterward I take him to the
little children's park to go
play until (when) he has
gotten tired around two
o'clock.

Gautier

   di-săno (ma-)   game

Inki mutindu ya masano bau
ke na yau kuna?

What kind of games do they have
there?

Antoinette

m.punda (ba-)	horse, mule, donkey
di-baya (ma-)	wood, board, lumber
zielo (ba-)	sand
balançoire (ba-)	(Fr.); swing
ku-măt-a	to climb

Bau ke na bakamwa mpunda ya mabaya, palasi ya zielo, babalançoires, bakamwa kamio na bima yankaka ya kumata.
They have little wodden horses, a sand pile, swings, little cars and some things to climb.

Bau ke mpe na bima ya kutungila bainzo na bima yankaka nkaka.
They also have things to build houses and various other things.

Gautier

Kana yandi me lemba na kusakana, nge ke nataka yandi na inzo samu ya kudia?
When he has tired with playing, do you take him home to eat?

Antoinette

imene	it finishes, it is done
velandá (ba-)	Fr: veranda; porch
ku-bil-a	to boil (intransitive)
ku-bid.is-a	to boil (transitive)

E, mu ke pesaka yandi madia n'andi; kana imene, mu ke bikaka yandi na velanda samu ya kusakana fioti, na ntangu mu ke bidisaka maza ya kunwa na ya kusukudila malonga na babiberons ya midiki.	Yes, I give him his food; when it's done I leave him on the porch to play a little while I boil water for drinking and for washing the dishes and the milk cups.
ku-bămb-a	to mend, patch
soseti (ba-)	Fr: chausette; sock
ku-tob.uk-a	to be pierced, be punctured
ku-bolos-é	Fr: brosser; to brush
Na manima mu ke salaka bisalu yankaka ya fioti kome kubamba bilele na basoseti ya kutobuka, kubolose bansampatu...	Afterwards I do various little jobs like mending clothes and socks with holes ('pierced'), brush shoes...

Clémantine

l'après-midi	(Fr.); afternoon
Ina ya fioti ke lalaka ve na l'après-midi?	Doesn't the little one lie down in the afternoon?

UNIT 30   KITUBA   HOME MANAGEMENT

Antoinette

mwini (ba-)	light, sunlight, heat of sun
ku-dil-a	to cry

E, kana mwini ke ngolo mingi mpe yandi komase kudila, mu ke yobisaka yandi mpe kutila yandi na mfulu.

Yes, if the day is very hot and he starts to cry, I bathe him and put him to bed.

sieste (ba-)	(Fr.); siesta, nap
aré (ba-)	Fr: arrêt; stop [noun]

Ntangu yandi ke na kubaka sieste n'andi, mu ke kwendaka na are ya otobisi samu ya kubaka bayina ke kwendaka na kalasi.

While he is taking his nap, I go to the bus stop to get those who return from school.

Gautier

Yau ke mpidina na ntangu ya congé?

Is it like that during vacation?

Antoinette

kutambusa(muntu)intu	to make a person dizzy ('to drive a person the head')

Na ntangu ya congé, kome bau yonso iya ke vwandaka na inzo, bau ke tambusaka munu intu kilumbu ya mvimba.

During vacation, since all four are at home, they drive me crazy all day.

| HOME MANAGEMENT | BASIC COURSE | UNIT 30 |

Gautier

kɨdikɨdi (ba-) — naughtiness, bickering

Kana kidikidi me luta inki nge ke salaka? — If the bickering gets too much what do you do?

Antoinette

punition (ba-) — punishment

ku-fuk.am-a — to kneel, prostrate oneself

Mu ke pesaka bau bapunitions: kufukamisa bau... — I give them punishments, make them kneel.

Clémantine

ma-tata — trouble (no singular)

Ina ya fioti mpe ke pesaka nge matata mingi? — And does the little one give you much trouble?

Antoinette

Ve, yandi ke salaka munu matata mingi ve. — No, he doesn't give me much trouble.

ki-fu (bi-) — habit, custom, practice

ku-sub-a / kusala maza — to urinate

kabiné (ba-) — Fr: cabinet; toilet

ku-nen-a / kwenda na kabiné — to deficate

ku-lokut-a — to pick up, gather, collect

379

| UNIT 30 | KITUBA | HOME MANAGEMENT |

di-n.zaka (ma-)   fingernail, toenail

inwa (ba-)   mouth

Kasi yandi ke pesaka munu kisalu mingi ya kumonisa yandi bifu yankaka, kome kutuba kana yandi zona suba to kunena; kulokuta konso kima ya kudia na ntoto ve; kutula manzaka n'andi ya salete na inwa ve...

But he causes me a lot of work to teach ('show') him certain habits like to speak when he wants to go to the toilet, not to pick up anything to eat from the ground, not to put his dirty nails in [his] mouth...

Clémantine

zwa (ba-)   jealousy, envy

Na betu, nge ke mona mpasi fioti samu ya zwa ya mwana betu ina ke na imvu 5.

With us you'll experience a little difficulty on account of the jealousy of our child who is five years old.

n-leke (ba-)   younger sibling

Yandi ke zonaka bau natina yandi mpe na pusu pusu kome nleke n'andi ina ke na imvu zole.

He wants us to take him too in the baby carriage like his little brother who is two.

Kasi betu ke tala mambu yonso yina.

But we'll see [about] all those things.

HOME MANAGEMENT   BASIC COURSE   UNIT 30

NARRATIVE

Gautier na nkento n'andi Clémantine zwaka mpe mwaya ya kusolula na Mme. Antoinette Mudonga. Yandi ke salaka silitu na bana ya Mme. na M. Classen.

Bau ke na bana iya: zole ya babakala - ya ntete ke imvu, 12, ya zole imvu 4; ya bakento mpe ke zole - mosi ke imvu 8, yankaka 6.

Tatu ina ya bakuluntu ke kwendaka na kalasi ya Sainte Marie. Ya fioti ke bikalaka na yandi ntangu mama na bau ke kwendaka na kisalu.

Programme n'andi ya kisalu ke mpila yai: na suka ntete kutanda bamfulu na kubongisa bima na masuku; bosi kulamusa mwana ina ya fioti, kuyobisa yandi mpe kupesa yandi madia na suka: maki, kwakele, kamwa mampa na biberon ya midiki.

Na manima yandi ke memaka yandi na park ya bana ya fioti. Kuna bima ya masano ke mingi: bakamwa mpunda ya mabaya, palasi ya zielo, babalançoires, bakamwa kamio na bima yankaka ya kumata.

Na ndambu ya 2 heures kana yandi me lemba, yandi ke memaka yandi na inzo; kupesa yandi madia; kana imene, yandi ke bikaka yandi na velanda samu ya kusakana fioti. Na ntangu yina yandi ke bidisaka maza ya kusukudila malonga na babiberons ya midiki. Yandi ke bambaka mpe bilele na basoseti ya kutobuka, kubolose bansampatu...

Kasi mwana ina ya fioti ke lalaka ve na l'après-midi? E, kana mwini ke ngolo mingi mpe yandi komase kudila, Mme. Antoinette ke yobisaka yandi mpe kutula yandi na mfulu.

Ntangu mwana ina ke bakaka sieste, yandi ke kwendaka na are ya otobisi samu ya kubaka bayina ke kwendaka na kalasi.

Na ntangu ya congé, bau yonso iya ke vwandaka na inzo; bau ke tambusaka Mme. Antoinette intu kilumbu ya mvimba. Kasi kana kidikidi me luta yandi ke pesaka bau bapunitions kome kufukimisa bau.

Ina ya fioti ke pesaka yandi matata mingi ve. Yandi ke pesaka yandi kaka kisalu ya kumonisa yandi bifu yankaka kome kutuba, kana yandi zona sala maza, to kwenda na kabine; kulokuta konso kima ya kudia na ntoto ve; kutula manzaka n'andi ya salete na inwa ve...

Mme. Clémantine tubilaka yandi ke na bau, yandi ke mona mpasi fioti samu ya zwa ya mwana na bau ina ya imvu 5. Yandi ke zonaka bau natina yandi mpe na pusu pusu kome nleke n'andi ina ke na imvu 2.

HOME MANAGEMENT — BASIC COURSE — UNIT 31

DIALOGUE: COOKING INSTRUCTION

Lucie

sakasaka	manioc leaves
Inki ntete nge zona mu monisa nge kulamba? Madezo to sakasaka?	What do you want me to show you [how to] cook first? Beans or manioc leaves?

Odette

petétele	Fr: peut-être; perhaps
Mu banza madezo; samu petetele kulamba yau ke mpasi mingi ve.	I think beans since perhaps to cook them isn't very difficult.

Lucie

Yau ke diambu ya mbote ke mu ke na kutokisa madezo ya kudia na nkokila yai.	It's a good thing that I am boiling beans to eat this evening.
Kome nge lenda mona, nge fwanda tokisa yau mbote mbote ti yau ke kuma petepete mutindu nge zona.	As you can see you must boil them well until they become as soft as you want [them to be].

Odette

kudia ntangu	to take time, waste time
tiya (ba-)	fire, heat, power
Yau ke kudiaka ntangu mingi na tiya?	Do they require a lot of time on the fire?

383

| UNIT 31 | KITUBA | HOME MANAGEMENT |

Lucie

    ku-bol-a   to get wet, spoil

    ku-bod.is-a   to soak, cause to spoil

    lele (ba-)   Fr: l'heure; hour

Ve, ntangu mingi ve; silitu kana nge bodisa yau ntete na maza balele fioti ava ya kutokisa yau. — No, not much time especially if you soak them first in water for a few hours before boiling them.

Kome yai, mu tulaka yau na maza na suka ava ya kwenda na kisalu ti na cinq heures. — As for these, I put them in water in the morning before going to work [and left them] until five o'clock.

Ntangu mu kwizaka mu tulaka yau na tiya mpe malumalu yai yau ke penepene ya kukuma petepete. — When I came I put them on the fire and now they are almost soft ('near to become soft').

Odette

Mu me mona. — I get it.

Lucie

    mafuta (ba-)   oil, fat, grease

    ki-kadingu (bi-)   frying pan

Kana imene, tula mafuta na kikadingu. — When ready, put the fat in a frying pan.

HOME MANAGEMENT — BASIC COURSE — UNIT 31

    mú-dinga (mí-) — smoke

    fulufulu (ba-) — froth

Kadinga yau ti yau ke manisa mudinga mpe fulufulu. — Fry it until it stops [giving off] smoke and froth.

    di-tungulu (ma-) — onion

    tomato / tomate (ba-) — tomato

    ku-sŏp-a — to pour

Tula matungulu na tomato kuna; na nsuka, sopa mafuta yango na nzungu ya madezo. — Put [in] the onions and tomatoes (there); and finally pour that fat into the bean pot.

    ku-sang-a — to mix

    ku-sang.an-a — to get mixed up together

Tokisa yau diaka na tiya ti mafuta na bima yonso ke sangana mbote mbote. — Boil it again on the fire until the fat and all the things get thoroughly mixed together.

Odette

O! Mu me mona; yau ke mpasi mingi ve. — Oh, I see; it's not very hard.

Lucie

E, yau ke mpasi ve kana nge ke na kulambila yau na mafuta. — Yes, it's not hard if you are cooking it in fat.

UNIT 31   KITUBA   HOME MANAGEMENT

Kasi kome nge zaba, kana nge zona lambila yau kome mu lambilaka madezo yina betu kudiaka na ntangu benu kwizaka kwaku, nge fwanda sala mingi fioti.

But, as you know, if you want to cook it as I cooked those beans we ate when you came here, you must work a little more.

Odette

Samu na inki?

Why?

Lucie

   mw.amba (ba-)   sauce, gravy, stew

Samu ya kusala mwamba.   In order to make the sauce.

   m.bila (ba-)   palm nuts

   ku-tut-a   to pound, crush

Tokisa madezo kome mu tubilaka nge; tokisa mbila, bosi tuta yau;

Boil beans as I told you; boil palm nuts, crush them;

   ku-kamun-a   press, squeeze

   supu (ba-)   Fr: soupe; soup, stock, juice

   passoire (ba-)   (Fr.); sieve

Kana imene, tula yau na maza ya tiya, bosi kamuna mpe lutisa supu na passoire;

When done put then in water on the fire, then crush and pass the [resultant] juice through a sieve;

HOME MANAGEMENT — BASIC COURSE — UNIT 31

Na nsuka sopa supu yango na madezo; tokisa na tiya ti supu ke kota na madezo.

Finally pour that juice on the beans; boil on the fire until the juice has been absorbed ('has entered') [by] the beans.

Odette

Kasi na inki ntangu nge fwanda tula bima yankaka kome matungulu, tomat, pidipidi...?

But when must you add other things like onions, tomato and pepper?

Lucie

Ntangu yau ke na tiya.

When it's one the fire.

    e-lěngi (bi-)   flavor, good taste

    ku-zimb.an-a   to forget

    mu-sǔni (mi-)   flesh, meat

    niǎma (ba-)   animal, beast

Kana nge zona yau vwanda elengi mingi, zimbana ve kutula kamwa musuni ya mbisi to ya niama.

If you wish it to be very delicious, don't forget to put in a little fish or meat ('flesh of fish or animal').

Odette

Mu me mona. Koma samu ya sakasaka?

I understand. How about the manioc leaves?

Lucie

Sakasaka mpe ke mpasi ve na kulamba; kasi nge fwanda sala mingi, mpe yau ke kudiaka ntangu mingi.

Manioc too isn't hard to cook but you have to work hard and it takes a lot of time.

ku-yonzun-a — to strip of leaves

Ntete nge fwanda yonzuna yau; kadinga yau fioti samu yau kwiza petepete.

First you must strip it; fry it a little so that it comes [out] soft.

di-bŭka (ma-) — mortar

Kana imene, nge ke komase kututa yau na dibuka ti yau ke tutama mbote mbote;

When done you will start to pound it in a mortar until it has been thoroughly pounded;

n.sunga (ba-) — odor, smell

mu-bisu (mi-~bamu-) — rawness

Tokisa yau na tiya ti yau ke manisa nsunga ya mubisu.

Cook it on the fire until it loses ('finishes') the raw smell.

Odette

Kana imene, nge lambila yau kaka kome madezo?

When that's done do you cook it just like beans?

| HOME MANAGEMENT | BASIC COURSE | UNIT 31 |

Lucie

n.gazi (ba-)   palm nut (~mbila)

E, kana nge zona lambila yau na mwamba ya ngazi.
   Yes, if you wish to cook it in palm nut sauce.

besoin (ba-)   (Fr.); need

Kasi kana na mafuta, nge ke na besoin ya kukadinga mafuta yango ve.
   But if in oil you don't have to fry that oil.

Sopa yau kaka na nzungu ya sakasaka.
   Just pour it into the manioc pot.

Odette

Nge fwanda tokisa diaka ntangu ya inda fioti?
   Do you have to boil it a little longer? ('little long time')

Lucie

E, ti bima yonso ke sangana.
   Yes, until everything is mixed together.

Kana nge zona mpe, nge lenda tula bima yankaka na yulu ya matungulu, tomate, pidipidi kome kamwa musuni ya mbisi to ya niama.
   If you want you can put in other things in addition to ('on top of') onions, tomatoes and pepper like a little fish or meat.

di-n.zănza (ma-)   can, tin

pidisale (ba-)   Fr: pilchard; pilchard (a type of fish)

UNIT 31   KITUBA   HOME MANAGEMENT

Bantu yankaka ke zonaka sopa dinzanza ya mbisi kome ya pidisale kuna.

Some people like to pour in a can of fish like pilchard.

Odette

ku-bimb-a   to taste

Melesi mingi. Ntangu mu ke lamba yau, mu ke zimbana bokila nge ve samu ya kubimba yau.

Thank you very much. When I cook it I'll not forget to invite you to taste it.

Lucie

Mambu ve.   Don't mention it.

NARRATIVE

    Odette kwendaka na inzo ya Lucie samu yandi longisa yandi mutindu ya kulambila madia yankaka ya insi. Madia ya ntete yandi zonaka longuka vwandaka madezo, samu yau ke mpasi ve na kulamba.

    Nge zona zaba mutindu Lucie longisaka Odette?

    Bodisa madezo balele fioti na maza. Tokisa yau na tiya ti yau ke kuma petepete. Kana imene, kadinga mafuta na kikadingu; vingila ti mudinga na fulufulu ke manisa; bosi tula tomate na matungulu; na nsuka, sopa mafuta yango na nzungu ya madezo. Tokisa yau diaka ti mafuta na bima yankaka ke sangana mbote mbote.

    Kome nge me mona, kulambila madezo na mafuta ke mpasi ve.

HOME MANAGEMENT — BASIC COURSE — UNIT 31

Kasi kana nge zona lambila yau na mwamba ya mbila, nge fwanda sala mingi fioti.

Tokisa madezo. Tokisa mbila bosi tuta yau na dibuka; tula yau na maza ya tiya; kamuna yau mpe lutisa supu yina na passoire; na nsuka, sopa mwamba yango na madezo. Tokisa yau diaka ti mwamba ke kota mbote mbote na madezo. Ntangu yau ke na kutoka, tula bima ina nge zona kome matungulu, tomate, pidipidi.

Nge zona yau vwanda elengi? Zimbana ve kutula musuni ya mbisi to ya niama.

Nge zona lamba sakasaka kome Odette? Ntete yonzuna yau; kadinga yau fioti samu ya kwiza petepete; tuta yau na dibuka ti yau ke tutama mbote mbote; samu ya kumanisa nsunga ya mubisu, tokisa yau na tiya ntangu ya inda mingi.

Na inki nge zona lambila yau? Na mwamba ya mbila? Sala kaka kome madezo. Kasi kana na mafuta nge ke na besoin ya kukadinga mafuta yango ve.

Kome madezo, kana nge zona sakasaka na nge vwanda elengi, na yulu ya matungulu, tomate, pidipidi, zimbana ve ya kutula musuni ya mbisi to ya niama; bantu yankaka ke zonaka sopa dinzanza ya pidisale kuna.

Odette samu ya kupesa melesi na Lucie, yandi tubilaka yandi ke yandi ke zimbana ve kubokila yandi, samu ya kubimba madia n'andi ntangu yandi ke lamba yau.

UNIT 32   KITUBA   LANGUAGE LEARNING

GROUP E: LEARNING MORE OF THE LANGUAGE

DIALOGUE: AN INFORMAL LANGUAGE LESSON

Charles (An American)

Mbote na nge, Paul. Good morning, Paul.

Paul (A Congolese)

Mbote, Charles. Nge kwizaka kwaku ntama? Good morning, Charles. Have you been here long? ('Did you come here long ago?')

Charles

Ve, mu kwizaka kwaku ntama ve. No, I haven't been here long.

Kana muntu zona tuba ve 'ntama ve', inki yandi lenda tuba? When someone doesn't want to say 'not long ago' what can he say?

Paul

Yandi lenda tuba 'malumalu yai'. He can say 'just now'.

Charles

Mu lenda tuba: 'Mu kwizaka kwaku malumalu yai'? Can I say 'I came here just now'?

Paul

E, nge lenda tuba mpidina; kasi yau luta mbote ya Yes you can say that; but it is better to say: 'I've

kutuba: 'Mu me kwiza kwaku malumalu yai.'	just now come here.'

Charles

Mu me mona.	I get it.
ku-bok-a	to shout, cry out, scream
ku-bok.il-a	to address, call; invite
Wapi mutindu bau ke bokilaka kima yina muntu yina ke na kudia?	What does one call ('How do they call') that thing that that man is eating?

Paul

ma.kazu (ba-)	kola nut (sing. di-kazu in Kikongo)
Bau ke bokilaka yau makazu.	It's called 'kola nut'.
sukadi (ba-)	sugar, sweetness
Nge zaba wapi mutindu betu ke bokilaka kima yina ke ya sukadi ve?	Do you know what we call a thing which is not sweet?

Charles

Ve, mu zaba ve. Yau ke inki?	No, I don't know. What is it?

Paul

n.dudi (ba-)	bitterness
Betu ke bokilaka yau kima ya ndudi. Kome makazu,	We call it a bitter thing. Like a kola nut, it's not a sweet

yau ke kima ya sukadi ve kasi ya ndudi.

thing but a bitter [one].

Charles

    citron (ba-)   (Fr.); lemon

Mu me mona. Kasi koma samu ya citrons? Yau ke malala ya ndudi?

I see. But what about lemons? Are they 'bitter oranges'?

Paul

    n.găingăi (ba-)   sourness, acidity

Ve, yau ke malala ya ndudi ve kasi ya ngaingai. Bantu mingi mpe zabila yau na nkumbu ya citrons.

No, they're not 'bitter oranges' but 'sour' [ones]. A lot of people know them by the name of 'citrons'.

Charles

Inki mutindu benu ke bokilaka inti ya makazu?

How do you call the kola nut tree?

Paul

Yau ke mpidina 'inti ya makazu'. Kasi nge lenda kuwa bantu yankaka kubokila yau 'nkazu'.

It's like that - 'Kola nut tree'. But you can here some people call it 'nkazu'.

    foti (ba-)   Fr: faute; fault

LANGUAGE LEARNING — BASIC COURSE — UNIT 32

    Ki-tuba   the Kituba language

    Ki-kongo   the Kikongo language

Yau ke foti ya nene ve; kasi yau ke mpe Kituba ya mbote ve, yau ke Kikongo.   It's not a big mistake but it's also not good Kituba, it's Kikongo.

Charles

    m.buma (ba-)   fruit

Kana mpidina, kana nge zaba nkumbu ya mbuma, inti na yau ke mpasi ve.   If that's the case, if you know the name of a fruit, the tree is not difficult.

Nge fwanda tuba kaka inti ya mbuma yina?   Must you just say the tree of that fruit?

Paul

    n.safu (ba-)   (a tropical, deep-purple skinned fruit)

E; kome inki ke inti ya nsafu?   Yes, so what is the tree of 'nsafu'?

Charles

Yau ke inti ya nsafu.   It's the 'nsafu tree'.

Paul

E, yau ke mpidina.   That's right.

Charles

Inki kima mvwana yina ke na kusimba?   What's the thing that child is handling ('touching').

UNIT 32   KITUBA   LANGUAGE LEARNING

Paul

ballon (ba-)	(Fr.); ball, handball, football, etc.
Betu ke bokilaka yau ballon.	We call it 'ballon'.

Charles

Nge lenda tuba ke bana yina ke na kusakana na ballon?	Can you say that those children are 'playing with a ball'?

Paul

silitú	Fr: surtout; especially, usually
kubula ballon	to play football (soccer)
E, mu lenda tuba mpidina; kasi silitu betu ke tubaka 'kubula ballon'.	Yes, I can say that; but usually we say 'to play football'.
Bana yina ke na kubula ballon.	Those children are playing soccer.

Charles

fono (ba-)	phonograph
kubula fono	to play the phonograph
miziki (ba-)	Fr: musique; music
kubula maza	to swim
Yau ke mpila mosi kubula fono, kubula miziki, kubula ngunga, kubula maza, kubula mwana?	Is that the same as to play ('strike') the phonograph, to play ('strike') music, to ring a bell, to swim, to beat a child?

396

LANGUAGE LEARNING — BASIC COURSE — UNIT 32

Paul

E, yau ke mpila mosi. Yes, it's the same.

Charles

Inki ke nkumbu ya kima yina bau ke budilaka mwana? What's the name of the thing used for beating a child?

Paul

   sikoti (ba-) Fr: chicote; whip

Yau ke sikoti. That's a whip.

Charles

Melesi mingi. Mu banza ke betu ke kutana mbasi. Thank you. I suppose that we'll meet one another tomorrow.

Paul

Mu banza. Kwenda mbote. I suppose [so]. Goodbye.

NARRATIVE

    Paul na Charles zabana. Bau ke bakamaladi kasi bau ke bantu ya insi mosi ve. Paul ke Kongole; yandi ke tubaka Kituba. Charles ke muntu ya Amelike; yandi zaba Kituba mbote mbote ve; Paul ke sadisa yandi.

    Nge ke tubaka Kituba ya mbote ve? Landa mambu Paul ke longisa Charles:

    Kana muntu zona tuba 'ntama ve' ve, yandi lenda tuba 'malu-malu yai'. Yau ke foti ya nene ve ya kutuba 'Mu kwizaka kwaku malumalu yai', kasi yau kuluta mbote ya kutuba 'Mu me kwiza kwaku malumalu yai.'

Bima yonso ya kudia to ya kunwa ke ya sukadi ve; yankaka ke ya ndudi kome makazu. Kasi tuba ve ke citron ke malala ya ndudi; bau ke bokilaka yau malala ya ngaingai.

Nge zaba wapi mutindu bau ke bokilaka inti ya konso mbumba ina nge zaba? Yau ke mpasi ve; kome betu ke tubaka makazu ke katukaka na inti ya makazu. Nge lenda kuwa bantu kubikila yau nkazu. Yau ke foti ya nene ve kasi yau ke Kituba ya mbote mpe ve - yau ke Kikongo. Tubaka 'inti ya nsafu' kasi 'nsafu' ve.

Bana ya fioti ke zonaka simba ballon. Kasi ntangu bau ke sakana na yau, betu ke tubaka 'Bana ke na kubula ballon'. Yau ke mpila mosi kubula fono, kubula miziki, kubula ngunga, kubula maza, kubula mwana...

Nge zaba nkumbu ya kima yina bau ke budilaka mwana? Yau ke sikoti.

LANGUAGE LEARNING — BASIC COURSE — UNIT 33

DIALOGUE: A HEALTH LESSON FROM THE RADIO

Sarah (An American)

n.dŭku (ba-)	friend, acquaintance
radio (ba-)	(Fr.); radio
programme (ba-)	(Fr.); program
tadila	concerning, about
di-longi (ma-)	instruction
mú-n.ganga (mí-)[1]	physician

Nduku Vicky! Mazono na nko-kila mu kuwaka na radio programme tadila malongi ya munganga.

Friend Vicky! Yesterday evening I heard a program on the radio concerning instructions about medicine.

Nge zaba programme yina?

Do you know that program?

Victorine (A Congolese)

ku-bel-a	to get well
ku-bel.ul-a	to cure, heal

E, mu zaba yau. Nkumbu na yau ke 'Munganga zola belula nge' ve?

Yes, I know it. Isn't its name 'The doctor wants to heal you'?

Sarah

E, yau yina. Mu mekaka landa yau, kasi yau vwandaka mpasi fioti ya kuzaba mambu

Yes, that one. I tried to follow it but it was a bit difficult to understand some things

yankaka bau vwandaka tu-bila.   that were talked about.

    ku-enregistr-e   (Fr.); to record

    n.suka (ba-)   end

Mu enregistreke ndambu ya nsuka.   I recorded the last part.

Victorine

    ku-kŭk-a   to fit, suit, be able

Betu lenda kuwa yau samu ya kuzabisa nge mambu yina nge kukaka zaba ve.   We can listen to it in order to let you know the things you weren't able to understand.

Sarah

    ku-yuf.ul-a   to ask, request

Melesi mingi, nduku Vicky! Mu vwandaka zona yufula nge yina.   Thank you very much, (friend) Vicky! I was about to ask you that.

Bika betu kuwa yau.   Let's listen to it.

(Recording)

    ki-lĕmbo (bi-)   signs, marks

    m.pamba   nothing, uselessness

    mpamba ve   because, on account of, not for nothing

    bwazi   leprosy

ku-tind-a	to send
luzadí (ba-)	Fr: lazaret; leprosarium, sanitarium

'Konso muntu zaba muntu yina ke na bilembo na nzutu, yandi fwanda tubila yandi kwenda na munganga; mpamba ve, kana bilembo yina ke ya bwazi, munganga ke tinda yandi na luzadi.'

'Everybody who knows someone who has marks on [his] body, (he) should tell him to go to the doctor, because if the marks are of leprosy, the doctor will send him to a leprosarium.'

bŏma (ba-)	fear
kisi (ba-)	medicine, drug, fetish
n.tŭnga (ba-)	needle, hypodermic syringe
ofelé	Fr: au frais; free, without cost

'Vwanda na boma ve. Bima yonso ata kisi ya ntunga ke ya ofele.'

'Don't be afriad. Everything, even shots, is free.'

ku-yămb-a	to greet, welcome

'Bantu ya Nzambi ke vwandaka kuna samu ya kuyamba na kusadisa konso muntu.'

'Clergy will be there to greet and help each person.'

n.siku (ba-)	law, rule
ata...ata...ve	neither......nor

UNIT 33   KITUBA   LANGUAGE LEARNING

'Bansiku ya kulanda ke ata mpasi ata mingi ve.' — 'The rules to follow are neither difficult nor numerous.'

'Na kati na yau yankaka yau yai:' — 'These are some of them:'

    di-bele (ma-)   breast

    m.puta (ba-)   sore, lesion

    inwa (ba-)   mouth, hole

    kŭ-zw-a   to get, obtain, secure

    kŭ-zw.ăm-a   to be gotten, be afflicted by

    maladí (ba-)   Fr: maladie; sickness, disease

'1. Bamama na bana ke pesa mabele na bana ve; mpamba ve, kana bana ke na bamputa na inwa to na bapalasi yankaka, bau ke zwama maladi yina.' — '1. Mothers of babies are not to nurse the babies; because if the children have sores in the mouth or somewhere else, they can catch that disease.'2

    pwelĕle   uncovered

    ki-zibuku (bi-)   cover, lid

    n.zĭnzi (ba-)   fly

    ku-pănz-a   to spread

    mikolobi (ba-)   Fr: microbe; germ

2. Bima yonso ya kudia fwanda vwanda pwelele ve; yau fwanda vwanda na kizibuku: mpamba ve banzinzi ke panzaka mikolobi na bima ya kudia.'	'2. Everything to eat should not be open; it should have a cover; because flies spread germs to food.'

Victorine

Inki mambu ke na kusala nge mpasi?	What (thing) is giving you difficulty?

Sarah

Yau ke mingi. Bosi mpe bau ke na kutuba malumalu mingi.	They are many. In addition they are speaking very fast.
Bika betu meka kuwila yau na ndambu.	Let's try to listen to it in parts.

(Recording)

'Konso muntu zaba muntu yina ke na bilembo na nzutu, yandi fwanda tubila yandi kwenda na munganga: mpamba ve, kana bilembo yina ke ya bwazi, munganga ke tinda yandi na luzadi...'	'Everybody who knows someone who has marks on [his] body, (he) should tell him to go to the doctor, because if the marks are of leprosy, the doctor will send him to a leprosarium.'

Sarah

Bwazi ke inki mutindu ya maladi?	What sort of a disease is leprosy?

UNIT 33 — KITUBA — LANGUAGE LEARNING

Victorine

Yau ke maladi yina ke salaka bamputa na nzutu.	It is a disease which makes lesions on the body.
mu-săpi (mi-)	finger, toe
di-kutu (ma-)	ear
m.bombo (ba-)	nose
Yau ke zengaka misapi, makutu, mbombo, kana bau belula yau malumalu ve.	It destroys ('cuts') the fingers [and toes], the ears [and] the nose if it isn't cured quickly.

belula — to cure (oneself)

Sarah

Mu me mona. Yau yina bau ke bokilaka lèpre na français?	I see. Then it's what's called 'lèpre' in French?

Victorine

E, yau yina.	Yes, that's it.

Sarah

yangó	that, the one referred to
Bantu mingi ke na maladi yango kwaku?	Do lots of people here have that disease?

Victorine

Na ntama; kasi na ntangu yai samu ya bakisi ya ngolo, yau ke na kuzimbala.	Formerly, but at the present time on account of powerful drugs, it is disappearing.
ku-sw.ek-a	to hide (something)

samu ya — in order to / on account of

ku-sw.am-a	to hide (oneself)
Bantu yina ke na yau, yankaka ke swamaka kasi yankaka ke kwendaka bau mosi na luzadi.	Some people who have it hide but others go voluntarily ('themselves') to [the] sanitarium.

NARRATIVE

Mazono na nkokila, Sarah kuwaka na radio programme tadila malongi ya munganga; nkumbu na yau ke 'Munganga zola belula nge.' Yandi mekaka landa yau kasi yau vwandaka mpasi fioti ya kuzaba mambu yankaka bau vwandaka tuba. Kasi Sarah salaka diambu ya mbote ya kuenregistre ndambu ya nsuka.

Victorine ke nduku n'andi. Yandi ke tubaka Kituba mbote mbote. Yandi zonaka kuwa mambu yina Sarah enregistreke, samu ya kumonisa yandi mambu yina yandi kukaka zaba ve mpe samu ya kumonisa yandi mambu yankaka ya Congo.

Na manima ya kuwa mambu yina ya radio, bau bandaka solula. Sarah vwandaka banza ke mambu mingi vwandaka mpasi na kuzaba, bosi mpe na radio bau tubaka malembe ve kasi malumalu mingi. Yandi zonaka bau kuwila yau na ndambu.

Bosi na ndambu yina bau kuwaka, Victorine monisaka Sarah ke bwazi, ina bau ke bokilaka na français lèpre, ke maladi mosi ya imbi penza. Yau ke salaka bamputa na nzutu. Kana bau belula ya malumalu ve, yau ke zengaka misapi, makutu, mbombo...Na ntama bantu mingi vwandaka na maladi yango. Kasi malumalu yai yau ke na kuzimbala samu ya kisi ya ngolo. Bantu yankaka yina ke na yau ke swamaka; kasi yankaka ke kwendaka bau mosi na luzadi.

1
   Contrast /mu-n.ganga (ba-)/, with normal penultimate stress, meaning 'witch doctor'.

2
   Note that although the form here is passive the meaning is not - <u>maladi yina</u> is here not the actor but the object of the action despite the passive form of <u>zwama</u>. Similar patterns have been seen in <u>kutekisa bima</u> 'cause things to be sold' meaning simply to sell things with the causative form but not its meaning and in <u>kusadisa muntu</u> 'to help a person' with causative form.

LANGUAGE LEARNING BASIC COURSE UNIT 34

DIALOGUE: SOME FRENCH BORROWINGS

Sarah

Na baluzadi yango, bantu ya bwazi kaka ke kwendaka kuna?	To those sanitaria, do only lepers go there?

Victorine

Ve, bantu ya bwazi kaka ve.	No, not only lepers.
ki-lau (bi-)	insane person, fool; insanity
kosúkosu (ba-)	cough
tuberculose (ba-)	(Fr.); tuberculosis
Na baluzadi yankaka bantu ya kilau, ya kosukosu ya imbi to tuberculose ke vwandaka na bau.	In some sanitaria people who are mentally ill, with bad coughs or tuberculosis stay there.
ku-sang.is-a	to mix
ku-kab.ul-a	to divide
Kasi bau ke sangisaka bau ve, bau ke kabulaka bau na bapalasi palasi.	But they are not mixed but separated in different ('various') places.
bau na bau	to themselves
Na baluzadi yankaka bau ke vwandaka kaka bau na bau.	In some sanitaria they are by themselves only.

Sarah

Palado, mu me kuwa mbote ve yina nge me tuba na nsuka.	Pardon, I didn't understand well what you said at the end.
ma-lembe	slowness, slowly
Tuba diaka malembe fioti.	Say [it] again a little slower.

Victorine

Mu me tuba: 'Na baluzadi yankaka bau ke vwandaka kaka bau na bau.'	I said: 'At some sanitaria they are by themselves only.'
yau tuba ke...	that means (that)...
Yau tuba ke bilau na luzadi ya bilau; bantu ya bwazi, na luzadi ya bau...	That means mental patients in their sanitarium; lepers in their sanitarium...

Sarah

ku-tat.aman-a	to continue
Mu me mona. Bika betu tatamana.	I get it. Let's go on.

(Recording)

'Vwanda na boma ve. Bima yonso ata kisi ya ntunga ke ya ofele.'	'Don't be afraid. Everything, even shots, is free.'

'Bantu ya Nzambi ke vwandaka kuna samu ya kuyamba na kusadisa konso muntu.'	'Clergy will be there to greet and help each person.'
'Bansiku ya kulanda ke ata mpasi ata mingi ve.'	'The rules to follow are neither difficult nor numerous.'

Victorine

n.tina (ba-)	meaning, sense
Nge zaba ntina ya 'bima ya ofele'?	Do you know the meaning of 'bima ya ofele'?

Sarah

Ve, mu zaba ve.	No, I don't (know).

Victorine

Ofele mu banza ke diambu katukaka na français 'au frais'.	I think 'ofele' is (something) from French 'au frais'.
Bima ya ofele ke bakamaka sans kufuta.	Free things are gotten without paying.

Sarah

Oh, mu me mona. Yau yina bau tubaka ke 'Vwanda na boma ve.'!	Oh, I see. That's why they said (that) 'Don't be afraid.'!
Banani yango ke bantu yina ya Nzambi?	Who are those people who are of God?

Victorine

missionaire (ba-)	(Fr.); missionary
kilistu (ba-)	Christian
Mupe (ba-)	Fr: mon père; Catholic; priest
Mísioni (ba-)	Fr: mission; Protestant (mission)

Bau ke bamissionnaires na bakilistu ya Mupe na Misioni ke sadisaka bantu.

They are missionaries and Christians of the Catholics and of the Protestants who help people.

Sarah

ku-zimb.an-a	to get mixed up

Vingila fioti. mu me zimbana; bamissionaires na banani?

Wait a little; I've got confused missionaries and who?

Victorine

chrétien (ba-)	(Fr.); Christian

Bamissionaires na bakilistu to bachrétiens...Nge zaba yina?

Missionaries and Christians or crétiens...Do you understand that?

Sarah

E, mu me kuwa: bakilistu to bachrétiens.

Yes, I understood: Christians or chrètiens.

LANGUAGE LEARNING BASIC COURSE UNIT 34

Victorine

katolike — Fr: catholique; catholic

Nge zaba Mupe? Bau ke ba-katolike. — Do you know 'Mupe'? They are Catholics.

Mupe katukaka na français 'mon père' — 'Mupe' came from French 'mon père'.

Sarah

ku-def-a — to borrow

mo (ba-) — Fr: mot; word

Ah...mu me mona. Kituba defaka bamo mingi ya français. — Ah, I see. Kituba borrowed many words from French.

Victorine

Ina ke ya tieleka; yau yina kana nge zaba français, Kituba ke ngolo mingi ve. — That's true; that's why if you know French Kituba isn't very hard.

di-bundu (ma-) — denomination, sect, congregation

protestant (ba-) — (Fr.); Protestant

Malumalu yai, Misioni ke diambu betu ke sadilaka samu ya kubokila dibundu ya bamissionaires protestants. — Nowadays 'Misioni' is something we use to refer to ('call') the denomination of the Protestant missionaries.

UNIT 34 KITUBA LANGUAGE LEARNING

Sarah

Mu me mona.   I see.

NARRATIVE

Banza ve ke baluzadi yonso ke kaka samu ya bantu ya bwazi. Betu ke na mutindu zole ya nene ya baluzadi. Mutindu ya ntete ke baluzadi yina ke na bantu ya bwazi, ya kilau, ya kosukosu ya imbi to tuberculose na bantu yankaka nkaka. Bau ke sangisaka bau ve; bau ke kabulaka bau na bapalasi. Na mutindu ya zole bau ke vwandaka kaka bau na bau. Yau zona tuba ke bilau na luzadi ya bau, bantu ya bwazi na ya bau.

Bau tubaka na bantu yina fwanda kwenda na baluzadi ke bau fwanda mona boma ve samu bau ke pesaka bau bima ya ofele: Yau zona tuba sans kufuta. Petetele diambu yango 'ofele' katukaka na français 'au frais.

Bantu yina ya Nzambi ke yambaka bau ke bamissionaires na bakilistu to bachrétiens. Bau yonso ke bantu ya dibundu mosi ve. Bayankaka ke bantu ya Mupe: mo yai ke nkumbu ya dibundu ya katolike; yau katukaka na français 'mon père'. Bayankaka ke bantu ya Misioni: mo yai ke samu ya dibundu salamaka na bamissionaires protestants.

LANGUAGE LEARNING BASIC COURSE UNIT 35

DIALOGUE: SOME HEALTH RULES

Sarah

Mu zona zaba na inki mutindu bantu ya Nzambi yango ke sadisaka bantu ya bwazi ke kwendaka na baluzadi.

    ku-kum-a   to become

    ku-kum.is-a   to cause to become, to make

Bau ke kumisaka bau kaka bakilistu?

I want to know how those clergy help the lepers who go to the sanitaria.

Do they just make them Christians?

Victorine

Na ndambu ya kumonisa bau mambu ya Yesu, bau ke sadisaka bau na bamambu mingi: Kulongisa bau bisalu, kukotisa bana na bau na kalasi...

In the process ('on the side') of showing them the way of Jesus ('things of Jesus'), they help them in many things: teaching them skills, entering their children in school...

Sarah

    Letá {ba-}   Fr: l'état; the State, government

Baluzadi yango ke ya Leta to ya bau?

Do those sanitaria belong to the state or to them?

Victorine

Betu ke na ya mutindu na mutindu.	We have [some] of both ('various') kinds.
palasi mosi	together ('one place')
Na ina ya Leta, Mupe na Misioni ke kwendaka kuna samu ya kusala palasi mosi.	In those of the state, Catholics and Protestants go there to work together.
Kasi yina ya Mupe ke kaka ya Mupe mpe ya Misioni ke kaka ya Misioni.	But the Catholic ones are only Catholic and the Protestant ones only Protestant.

Sarah

Bika betu kuwa basiku yango.	Let's listen to those rules.

(Recording)

'Na kati na yau yankaka yau yai:	'These are some of them:
1. Bamama na bana ke pesa mabele na bana ve; mpamba ve, kana bana ke na bamputa na inwa to na bapalasi yankaka, bau ke zwama maladi yina.	1. Mothers of babies are not to nurse the babies; because if the children have sores in the mouth or somewhere else, they can catch that disease.
2. Bima yonso ya kudia fwanda vwanda pwelele ve;	2. Everything to eat should not be open; it should have a

yau fwanda vwanda na kizibuku: mpamba ve, banzinzi ke panzaka mikolobi na bima ya kudia.'	cover; because flies spread germs to food.'

Victorine

Kome nge me kuwa, mabele ike midiki ya nzutu yina nkento ke pesaka na mwana n'andi ya fioti.	As you have heard, 'mabele' is the milk of the body which the woman gives her little child.

Sarah

lezó (ba-)	Fr: raison; reason, right
Mu me mona. Bau ke na lezo ya kupesa bau basiku ya mpidina.	I see. They are right to give them such a rule.
Inki yina ke 'pwelele'?	What is that 'pwelele'?

Victorine

Pwelele ke mpila mosi ya kukangama ve.	Open is the same as not being closed.

Sarah

donc	(Fr.); therefore, thus, so
ku-zib.uk-a	to be opened, uncovered
ku-zib.ik-a	to be covered

415

UNIT 35   KITUBA   LANGUAGE LEARNING

Donc yau ke ya kuzibuka; mpe kizibuku ke kima ya kuzibikila to kukanga kima yankaka.

So it is to be uncovered; and a cover is a thing to cover or close something.

Victorine

E, yau yina. Nge zaba ina me bikala?

Yes, that's it. Do you know all the rest ('which has remained')?

Sarah

    m.băla (ba-)   time, occasion

E, mu zabu yau. Kasi mu zola kuwa diaka mbala mosi samu ya kutala kana mu ke zaba yonso ntangu yai.

Yes, I know it. But I wish to listen again once to see if I can understand it all this time.

(Recording)

(Repeats the entire passage)

Sarah

Mu lenda zaba yonso malumalu yai.

I can understand it all now.

Melesi mingi na lusadisu ya nge.

Thank you very much for your help.

Victorine

Mambu ve. Tubila munu konso ntangu nge zona lusadisu.

That's all right. Tell me any time you want help.

NARRATIVE

Nge zona zaba inki mutindu bantu ya Nzambi ke sadisaka bantu yango ya bwazi?

Ntete bau ke kumisaka bau bakilistu na ndambu ya kumonisa bau mambu ya Yesu, bau ke sadisaka bau na mambu mingi; kulongisa bau bisalu, kukotisa bana na bau na kalasi...

Na baluzadi ya Leta, Mupe na Misioni ke salaka palasi mosi; kasi na yina ke ya Mupe, Mupe kaka ke sadilaka kuna; yina ya Misioni, Misioni kaka.

Kome Sarah tubaka, bau ke na lezo ya kupesa bansiku na bantu ya maladi. Nge banza mpidina ve?

Na ntangu yai samu ya lusadisu ya Victorine, Sarah lenda zaba mambu yonso yina bau tubaka na radio. Kana nge mpe zona tuba mpe kuwa Kituba mbote mbote, yufusaka lusadisu ya bantu yina zaba yau mbote mbote.

KITUBA

VOCABULARY

Conventions of Alphabetization:

The listing of words below is based on the following conventions:

    1. Each word is alphabetized by the first letter of the root regardless of the presence or absence of prefixes.

    2. If a prefix to the word exists which is not present in some forms of the word or is replaced by a different prefix in another form of the word, the prefix is separated from the root by a hyphen. For example:

    mw-ana (ba-) 'child' where the singular is /mwana/, the plural /bana/.

    ku-bak-a 'to get' where forms with and without the /ku-/ prefix occur.

    3. If a prefix occurs which is not omitted or replaced in other forms of the word, a dot between the prefix and the root records this fact. For example:

    lu.kalu (ba-) 'train' where the singular is /lukalu/ and the plural is /balukalu/.

The prefixes /lu-/ and /ma-/ are the only ones which commonly occur in this fashion and the reason for considering them prefixes here is that they function as prefixes in related Bantu languages and to consider them part of the root would make difficult a comparison with other forms (in Kituba or in related languages) using the same root.

    4. If a word commences with a nasal compound, the nasal element is considered a prefix and the word is alphabetized under the second element of the compound. A dot is used between the nasal and the second element. For example:

    m.băla (ba-) 'time, occasion' where the singular is /mbăla/ and the plural is /bambăla/.

Here again the reason for considering the nasal a prefix is that it facilitates comparison with other words using the same root. For example:

    ku-long-a 'to teach'   and n.longi (ba-) 'teacher'.

5. Verbal extensions, whether prefixes or suffixes, are separated from the verbal root by dots. For example:

    ku-ki.bak.il-a 'to take for oneself' where the root is
      /bak/ and the word is alphabetized under /b/.

6. The final /a/ of all verb forms is separated from the root by a hyphen. Related noun forms which occur with /a/ or some other vowel finally do not have such vowel separated from the root. For example:

    ku-banz-a 'to think, suppose'
    di-banza (ma-) 'thought, idea'
    ku-long-a 'to teach'
    n.longi 'teacher'
    ku-bǎnd-a 'to begin'
      bǎnda 'since'

7. Borrowed words, mostly from French, have (Fr.) preceding their English gloss if the word occurs in Kituba with little or no change from its French form and Fr: followed by the French word preceding the English gloss where the Kituba form is substantially changed from the French.

8. Compounds of the listed word with others are indented from the other listings. For example:

    ballon (ba-) (Fr.); ball, handball
      kubula ballon   to play soccer

9. The symbol /~/ is employed in the meaning 'varies with' to indicate synonyms. For example:

    ku-bak-a 'to get'
      ~ku-zw-a q.v.

FORM:	GLOSS:
accident (ba-)	(Fr.); accident
Afelike	Africa
di-ambu (ma-)	matter, affair
Amelike	USA
mw-ana (ba-)	child
Ándele	Fr: André; Andrew
Angelé	Fr: Anglais; English
Angeletele	Fr: Angleterre; England
aré (ba-)	Fr: arrêt; stop
ata	even, though
ata...ata	either...or
ava ~avant	Fr: avant; before
avance (ba-)	(Fr.); advance payment
avant ~ava q.v.	
avió (ba-)	Fr: avion; airplane
awa	here; when, while, as
di-ba (ma-)	palm
bague (ba-)	(Fr.); ring
m.baimbai	later
ku-bak-a	to take, get, obtain

~ku-zw-a q.v.	
kubaka perte	to take a loss
kubaka kiozi	to take cold, get cold
kubaka tiya	to take fire, get hot
ku-ki.bak.il-a	to take for oneself
ki-baka (bi-)	wall
bakala (ba-)	man, husband, male, right direction
m.bala (ba-)	sweet potato
m.băla (ba-)	time, occasion
balacşoire (ba-)	(Fr.); swing
balavo (ba-)	Fr: bravo; hurrah!
ballon (ba-)	(Fr.) handball, soccer
kubula ballon	to play soccer
ku-bal.uk-a	to turn (intr.)
ku-bal.ul-a	to turn (tr.)
Balŭmbu	(P.N. - street in Leo.)
ku-bămb-a	to patch, mend
di-băndi (ma-)	baldness
ku-bănd-a	to start, begin
bănda	since
~depi q.v.	
banki (ba-)	Fr: banque; bank
ku-banz-a	to think, suppose
di-banza (ma-)	thought, idea
~idée, ngindu q.v.	

KITUBA

m.basi ~m.bazi	tomorrow
ku-basik-a	to get out, go out, come out
~ku-bĭma-a q.v.	
kubasika mutoki	to break out in a sweat
batelí (ba-)	Fr: batterie; battery
bau	they, them
bau na bau	to themselves
di-baya (ma-)	board, lumber, wood, signboard
ku-beb-a	to turn bad, spoil (intr.)
ku-beb.is-a	to spoil (tr.), waste
ku-bel-a	to be sick
ku-bel.uk-a	to recover
ku-bel.ul-a	to cure, heal
di-bele (ma-)	breast
Belezike	Fr: Belgique;
ku-bend-a	to pull, attract
di-bĕnde (bi- ~ba-)	metal, iron
ki-m.beni (bi-)	hatred
benu ~beno	you (pl.)
benu mosi	you yourselves
besoin (ba-)	(Fr.); need, necessity
betu ~beto	we, us
biberón (ba-)	(Fr.); nursing bottle, feeding cup

m.bidika (ba-)	kettle
bidiki (ba-)	Fr: brique; brick
ku-bid.is-a	(see ku-bil-a)
bido ~bidon (ba-)	Fr: bidon; gasoline or oil can or drum
ku-bik-a	to leave, abandon, let, cease, quit
bika	let
bika (mama)!	and how! (to a woman)
bika!	Let be! Don't ask! Stop!
ku-bik.al-a	to stay, remain
ku-bil-a	to boil (intr.)
ku-bid.is-a	to boil (tr.)
m.bila (ba-) ~n.gazi	palm nuts
biló (ba-)	Fr: bureau; office
bilongo (ba-) ~kisi q.v.	medicine
ku-bIm-a ~kubasika q.v.	to come out
ku-bIm.is-a	to withdraw, take out
ku-bimb-a ~ku-měk-a q.v.	to taste
m.bisi (ba-) ~mbizi	meat, fish
mbisi ya maza	fish

bisikiti (ba-)	Fr: biscuit; cookie, biscuit
biyé (ba-)	Fr: billet; bill, banknote
~lukaya q.v.	
mu-bisu (mi- bamu-)	rawness
m.bizi (ba-)	
~mbisi q.v.	
ku-bod.is-a	(see ku-bol-a)
ku-bok-a	to shout, cry out, scream
ku-bok.il-a	to address, call (someone or something), invite
M.boka ya Sika	(P.N.) Newtown - Lingala term for new section of Leopoldville
di-boko (ma-)	hand, arm
diboko ya bakala	right hand
diboko ya nkento	left hand
ku-bol-a	to get well, spoil
ku-bod.is-a	to soak, cause to rot
boloko (ba-)	Fr: bloc; jail, prison
m.bolŏko (ba-)	antelope
ku-bolos-é	Fr: brosser; to brush
bŏma (ba-)	fear
m.bombo (ba-)	nose
bon voyage	(Fr.); good trip
ku-bŏng-a	to be in order, be arranged

ku-bong.ĭs-a	to arrange, put in order
m.bongo (ba-)	money
bonso	as
~kome q.v.	
bosi	then, afterwards
bosi mpe	besides
m.bote	good, well; greetings
boussole (ba-)	(Fr.); compass
boyi (ba-)	Eng: boy; houseboy
bubu	today
bubu yai	this very day
di-bŭka (ma-)	mortar (implement)
ku-bul-a	to strike, ring (bell), play (instrument), knock (door)
kubula fono	to play the phonograph
kubula maza	to swim
bulamatadi	government
ku-bul.akan-a	to be breakable
bulé (ba-)	Fr: bleu; blue, laundry bluing
di-bulu (ma-)	hole
ki-bulu (bi-)	animal, beast
m.bulu (ba-)	jackal
buludingi (ba-)	Eng: building

m.bŭma (ba-)	fruit
ku-bumb-a	to hide, secrete
m.bumba (ba-)	cat
bumbulutele (ba-)	Fr: pomme de terre; potato
ki-m.bundi (bi-)	dress length of cloth
di-bundu (ma-)	denomination, sect, congregation
di-bungu (ma-)	port, wharf
ku-but-a	to give birth
ku-bŭt-a	to climb
m.buta	elder, older brother
m.buta muntu (ba-)	sir, Mr.
buteye (ba-)	Fr: bouteille; bottle
butiki (ba-)	Fr: boutique; shop
ku-bw-a	to fall down, happen, befall
kubwa na...	to encounter, run into (a place not a person)
kubwa tiya	to become animated, get warm
m.bwaki (ba-)	redness
bwala (ba- ~ma-)	village, town
cendrier (ba-)	(Fr.); ash tray
ku-charg-é	(Fr.); to charge
ku-charg.el-e	to charge for (someone)
chrétien (ba-)	(Fr.); Christian

citrón (ba-)	(Fr.); lemon
congé (ba-)	(Fr.); vacation, leave
cuisinier (ba-)	(Fr.); cook, chef
dalakisio (ba-)	Fr: direction; cross street
dalapó (ba-)	Fr: drapeau; flag
n.dambu (ba-)	side, part, section
dayele	Fr: d'ailleurs; besides
n.dé	then, in that case
ku-def-a ~kudeva	to borrow
ku-def.is-a	to lend
déjà	(Fr.); already
dejeuner (ba-)	(Fr.); breakfast, lunch
n.děke (ba-)	bird
~nuni q.v.	
mu-n.dele (mi-)	white person, European
depi	Fr: depuis; since
dese (ba-)	Fr: dessin; embroidery
desele (ba-)	Fr: dessert; dessert
ku-dev-a	
~kudefa q.v.	
di-dezo (ma-)	bean
ku-di-a	to eat

kudia mfuka	to go into debt
kudia ntangu	to take time, waste time
ma-dia	food (no singular)
diaka	again, still, anymore
ma-didi	(see madidi)
ku-dil-a	to cry
ku-n.dĭm-a	to permit, accept, praise
mú-dinga (mí-)	smoke
n.dinga (ba-)	tongue, language
dit	Fr: dite!; say!
dix	(Fr.); ten
dokotolo (ba-)	Fr: docteur; doctor, physician
n.dombe (ba-)	blackness, Negro
donc	(Fr.); therefore, thus, so
drap (ba-)	(Fr.); sheet
n.dudi (ba-)	bitterness
n.dŭku (ba-)	friend, acquaintance
~mpangi, kamaladi q.v.	
n.dumba (ba-)	young woman, maiden, unmarried lady, prostitute
n.dunda (ba-)	vegetable, legume
~matiti q.v.	
dwani (ba-)	Fr: douane; customs
n.dwengoso (ba-)	advice (see also kulwenga)

e	yes
ekonomí (ba-)	(Fr.); saving
mw-elo (mi- ~bami-)	door, doorway
~polote q.v.	
elongi	(see e-longi)
kw-end-a	to go
kwenda na kabine	to go to the toilet
ku-enregistr-é	(Fr.); to record
ki.ese (ba-)	gladness, joy
~esĕngo q.v.	
esĕngo (ba-)	contentment, happiness
esŏbe (ba-)	prairie, savanna, grassland
etage (ba-)	(Fr.); storey, floor
falá (ba-)	
~falanka q.v.	
falamasí (ba-)	Fr: pharmacie; drug company
falanka (ba-)	Fr: franc
falansé	Fr: français; French
famili (ba-)	Fr: famille; family
fasó (ba-)	Fr: façon; manner, way
~mutindu q.v.	
felé (ba-)	Fr: frein; brake

fenétele (ba-)	Fr: fenêtre; window
fétele (ba-)	Fr: feutre; felt
feti (ba-)	Fr: fête; celebration
fidigó (ba-)	refrigerator
ku-fid.is-a	(see kufila)
ku-fil-a	to send
ku-fid.is-a	to have...sent
ku-fimp-a	to examine
ku-fin.am-a	to approach
finance	(Fr.); finance
m.finda (ba-)	woods, forest
ku-fing-a	to insult
ki-fingu (bi-)	insult
fioti	little, few, a little
fofolo (ba-)	match
fololo (ba-)	flower
fonó (ba-)	(Fr.); phonograph
kubula fono	to play the phonograph
foti (ba-)	Fr: faute; fault
ki-fu (bi-)	habit, custom
fŭfu (ba-)	manioc flour (and various staple dishes)
ku-fuk-a	to cover, roof
ku-fuk.am-a	to kneel, prostrate oneself

ku-fuk.am.is-a	to make to kneel
m.fuka (ba-)	debt
kudia mfuka	to go into debt
fulufulu (ba-)	froth
ku-ful.uk-a	to be filled up
ku-ful.us-a	to fill (tr.)
ki-fulu (bi-)	place
fi.ki.fulu (ba-)	little place
m.fulu (ba-)	bed
m.fumu (ba-)	chief
ku-funt-a	to be thrown out, be unable to be sold
ku-fut-a	to pay
ku-fut.il-a	to rent
ku-fut.is-a	to collect, make (someone) pay
ma-futa	(see mafuta)
ku-fw-a	to die, kill
kufwa nsatu ya...	to be hungry (thirsty, etc.) for
kufwa meso	to blind
kufwa kisalu	to disturb ones work, spoil a job
ku-fwand-a	to suffice
fwanda	must, should, have to
m.fwenge (ba-)	civet-like predator

Na-m.fwenge	Mr. Civet
fwete	should, ought to
~fwanda q.v.	
n.găingăi (ba-)	sourness, acidity
gale (ba-)	Fr: gare; station
gale ya lukalu	train station
mu-n.gamba (ba-)	day laborer, unskilled dolt
n.ganda ( )	outside
mú-n.ganga (mí-)	physician, doctor
n.ganzi (ba-)	anger
garage (ba-)	(Fr.); repair shop, garage
gató (ba-)	Fr: gateau; cake
n.gazi (ba-)	palm nut
~mbila	
ku-n.gěng-a	to shine
n.gé	you (sg.)
n.gindu (ba-)	thought, idea
~idée, dibanza q.v.	
n.golo (ba-)	strength, hardness
n.goma (ba-)	drum, tomtom
n.gombe (ba-)	cattle, beef, cow
n.gonda (ba-)	month, moon

mu-n.gŏngo (mi-)	voice, throat
n.guba (ba-)	peanut
n.gunga (ba-)	bell
n.gŭngi (ba-)	mosquito
gudoló (ba-)	Fr: goudron; asphalt
n.gwankazi (ba-)	maternal uncle
heure (ba-)	(Fr.); hour, o'clock
~lele q.v.	
huit	(Fr.); eight
idée (ba-)	(Fr.); idea
~ngindu, dibanza q.v.	
ikwa?	how much? how many?
imbi (ba-)	badness, evil
imbwa (ba-)	dog
impa	(only in /ya impa/ 'new')
impu (ba-)	hat
imvu (ba-)	year
~mvula	
ina	that, that one, which, the, those
~yina q.v.	
ina mpe	there! see there!

inda	length, stature, longness
infirmiele (ba-)	Fr: infirmière; nurse
ingo (ba-)	leopard
inki?	what?
insect (ba-)	(Fr.); insect
insi (ba-)	country, under
inti (ba-)	tree, plant
intu (ba-)	head
inwa (ba-)	mouth
inzo (ba-)	house, home, building
di-(i)so (meso)	eye
~disu	
meso ya ngolo	bold eyed, wide awake, outgoing, extrovert
kuzibula meso	to be smart, keep a sharp lookout, watch out
kufwa meso	to blind
ivwa	nine
iya	four
kw-iz-a	to come
jardin (ba-)	(Fr.); garden
juillet	(Fr.); July
juste	(Fr.); exactly
~kaka q.v.	

kabiné (ba-)	Fr: cabinet; toilet
kwenda na kabine	to go to the toilet
ku-kab.ul-a	to divide
ku-kading-a	to fry
ki-kadingu (bi-)	frying pan
kafé (ba-)	Fr: café; coffee
kaka	only, just, still, etc.
kaka mpila ina	always thus
~juste q.v.	
n.kaka (ba-)	grandparent, ancestor, relative of older generation
[nk'āka]	
ya.n.kaka (ba-)	other, others, some
[nkaka]	
yankaka nkaka	and so forth, etc.
ku-kak.ul-a	to reduce, come down in price
ku-kal.a	(see /ke/, /kele/)
kalaka (ba-)	Fr: clerc; clerk, salesman
Kalala	(P.N.)
kalasi (ba-)	Fr: classe; school, class
kálati (ba-)	Fr: carte; map, chart
kalati ya identité	Fr: carte d'identité; identification
kalesó (ba-)	Fr: caleçon; underdrawers

Kaliná	(P.N.) district in Leo.
kalité	Fr: qualité; quality
lu.kalu (ba-)	train
n.kama (ba-)	hundred
kamaladi (ba-)	Fr: camarade; friend
~mpangi, ndŭku q.v.	
kamió	Fr: camion; truck, auto
ku-kamun-a	to press, squeeze
kamwá (ba-)	a bit [of], a little [of]
kana	if, whether, when, or
kana...ve	if not, unless
mu-kanda (mi-)	book, letter
ku-kang-a	to tie, wrap, close, rope up, arrest
ku-kang.il-a	to wrap/tie for...
kukangila (muntu) mutima	to be hard on (someone)
ku-kang.uk-a	to be untied, unwrapped, opened
ku-kang.ul-a	to untie, unwrap, open
~kuzibula q.v.	
kasi	but
~kansi	
kati (ba-)	middle, center
na kati ya	between, among
na kati	inside

katini (ba-)	bucket
Kató	(P.M. a street)
katolike (ba-)	(Fr.); Roman Catholic
~catholique	
~Mupe q.v.	
ku-kat.uk-a	to depart, leave, be from
katuka	from
ku-kat.ul-a	to remove, subtract
katula	less, besides
lu-kaya (ma-)	leaf, sheet, banknote, bill
~biyé q.v.	
n.kazi (ba-)	brother (used by female to her own brothers)
mwana nkazi	sister's child
ngwankazi	maternal uncle
ma.kazu (ba-)	kola nut
ke	to be (see kele)
ke	that (conjunction)
e-kĕko (bi-)	carving, statue, sculpture
kele / ke	to be, to exist
keledí (ba-)	Fr: crédit; terms, installments
ma.kelele (ba-)	noise
n-kento (ba-)	woman, wife, female

lu.keto (ba-)	waist
di-ki (ma-)	egg
kiadi	unfortunate, sorry, too bad
kĭdikĭdi (ba-)	naughtiness, bickering
kidiyá (ba-)	Fr: client; customer
kilistu (ba-)	Christian
kiliyá (ba-)	(see kidiya)
kiló (ba-)	weight, kilogram
kisi (ba-)	drug, medicine; fetish
~bilongo q.v.	
ku-kĭt-a	to go down, descend, diminish
ku-kit.ĭs-a	to let out, send down
kukitisa mutima	to relax, cease worrying
ku-kit-a	to trade, stock up
mu-n.kita (mi-)	business, trade
kusala munkita	to carry on business
kiti (ba-)	chair
kitoko (ba-)	beauty
kizámpele (ba-)	Fr: exemple; example
ko ko ko ko...	knock knock (onomatapoetic sound for a knock on the door)
kofitile (ba-)	Fr: confiture; preserves, jam
n.kokila (ba-)	evening

koko (ba-)	rooster, cock
Nakoko	Mr. Rooster
kolodoní (ba-)	Fr: cordonnier; shoemaker
komá?	Fr: comment; how?
koma samu ya?	how about?
komande	Fr: commande; order
ku-komas-é	Fr: commencer; start, begin
ku-komb-a	to sweep
mu-kombi (mi-)	sweeper
kome	Fr: comme; as, like
~bonso q.v.	
kompaní (ba-)	Fr: compagnie; firm, company, corporation
di-n.kondo (ma-)	banana
Kongó	Congo
ki-kongo	the Kikongo language
Kongolé (ba-)	Fr: Congolais; Congolese
konso	every, any
ku-kos-a	to lie, fib, cheat, take advantage of
n.kosi (ba-)	lion
kosúkosu (ba-)	a cough
ku-kot-a	to enter (inter.); be involved in
ku-kot.is-a	to put in, enter (tr.)

ku-kubik-a	to put in order, arrange
n.kufi (ba-)	shortness, littleness
ku-kŭk-a	to fit, suit, be able
ki-kuku (bi-)	kitchen
di-kukwa (ma-)	stove
kulele (ba-)	Fr: couleur; color
di-kulu (ma-)	leg, foot
n.kulu ( )	oldness, age
kúlube (ba-)	Fr: courbe; curve
kuluntu (ba-)	older sibling
ya kuluntu	older
ku-kum-a	to reach, arrive, become
ku-kum.is-a	to cause to become, make
n.kumbu (ba-)	name, noun; time
kumi (ma-)	ten
kuna	there
kuna na kati	inside there
ku-kun-a	to plant
n.kuni (ba-)	wood, firewood
ki-kunku (bi-)	group
n.kunzu	unripeness, greenness
ku-kut-a	to encounter
ku-kut.an-a	to meet (one another)

di-kutu (ma-)	ear
n.kutu	even, besides, in addition
kwakele (ba-)	Eng: Quaker; oatmeal
kwaku	here
kwandi	fairly, quite
kwanga (ba-)	manioc, bread
di-kwanza (ma-)	scabies, the itch
kwe (ba-)	Fr: coin; corner
ku-kwel-a	to get married
ma.kwela (ba-)	wedding
ku-kwend-a	(see kw-end-a)
n.kwezi	sibling in-law in one's own generation
ku-kwiz-a	(see kw-iz-a)
laissez-passer (ba-)	(Fr.); pass, permit
ku-lal-a	to sleep, lie down
suku ya kulala	bedroom
di-lala (ma-)	orange, citrus fruit
lalemwale (ba-)	Fr: lărmoire; cupboard
ku-lamb-a	to cook
ki-lambi (bi-)	cook, chef
ku-lam.uk-a	to get up (intr.)
ku-lam.us-a	to awake, to arouse

ku-land-a	to follow, pursue
mu-lăngi (mi-)	bottle
l'après-midi (ba-)	(Fr.); afternoon
di-lata (ma-)	tin, can
ku-la.uk-a	to go crazy
ki-lau (bi-)	crazy one, insane person, foolish one
lau	luck
n.leke (ba-)	youth, youngness
~nleki	
~leke	
lekenzi (ba-)	Fr: le quinze; fifteenth of the month
lele (ba-)	Fr: l'heure; hour
~heure q.v.	
lele (bi-)	cloth
ku-lĕmb-a	to get tired
ma-lembe ( )	slowness
malembe malembe	slowly, gradually, softly
ki-lĕmbo (bi-)	mark, sign
ku-lend-a	to be able to
lendí (kilumbu ya...)	Fr: lundi; Monday
e-lĕngi (bi-)	flavor, good taste
~ki-lĕngi (bi-)	

lepalasió (ba-)	Fr: reparation; repairs
lepose (ba-)	Fr: réponse; answer
lesanse (ba-)	Fr: l'essence; gasoline
lesole (ba-)	Fr: ressort; spring
letá (ba-)	Fr: l'état; the state, government
letale (ba-)	Fr: retard; lateness
lezelevwale (ba-)	Fr: reservoir; storage tank
lezó (ba-)	Fr: raison; rightness, correctness
línie (ba-)	Fr: ligne; line
liste (ba-)	(Fr.); list
lítele (ba-)	Fr: litre; liter
livre (ba-)	(Fr.); book
ku-lob-a	to fish
ku-lokut-a	to pick up, gather, collect
ku-long-a	to teach
n.longi (ba-)	teacher, master
ku-long.is-a	to teach
ku-long.uk-a	to learn, study
di-longa (ma-)	dish, plate
di-longi (ma-)	instruction
e-lŏngi (bi-)	face
bi.longo (ba-)	(see bilongo)
ku-los-a	to throw away, waste, reject

ku-los.am-a	to be thrown away, wasted, rejected
loso	rice
lotele (ba-)	Fr: l'hôtel; hotel
lulu (ba-)	Fr: roue; tire, wheel, circle
ki-lumbu (bi-)	day
lumingu (ba-)	(Port.); week, Sunday
ku-lund-a	to store, keep
ku-lung-a	to suffice, be fit, be enough
lupitalu (ba-)	Fr: l'hôpital; hospital
ku-lut-a	to exceed, surpass
kuluta zona	to prefer, like better
luzadí (ba-)	Fr: lazaret; leprosarium, sanitarium
ku-lweng-a	to be wise
ku-lweng.is-a	to advise
lwinda (ba-)	cockscomb
ki-ma (bi-)	thing, stuff
Madí	Fr: Marie; Mary
madidi (ba-)	coldness
mafuta (ba-)	oil, fat, grease
magazini (ba-)	Fr: magasin; store, shop
Maligeliti	Fr: Marguerite

maladi (ba-)	Fr: malade; sick, patient
maladí (ba-)	Fr: maladie; sickness, disease
malafu ( )	wine, liquor
malu	quick
malumalu	quickly
malumalu yai	now, right away
mama (ba-)	mother, Mrs., Madam, aunt
ku-man-a	to come to an end
ku-man.is-a	to finish (tr.)
mananasi (ba-)	perfume
manga (ba-)	mango
~mangu	
manima	(see nima)
mapasa (ba-)	twin(s)
masini (ba-)	Fr: machine; engine, train
masuwa (ba-)	ship, boat
ku-măt-a	to climb, to get it
matabisi (ba-)	Port: matabiche; gratuity, tip, bonus, thirteenth of a baker's dozen
Matadi	(A port city in the Congo) (see also di-tadi)
meya (ba-)	(Port.); half franc
mayele (ba-)	intelligence, smartness
maza (ba-)	water, river, stream

mazono (ba-)	yesterday
mébele (ba-)	Fr: meuble; furniture
ku-měm-a	to conduct, bring
me	(auxiliary for 'perfect')
~mene	
i-mene	'it is done'
ku-měk-a	to try
melesí (ba-)	Fr: merci; thanks
ku-men-a	to grow
menga (ba-)	blood
menga ya mbote	good luck
ku-mes.ǎn-a [na]	to be used [to]
meso	(see di-(i)so)
métele (ba-)	Fr: metre; meter, length of cloth
Meto	(Congolese name – male)
meza (ba-)	(Port.); table
mezile (ba-)	Fr: mesure; size
midí (ba-)	(Fr.); noon
midiki (ba-)	Eng: milk
mikolobi (ba-)	Fr: microbe; germ
mile (ba-)	Fr: mille; thousand
~midi	
Mimí	(Fr.); (girl's nickname)

minda (ba-)	lamp, light
mingi	many, several
miniti (ba-)	Fr: minute; minute
Mísioni (ba-)	Fr: mission; Protestant
missionnaire (ba-)	(Fr.); missionary
miziki (ba-)	Fr: musique; music
mo (ba-)	Fr: mot; word
modĭdi (ba-)	shade, shadow, darkness, obscurity
~molĭli	
molŭnge (ba-)	heat, stifling
ku-mon-a	to see
kumona mbote	to recover, get well, be well
ku-mon.ik-a	to appear, seem
ku-mon.is-a	to show
monimá (ba-)	Fr: monument; monument
mongo (ba-)	mountain
fi.mongo mongo	little hill
monté (ba-)	Fr: montagne; mountain
mosi	one; a; a certain; self
mpila mosi	same (as), like, as
motele (ba-)	Fr: moteur; engine
mungwa (ba-)	salt
mu / munu	I, me

Múpe (ba-)	Fr: mon père; Catholic
musielŏlo	(see mu-sielŏlo)
mwamba (ba-)	sauce, gravy, stew
mwayé (ba-)	Fr: moyen; means, way
mwini (ba-)	light, sunlight, daylight, heat of the sun
na	to, for, with, from, by, on, at, etc.
(´)na	and (see Note 2.6)
na...na	both...and
nana	eight
nani? (ba-)	who? whom?
ku-nat-a	to bring, carry
ku-nen-a	to deficate
nene (ba-)	largeness, greatness
niăma (ba̧-)	animal
nianga (ba-)	thatch
nie ( )	quiet
nima (ba-)	back
ma-nima	backwards
na manima	afterwards
nimeló (ba-)	Fr: numero; number
nioka (ba-)	snake

ku-niokol-a	to mistreat
ku-nok-a	to fall as rain
nord-est	(Fr.); northeast
nuni (ba-)	bird
~ndeke q.v.	
ku-nw-a	to drink
ku-nwan-a	to fight
ofelé	Fr: au frais; free, without cost
otobisi (ba-)	Fr: autobus; bus
oui	(Fr.); yes
~wi	
ki-ozi (baki- ~bi-)	a cold, a fever
di-m.pa (ma-)	Fr: du pain; bread
m.pakasa (ba-)	buffalo
paké (ba-)	Fr: paquet; package
ku-pak.ŭl-a	to rub on, spread
m.paku (ba-)	tax
paladó (ba-)	Fr: pardon; excuse me
palasi (ba-)	Fr: place; place
palasi mosi	together
m.pamba	uselessness, nothingness

mpamba mpamba	for nothing
mpamba ve	because, on account of
m.pangi (ba-)	sibling
lu.pangu (ba-)	lot, yard, garden, enclosure, compound
ku-pang.us-a	to wipe
pantaló (ba-)	Fr: pantalon; trousers
pantúfule (ba-)	Fr: pantoufle; tennis shoe
ku-pănz-a	to spread
di-papa (ma-)	sandal
papayi (ma-)	papaya
papié (ba-)	Fr: papier; paper
park (ba-)	(Fr.); park
m.pasi (ba-)	difficulty
passeport (ba-)	(Fr.); passport
passoire (ba-)	(Fr.); sieve
ku-pas.uk-a	to crack (intr.)
ku-pas.ul-a	to split, divide, part (tr.)
m.pata (ba-)	five franc piece
pâtisserie (ba-)	(Fr.); bakery, pastry shop
m.patu (ba-)	plantation, field, farm
m.pe	also, too
~pe	
ku-ped.is-a	(see ku-pel-a)

ku-pel-a	to burn (intr.)
ku-ped.is-a	to ignite, set fire to, light
pelesé	Fr: pressé; rushed, in a hurry
peléseke	Fr: presque; almost, nearly
pélete	Fr: perte; loss
kubaka pelete	to take a loss
ku-pem-a	to breathe, relax, rest
m.pembe ( )	whiteness, fairness, blondness
mpembe ya nzau	ivory
pĕnepĕne [na]	near [to]
penzá	very, extremely
ku-pĕp-a	to flap, wave (intr.)
mu-pĕpe (mi-)	breeze, wind
permis de conduire	(Fr.); driver's license
ku-pes-a	to give
kupesa maboko	to give aid, help
peteló	Fr: pétrole; kerosene
pĕtepĕte	soft, easy
petétele	Fr: peut-être; perhaps
ku-pez-é	Fr: peser; to weigh
ku-pez.is-a	to have...weigh(ed)
m.pidina	(see m.pila)
pidipidi (ba-)	pepper

pidisale (ba-)	Fr: pilchard; pilchard fish
Piele	Fr: Pierre; Peter
m.pila	like; manner, way
mpidina	thus (mpila + yina)
mpila mosi	same
m.pimpa (ba-)	night, darkness
pneu (ba-)	(Fr.); tire
po (ba-)	pot
ku-pod.is-a	(see ku-pŏl-a)
podisi (ba-)	Fr: police; policeman
ku-pŏl-a	to get wet
ku-pŏd.is-a	to soak, wet
Polo	Fr: Paul
pólote	Fr: porte; door
ku-pŏn-a	to choose
pont	(Fr.); bridge
pósita (ba-)	Fr: post; mail; location
posita ya leta (ba-)	State office
posita ya mikanda (ba-)	Postoffice
potopoto ( )	confusion, disorder, mud
presque	(Fr.); almost
Prince Baudouin	(Name of Street in Léo)
programme (ba-)	(Fr.); schedule, program

propre	(Fr.); clean
protestant	(Fr.); Protestant
púdele	Fr: poudre; powder
m.punda (ba-)	horse, donkey, mule
punition (ba-)	(Fr.); punishment
ku-pul.ŭl-a	to wipe, dust
ku-pus-a	to push
pusupusu (ba-)	push cart, baby carriage
m.pusu (ba-)	palmetto, palm fiber
m.puta (ba-)	sore, lesion, wound
M.putu	Europe (white man's country)
putŭlu (ba-)	dust
Putuluké (ba-)	Portuguese
pwelĕle	uncovered, open
radio (ba-)	(Fr.); radio
restaurant (ba-)	(Fr.); restaurant
rideau (ba-)	(Fr.); curtain
sabala	(Port.); Saturday, sabbath
ku-sab.uk-a	to cross (intr.)
sabuni (ba-)	soap
ki-sadi (bi-)	(see ku-sal-a)

ku-sad.is-a	(see ku-sal-a)
lu.sad.is-u	(see ku-sal-a)
n.safu (ba-)	(a tropical black-skinned fruit)
ku-sakan-a	to play
sakasaka	manioc leaves
sakosi (ba-)	Fr: sacoche; handbag
ku-sal-a	to do, work
kusala maza	to make water, urinate
ki-sadi (bi-)	worker
ku-sad.is-a	to help
lu.sad.isu (ba-)	aid, help, assistance
~lusadusu	
ku-sal.asan-a	to work together
ki-salu (bi-)	work, job
salele (ba-)	Fr: salaire; salary
saleté (ba-)	(Fr.); soiled, dirty
saló	Fr: salon; large room
ku-samb.il-a	to worship
lu.sambu (ba-)	prayer, blessing
sambanu	six
n.sambodia	seven
~n.samwadi	
lu.sambu	(see ku-samb.il-a)

mu-n.sambu (mi-)	salted fish
n.sambwadi	seven
~n.sambodia	
samó (ba-)	Fr: chameau; camel
n.sampatu (ba-)	shoe
samu	because
samu na	because of, on account of
samu ya	in order to
sanduku (ba-)	box
ku-sang-a	to mix
ku-sang.an-a	to get mixed up together
ku-sang.is-a	to mix, cause to be mixed
n.sanga	sister (term used by male of his own sister)
ki-sangala (bi-)	demijohn
n.sangu (ba-)	news
di-sano (ma-)	game
sans	(Fr.); without
ku-sans-a	to raise, bring up, care for
sántele (ba-)	Fr: centre; center
ki-sanu (bi-)	comb
~ki-sanunu (bi-)	
n.sanu (ba-)	sponge
sanzé (ba-)	Fr: échange; change

mu-săpi (mi-)	finger, toe
di-sapu (ma-)	fable, story
Ki-n.sasa	Leopoldville
~Kinshasa	
n.satu (ba-)	hunger, desire
kufwa nsatu ya	to be hungry / desirous of
ku-sĕk-a	to laugh
ku-sek.ĭs-a	to make laugh
sekeletele (ba-)	Fr: secretaire; secretary
semeki (ba-)	sibling in-law of own generation
~nkwezi	
sengele (ba-)	Eng: singlet; undershirt
e-sĕngo	joy, happiness
ki-sengwa (bi-)	steel, tool
sentile (ba-)	Fr: ceinture; belt
ku-senz.il-a	to watch, look after
mu-sielŏlo (bami- ~bamu-)	slipperiness
sieste (ba-)	(Fr.); nap, siesta
sigaleti (ba-)	Fr: cigarette
sika (bi-)	place
sika mosi	together
sikalié (ba-)	Fr: escalier; stairs
ki-sikiti (bi- ~babi-)	Fr: biscuit; pastry, biscuit
sikoti (ba-)	Fr: chicote; whip

n.siku (ba-)	rule, law
silitú	Fr: surtout; especially
ku-simb-a	to touch
simé (ba-)	Fr: cement; concrete
simisi (ba-)	Fr: chemise; shirt
simitiele (ba-)	Fr: cimetière; cemetery
n.singa (ba-)	cord, rope, thread
singu (ba-)	neck
ki-sivu (bi-)	dry season (winter)
six	(Fr.); six
sizó (ba-)	Fr: ciseaux; scissors
di-so (meso)	(see di-(i)so)
ku-sob-a	to change, differ
ku-sob.is-a	to change (tr.), exchange
sodá (ba-)	Fr: soldat; soldier
sofele (ba-)	Fr: chaufferu; driver
Sofí	Fr: Sophie
ku-sok.us-a	to tease
ku-sol-a	to choose
di-sŏlo (ma-)	(see kusŏlŭla)
ku-sol.ŭl-a	to talk, converse
di-sŏlo (ma-)	conversation, discussion, chat
ku-sol.ul-a	to find

n.soma (ba-)	fork
n.soni (ba-)	shyness, reticence
ku-sonik-a	to write
ku-sŏp-a	to pour
ku-sos-a	to look for
soseti (ba-)	Fr: chaussette; socks
souvenir (ba-)	(Fr.); souvenir
ku-sub-a	to urinate
suka (ba-)	morning
suka suka	early in the morning
n.suka (ba-)	end
sukadi (ba-)	sugar, sweetness
n.suki (ba-)	hair
di-suku (ma-)	room
suku ya kulala	bedroom
ku-suk.uk-a	to be cleaned, washed
ku-suk.ul-a	to clean, wash
ku-suk.ud.is-a	to help someone clean, make someone clean
ku-sumb-a	to buy
ku-sung-a	to aim
ku-sung.am-a	to be straight, go straight
ku-sung.am.an-a	to remember

ku-sung.ik-a	to straighten
n.sunga (ba-)	smell, odor
n.sungi (ba-)	season
ku-sung.ik-a	(see ku-sung-a)
mu-sŭni (mi-)	flesh
supu (ba-)	Fr: soupe; soup, stock, juice
n.susu (ba-)	chicken, hen, rooster
ku-sw.am-a	to hide (oneself) (intr.)
ku-sw.ek-a	to hide (something) (tr.)

tabaka (ba-)	Fr: tabac; tobacco
di-tadi (ma-)	rock, stone
tadié	(see talie)
ku-tad.il-a	(see ku-tal-a)
tadila	about, concerning
takisí (ba-)	Fr: taxi
ku-tal-a	to look at, behold, look after
ku-tad.il-a	to look at for (someone), check
talatala (ma-)	glass; spectacles; mirror
talié (ba-)	Fr: atelier; shop, factory
~tadié	
n.talu (ba-)	price, value, number, figure

n.tama	far, long ago
ki-tambala (bi-)	kerchief
Ki-n.tambu	(a district in Léo)
ku-tamb.ul-a	to walk
	to accept
ku-tamb.us-a	to drive
kutambusa (muntu) intu	to make (a person) dizzy
ku-tampon-é	Fr: tamponner; to run down, run into
ku-tănd-a	to spread, set (table), make (bed)
ku-tang-a	to read, count
n.tangu (ba-)	time, sun, clock; when
tanki (ba-)	tank
tanu	five
tata (ba-)	father, mister, sir, paternal relative
tata ya bakala	paternal uncle
tata ya nkento	paternal aunt
ma-tata	troubles (no singular)
ku-tat.am.an-a	to continue
ku-tat.ik-a	to bite
tatu	three
tayele (ba-)	Fr: tailleur; tailor

ku-ted.im.is-a	(see ku-tel.am-a)
ku-tek-a	to sell
kuteka maza	to fatch water
mu-teki (mi- ~bami-)	seller
ku-tel.am-a	to get up, stand, be standing, stop, remain
	to start
ku-ted.im.is-a	to make (one) get up, keep standing, stop (one)
ku-telephon-é	(Fr.); to telephone
ku-teng.am-a	to be crooked
n.tete	first
ntete...ve	not yet
ti (ba-)	Fr: thé; tea
ti	that (conjunction)
ti /tii/	until, to
tieleka (ba-)	truth
tiké (ba-)	Fr: ticket
tiké deké	Fr: ticket de quai; platform pass
tiliwale (ba-)	Fr: tiroire; drawer
ku-tim-a	to dig
ku-tim.is-a	to make dig, help dig
mu-tima (mi- ~bami-)	heart
ki-timba (bi-)	pipe (for smoking)

kitimba ya sigaleti	cigarette holder
ku-tim.uk-a	to fly, jump
ku-tin-a	to flee, escape, avoid fear
n.tina (ba-)	meaning, sense
ku-tind-a	to send
mu-tindu (mi-)	variety, fashion, kind, sort
mutindu na mutindu [ya]	all kinds [of]
n.tinu (ba-)	speed, hurry
di-titi (ma-)	herb, vegetation, grass, legume, vegetable
tiya (ba-)	fire, power, heat
to	or
ku-tob.uk-a	to be pierced, punctured
ku-tŏk-a	to perspire
	to boil (intr.)
mu-tŏki (mi- ~bami-)	perspiration
di-toko (ma- ~bama-)	youth, young man
ki-toko	(see kitoko)
tólosi (ba-)	Fr: torche; flashlight
tomate (ba-)	(Fr.); tomato
~tomato	
ku-tomb.uk-a	to rise, go up
ku-tomb.ul-a	to raise

ku-ki.tomb.ud.il-a [madia]	to serve oneself [food]
ku-tom.is-a	to beautify, decorate
totale (ba-)	(Fr.); sum total
n.toto (ba-)	ground, soil, earth
~toto	
touriste (ba-)	(Fr.); tourist
Ki-tuba	The Kituba language
ku-tub-a	to speak, say
yau tuba ke	that means that
ku-tub.an-a	to talk together
mu-tubi (ba-)	spokesman, speaker, announcer
ku-tub.il-a	to tell
tuberculose	(Fr.); tuberculosis
ku-tul-a	to put down, place, put
kutula maza	to water
kutula mutima	to hope; rely on, depend on
ku-tung-a	to construct, build
ku-tung.w-a	to be built
ki-tunga (bi-)	basket
n.tŭnga (ba-)	needle, hypodermic syringe
di-tungulu (ma-)	onion
ku-tut-a	to pound, crush
n.twala (ba-)	front

na ntwala ya	in front of
twaleti (ba-)	Fr: toilette; grooming
ki-uvu (bi-)	question (see ku-yuf.us-a)
valise (ba-)	(Fr.); suitcase
vana	there (on)
ve	no; not
lu.ve (ba-)	permission
vela (ba-)	Fr: verre; glass, tumbler
velandá (ba-)	Fr: véranda; porch
veló (ba-)	Fr: vélo; bicycle
vers	(Fr.); toward
verte	(Fr.); green
ku-vib.id.il-a	to be patient
m.vimba ( )	entire, whole
ku-ving.il-a	to wait, await
voyage (ba-)	(Fr.); trip
m.vula (ba-)	rain, year
~imvu	
ku-vum.in-a	to respect, be polite
ki-vumu (bi-)	stomach, abdomen, pregnancy
ku-vund-a	to rest (intr.)

ku-vund.is-a	to rest (tr.)
ku-vut.uk-a	to come back, go back, return (intr.)
ku-vut.uk.is-a	to come back
ku-vut.ul-a	to return; answer
m.vutu (ba-)	result, answer
ki-vuvu (bi-)	hope
ku-vwam-a	to get rich
m.vwama (ba-)	rich one
ku-vwand-a	to be, sit, be doing
vwanda na nge	pay no attention
ku-vwat-a	to wear
vwatile (ba-)	Fr: voiture; car
ma-m.vwemvwe	cheapness (no singular)
~má-m.vwemvwe	
ku-w-a	to hear, listen, sense, understand
kuwa nsunga	to smell (tr.)
ku-w.am-a	to be heard
wapi	where
	No, not at all
wěnze (ba-)	small market, village market
wi	Fr: oui; yes
~oui	

wikende (ba-)	Eng: weekend
ku-wom-a	to press, iron
wonga (ba-)	fear
kumona wonga	to fear, experience fear
ya	of (relative particle)
ya	it (see yau)
yai	this, these
~yayi	
yai nde	here then
ku-yămb-a	to greet, welcome
yandi	he, she; him, her
yangó (ba-)	the one(s) referred to, that, those
yankaka	(see ya.n.kaka)
yau	it
~ya	
yau ina	for that reason, therefore
yau yai	here it [is]
Yesu	Fr: Jésus; Jesus
ku-yib-a	to steal, cheat
mu-yibi (mi-)	thief
ku-yimb-a	to sing
ku-yimb.il-a	to sing (for)

mu-yimbu (mi-)	song
yina (ba-)	that, that one, which, the, those
~ina	
ku-yob.il-a	to get washed, clean; to swim
ku-yob.is-a	to wash (tr.)
ku-yok-a	to burn
ku-yok.am-a	to get burned (see Note 10.1 p. 220)
ku-ki.yok-a	to burn oneself
ku-yok.w-a	to be burned (see Note 10.1 p. 220)
Yolo Sud	(A section of Léo)
yonso	all
ku-yonzun-a	to strip of leaves
ku-yuf.ul-a	to ask, request
ku-yuf.us-a	to ask, query
yulu	(see zulu)
ku-yum-a	to get dry
ku-yum.is-a	to dry
Za	Fr: Jean; John
ku-zab-a	to know, understand
ku-zab.is-a	to inform
n.zadi (ba-)	river
ku-zak.am.is-a	to cause to tremble, cause to be shaken

n.zalu (ba-)	spoon
N.zambi (ba-)	God, god
ki.zámpele (ba-)	(see kizámpele)
zandu (ba-)	market
di-n.zănza (ma-)	can, tin
n.zau (ba-)	elephant
mpembe ya nzau	ivory
ku-zaul-a	to run, flee
ku-zeng-a	to cut, cross
kuzenga [mambu]	to decide [matters]
ku-zeng.am-a	to be cut
ku-zeng.ul.uk-a	to twist and turn
n.zenguluka (ba-)	curve, bend
n.zenza (ba-)	guest, stranger, foreigner
ku-zib.ik-a	to be covered
ku-zib.uk-a	to be uncovered, opened
ki-zibuku (bi-)	lid, cover
ku-zib.ul-a	to open
kuzibula meso	to look sharp, watch out
zielo (ba-)	sand
n.zila (ba-)	way, path, street, means, opening
Zile	Fr: Jules

ku-zimb.al-a	to get lost, disappear
ku-zimb.an-a	to make a mistake, get mixed up
ku-zimb.is-a	to confuse (with), forget
ku-zing-a	to live, live long, last
lu.zingu (ba-)	life
n.zĩnzi (ba-)	fly
ku-zit-a	to carry weight (intr.), be heavy
ku-zit.is-a	to respect, give weight to
lu.zitu (ba-)	worth, value, importance, respect, weight
n.zo	Oh!, so!, aha!
zoba ( )	stupidity
ku-zol-a	to want, like, love
~ku-zon-a	
lu.zolo (ba-)	will, desire, motivation; love
zole	two
zole zole	two each
lu.zolo (ba-)	(see ku-zol-a)
ku-zon-a	(see ku-zol-a)
Zozefu	Fr: Joseph
zulu (ba-)	heaven, sky, up
~yulu	
na zulu	above, up, on top

KITUBA

na zulu ya	on top of, on
na zulu ya ina	in addition to that
na zulu zulu	high up
n.zungu (ba-)	pan, pot
n.zutu (ba-)	body
kŭ-zw-a	to get, obtain, earn, locate
ku-zw.ăm-a	to be gotten, be afflicted by

Final typing by Miss Anne Lush

CPSIA information can be obtained
at www.ICGtesting.com
Printed in the USA
LVHW011831230221
679685LV00011B/966